U0041114

business

idea

growth

BIG（Business, Idea & Growth）系列希望與讀者共享的是：

●商業社會的動感●工作與生活的創意與突破●成長與成熟的借鏡

愛上不完美名牌

Apple, Starbucks, Timberland等 6大潮牌企業良心大揭密

◆

Ethical Chic

The inside story of the companies we think we love

◆

財星雜誌資深專欄作家
法蘭・霍桑 Fran Hawthorne
著

高茲郁
譯

◆

目錄
ETHICAL CHIC

關心農夫權益者抵制加州葡萄，
而同志人權支持者則拒絕購買柳橙汁。

推薦序一

消費者的力量

徐文彥

當前企業組織形態幾乎都是「有限責任」的「有限公司」，這是為了方便募資與活絡經濟所設計的體制，如果企業倒閉，債務與股東或負責人的私人資產無關。企業破產後，換個招牌登記，幾年後又是條好漢，反正消費者不認識幕後的老闆。

人生不能重來，開辦企業卻可以像玩電腦遊戲般的Reset。責任輕如鴻毛，無怪乎美國新創事業五年內的存活率只有二〇%。於是這個世界不斷地被那八〇%的失敗案例糟蹋，另外二〇%的成功企業花錢贖罪。

全球化委外代工模式的發展，造成利益與責任切割，且兩者之間的距離越來越遠。所以，企業社會責任（CSR）應該要寫進企業體制的DNA裡，這是對利益與責任並行的要求，不是發達之後的贖罪券。從本書的案例中明顯能看到，能讓企業履行責任的關鍵力量，不是政府、不是法律，而是消費者的力量！

（本文作者為生態綠公司共同創辦人）

推薦序二

篤行企業道德

李天行

近年許多違反企業倫理的案件如地雷般引爆，首先是美國「安隆」的醜聞事件，接著「次級房貸」風暴襲捲全球，導致全球的金融危機。

國外的風暴持續延燒，國內的情況也不遑多讓，兩年前的「塑化劑風暴」對人體健康造成極大的危害，而近來的「毒澱粉」事件無異雪上加霜，台灣過去習慣外食的普羅大眾，發現自己每天都把有毒的東西往嘴巴裡送，才驚覺商人為了利益，早已經把職業道德及專業倫理拋諸腦後。

值此全台民眾對食品安全陷入恐慌之際，欣聞時報出版公司出版《愛上不完美名牌》一書，拜讀之後發現該書從不同的角度介紹六個美國知名企業，如何兼顧潮流及道德的要求，讓我們理解企業可以在追求獲利的前提下，仍能同時兼顧企業倫理及善盡企業社會責任，在此給予誠摯的推薦。

（本文作者為輔仁大學管理學院院長）

導讀

購買力就是影響力

劉維公

一家名為湯姆布鞋（Toms Shoes）的公司創始人麥考斯基（Blake Mycoskie），在阿根廷旅遊時看到當地孩子因長期沒鞋穿而患上皮膚病，於是創辦此公司，並每賣出一雙鞋即捐出一雙新鞋，這種商業模式受到廣大消費者支持，從二〇〇六年創辦至今，已在二十多個國家捐出百萬雙布鞋給需要的孩童，而且公司每年業績呈倍數成長。

創造企業與品牌的價值是企業營運的終極目標，然而，現今的現象是越能發揮社會影響力的企業，其品牌價值越高。前述的湯姆布鞋，就是一個很好的例子。

事實上，有越來越多消費者與企業知道社會影響力的重要，只是知易行難，企業總是將管理與經營列為優先考量，因為市場競爭激烈獲利不易，沒有穩固的基礎就難能幫助社會解決問題。但，真的做不到嗎？也未必，因為消費者是可以被教育而且可以被影響，只要企業開始做好事，民眾就會支持。

在本書中，作者以資深記者的雙眼佐以情資收集與採訪記錄，將六家美國知名的潮牌企業一一剖析，比照他們符合哪些企業社會責任的標準，藉此檢驗他們獲得消費者青睞的主因。

書中首先介紹生產有機牙膏的緬因湯姆（Tom's of Maine）公司，無論是在原物料取得上、成品製成、員工與企業的關係、投入慈善公益工作、回饋社會等每個環節都符合企業倫理標準，而且成立四十年以來一直廣受消費者信任且業績蒸蒸日上。

接下來的章節，作者陸續探討天柏嵐（Timberland）、星巴克、蘋果、喬氏超市（Trader Joe's）、美國服飾（American Apparel）等知名且成功企業品牌，有哪些符合社會大眾對企業模範生的期待。不過，如果以為這是對這幾個潮牌歌功頌德，那就錯了。作者話鋒一轉，衍生一個嚴肅的議題：當潮牌面對企業倫理的檢驗時，是否能過關？全書以此展開一場企業版的「正義」大思辨。

結論是什麼？我不透露，請讀者自行閱讀。但是，我想要從消費者的觀點來看「潮牌V.S.企業倫理」的議題。

當我們想要購買衣服、手機，究竟是為了什麼而買？是追求時尚流行？還是便宜當道？我相信，絕大多數的消費者是聰明的，不會盲目追隨品牌或企業的單一說法（廣告台詞），而是各有盤算。但是，當企業或品牌因為重視企業社會責任而得到正面評價，或是被揭露為血汗工廠而被撻伐，都會影響消費者的選購決定。

再回到企業社會責任議題。大企業想要永續經營就不得不重視企業社會責任，但我們常看到「某企業做公益」「某企業做慈善的事」，對許多大企業而言卻只是打造公司門面的公關活動，此舉不僅缺乏誠意，也窄化社會責任或社會倫理的意涵。

所謂企業的倫理，不是只需知道市場準則，了解勞基法而已，而是要了解「the good business imperative」，我稱為企業的「真善美綠則」。「綠則」會隨著社會演進不斷改變。想要將社會倫理納入經營一環的企業，必須具備很強的學習力及自我要求的能力，才不會讓企業倫理淪落為空洞的口號或偽善行為。

比爾·蓋茲曾說：「資本要轉型」，大家都認同這句話，但如何轉型呢？消費者就是最大的關鍵。我們很高興看到消費者的改變：不再只是注重experience（體驗），而更想要的是transformation（轉變）。現在的消費者會反問企業，你的社會責任是什麼？你對社會有什麼貢獻？讓企業不再存有僥倖的心態，以為經營模式可以一成不變。畢竟這是「全民皆狗仔」的社會，消費者會傾全力監督企業。

本書中文名為《愛上不完美名牌》，意指我們所喜愛的潮牌不見得是完美的企業。的確，完美的企業難尋，因為必須有三個環節：企業營運的穩固基底，以及企業不斷地自我要求，加上消費者的角色，此三者環環緊扣才能開創轉型的企業。而前面兩者，需仰賴企業自身，我們能扮演的是最後一環。

也許你會懷疑，消費者真有此能耐？是的，現在是Prosumer（消費者及生產者）的時代，我們就是生產製造者的一環，更有權力表達對企業的要求。是到了我們必須發揮影響力的時候了！換言之，若有更多嚴格的消費者以荷包為監督的籌碼，我們才能期待世界未來出現更多完美企業。

（本文作者為台北市文化局長）

前言

誰也說不準

改變與創新或許能使企業成長茁壯，然而，過於快速的改變卻使得商業書籍的撰寫難上加難。本書所評論的六家企業，有三家在我蒐集資料與寫作的最後幾個月，突然宣布前所未有的企業藍圖，第四家的發展甚至出乎意料。

就在書稿截止的前三天，美國服飾（American Apparel）透漏可能即將破產。兩個月後，就在我結束本書的編輯工作時，天柏嵐（Timberland）被ＶＦ服飾公司併購。

過了兩個月，本書在二校中又傳出蘋果公司（Apple）的傳奇人物賈伯斯（Steve Jobs）卸任執行長，又一個月後，就在本書校稿接近尾聲之時，賈伯斯過世了。此外，我知道星巴克（Starbucks）總裁蕭茲（Howard Schultz）即將在本書初稿截稿日之前幾週，出版第二本自傳。可想而知，我勢必得因此修正我的文稿內容。

所以從你開始閱讀本書到閱畢之際，這些公司或許又會有些令人意外的發展。但，誰又能說得準呢？

作者序

他們值得這樣的光環？

甲公司是個不斷創新的企業典範，它的產品總是大膽地顛覆消費者的傳統思維，同時，它也經常濟助窮苦，受助對象包括腦性麻痺患者、非洲學齡兒童，以及伊朗、突尼西亞、埃及的反政府示威者。它的創辦人之一，是位素食主義者，曾在優勝美地（Yosemite）國家公園舉辦佛教婚禮。

此外，這家公司與全球最龐大、最為人厭惡的企業相對抗時，該公司宣布拒絕使用常見的有毒原料製造產品，成為產業中的改革先驅，公司網頁同時也詳盡地列出產品的碳排放量。因此，對於走在時代尖端的人來說，這家公司的產品簡直是他們的不二選擇。

而另一家不思進步的乙公司，其非工會代表的員工被迫長時間工作，因為領班經常在下班前最後一刻突然對員工做出諸多不合理的要求。此外，這家公司的代工廠以毫無人道的方式壓榨中國工廠的勞工，導致數十名員工因此自殺。而且，這家公司在環保議題上亦反應遲鈍，總是在社會責任基金（或稱道德基金）公司，或綠色和平組織的聲聲敦促下才有行動。事實上，我們很難獲知這家公司的各項消息，因為它神祕到公關人員從不回覆電話。

如你所料，甲、乙其實是同一家公司：蘋果。

就是一筆好生意

現今消費者行動主義（consumer activism）高張、針點行銷（譯註一）風行，資訊流動無所不在，導致消費者對產品與廠商的要求既多且廣，彷彿希冀某種不可能的產品出現。譬如，產品要能引領風潮、看起來時尚流行，生產過程又必須使用替代能源、不製造汙染、不傷害動物，也不含有奇怪的有毒原料；此外，公司還得支付員工優渥的薪水，回收所有的廢料，使用天然原料、向在地業者進貨、慷慨捐助慈善團體、對社區有所回饋，並且不藉政治遊說擴張自身勢力（或者，公司應該為好的政策發聲？）

消費者是這麼想的：我們為什麼要花錢購買看起來已褪流行，或是會汙染環境的產品？這並非過度苛求，消費者只是要求企業做到他們在日常生活已經身體力行的事而已。也就是說，

假如我們一介小民都能夠致力於資源回收、避免使用動物試驗產品，那麼，擁有廣泛影響力的大企業，當然也應該做得到。

對消費者來說，要同時關心這麼多事情談何容易，對企業來說也是，但似乎有少數幾家企業居然完成了這不可能的任務，其中包括蘋果、班傑瑞冰淇淋（Ben and Jerry's）、匡威帆布鞋（Converse）以及喬氏超市（Trader Joe's），因此在消費者的心目中，這些企業形象出色、質優，只要是他們做的事必定有趣又充滿創意、既環保又政治思潮先進，而且合乎企業道德。

於是乎，消費者對這些企業有著無可救藥的品牌忠誠度。二〇一〇年，一年一度的蘋果媒體大展在舊金山舉行，蘋果的使用者與零售商齊聚一堂，我在那裡遇到許多自掏腰包、千里迢迢遠從愛荷華、伊利諾，或密西根州來的蘋果愛好者，只希望能遇上另一群志同道合的蘋果粉絲，能在第一時間讚嘆最新出爐的電腦軟體與配件。容我提醒你，蘋果的傳奇人物賈伯斯當年並沒有出席。此外，紐約市立大學席克林（Zicklin）商學院的助理教授嘉德堡（Naomi A. Gardberg）便提到，她有朋友願意開三十英哩的車去喬氏超市購物。

美國《商業週刊》曾報導，即使在二〇〇八至〇九年的經濟衰退期間，甚至是在接下來緩慢的經濟復甦期，那些負債累累、因繳不出房貸而失去房屋抵押權的人，仍想辦法縮衣節食，用一點一滴攢下來的錢（或是尚未用光的信用額度），購買蘋果的iPad與星巴克的拿鐵咖啡。

依據該篇報導，這些人甘願不換新車、使用便宜的個人衛生用品，或去折扣商店購買廉價洗髮精，但就是非買蘋果的產品或是星巴克的咖啡不可，只因為這些品牌在他們心目中有著無可取代的神聖地位。

這種情形在投資者身上也看得到，他們就是願意給某些企業多一點點的寬容。「有些公司與股東之間擁有非常深厚的信任關係，以致於不太可能見到投資人否決管理階層決策的情形。」跨信仰企業責任中心（ICCR）（譯註二）的執行董事蓓瑞（Laura Berry）解釋，「倘若蘋果的股東對公司高層說：股東已達成決議，希望管理階層能對公司環保的永續性有更多的說明，而高層的回應是：我們已盡了最大的努力，你們只管信任我們，不要否決我們的決策。那麼股東通常就會閉嘴，不會再要求或追究。」

另一方面，有越來越多的企業主管發現，同時在意時尚新潮與企業道德的消費者，不僅為數眾多，也有日漸增加的趨勢。追求時尚流行並不稀奇，自古以來皆然，不過企業道德的觀念（也就是所謂的企業社會責任（CSR）），則是在近年才開始萌芽。

當沃爾瑪超市宣布將使貨運系統更有效率，並在二十多個廠區改用太陽能發電、大量使用省電燈泡、使用可回收的紙箱，甚至是在停車場裝設風力發電設備，讓消費者可為他們的油電兩用車充電時，有件事變得顯而易見：這股環境保護意識已普及至普羅大眾。商業界菁英與頂級投資人常看的商業雜誌《機構投資者》（*Institutional Investor*），於二〇一〇年十一月的月刊中，用了兩個封面專題報導的篇幅介紹「社會責任投資」（SRI），顯然這絕對是可投資的領域。

此外，《紐約時報》亦曾報導，二〇一〇年第四十屆的地球日會場，「儼然已成為各式各樣產品的行銷場合，這些產品包括辦公文具、希臘式優格與環保牙醫（eco-dentistry）。」更有甚者，特立獨行的英國週刊《經濟學人》也於二〇〇八年一月一九日，以「就是一筆好生意」（Just Good Business）為封面主題，發行專刊報導「社會責任投資」。報導中不情願地承認，「雖然本雜誌曾認為『社會責任投資』的觀念常被誤導，但是話說回來，在現實生活中沒有一家公司敢忽視它。」

因此，眾家企業千方百計想要尋找那魔術般的口號、標語、圖片，當然還有產品，期盼能變身成為產業中的蘋果公司或喬氏超市。舉例來說，聯合利華（Unilever）在使用諸多化合物製作康寶濃湯之際，也希望能夠藉著併購班傑瑞冰淇淋，將行銷觸角拓展至專門購買有機食品的消費者。此外，由於漂白水會嚴重汙染下水道與傷害水中生物，被環保團體極為詬病的高樂氏（Clorox）漂白水公司，為了因應這股趨勢，也併購了位於緬因州、以家庭工廠規模生產的柏特小蜜蜂（Burt's Bees）化妝品公司（這家公司是由一位留著大鬍子、住在由雞舍改建而成房子的傢伙所創立），並且開發一系列以植物配方為主的環保清潔用品，這條新產品線並獲得美國歷史最悠久環保組織塞拉俱樂部（Sierra Club）的背書。另外，麥當勞亦改裝部分分店的內部裝潢，譬如將椅墊換成咖啡色，牆壁塗成柔和的米黃色，就是為了看起來更像星巴克。（稍微像啦！）

然而，當企業越將自己包裝得看起來具有社會責任，消費者越難以分辨真假。消費者如何知道草地上有一群快樂乳牛的圖片，是否只是行銷手法？柏特小蜜蜂是否被高樂氏公司所同化了？當星巴克說它選用來自公平貿易的咖啡豆時，那又是什麼意思？

戲法落幕後

檯面上有各式各樣不同的組織進行著企業的監督工作，各個組織並依據自行定義的標準，為各產業做最佳企業排名，因此消費者若想要了解某公司過去的所作所為是否道德，一查便知。依據環保標誌索引（Ecolable Index）的資料，在全球二一四個國家至少有三六五個與環保有關的認證與標章。綠色和平組織也有包羅萬象的排名名單，包括如何選購環保電子產品指引以及超市海鮮新鮮度計分榜等。此外，非營利聯盟喜瑞思（Ceres）則頒布各式環保獎項、出版產業間的永續評估報告，並公布八十多家符合環保標準的環保企業聯盟成員名單。另一家非營利組織氣候為要（Climate Counts）也曾出具報告，分析十七個消費性產業中，最大規模企業的碳排放量，以及其為降低碳排放量所做的努力。

此外，有哪些公司相當禮遇員工呢？《財星》雜誌依據內部溝通效率、員工訓練、工作環境安全性、工作與生活平衡、薪資獎金、無歧視環境、同事情誼等，每年評選出百大最佳工作環境企業。《職業婦女》（*Working Mother*）雜誌，則另以彈性工時、父親產假、小孩托育補助、家庭保險與領養小孩補助等標準，選出另一份職業婦女版本的百大最佳工作環境企業。其他雜誌則依據不同標準選出自己的名單，例如《拉丁時尚》（*Latina Style*）為拉丁裔婦女選出前五十大最佳工作環境企業，《黑人企業》（*Black Enterprise*）則依據企業雇用員工種族的多樣性，選出前四十大最佳企業。此外，美國總工會勞工聯合會與產業工會聯合會（AFL-CIO）也於相關報告中指出，「在全球經濟體系下，為了表揚與工會有良好關係的企業」，該工會每年均會公布一份名為「勞動節名單：與工會合作愉快企業」的清單。

倘若人們想要查閱過去各企業種族與性別歧視訴訟案件的新聞稿，可以在美國聯邦公平就業機會委員會（EEOC）的檔案資料裡尋得。致力於提倡同性戀、雙性戀，以及變性人權的美國人權運動組織（HRC），則制定企業平權指標（CEI），用以衡量企業對於工作平權的努力，評估項目包括：企業是否具有不歧視員工性傾向的公司政策，以及是否提供員工同性伴侶保險相關福利。此外，消費者或許可以參考董事會裡，女性與少數族群董事的人數。雖然杜克大學商學院副教授洽特吉（Aaron Chatterji）認為，女性與少數族群董事的比例，「並無法反應企業是否公平對待員工」，然而這數字或許仍有些許的象徵意義。

至於要衡量跨國企業海外工廠的工作環境則難上加難；雖然許多相關組織做了評估與監督的工作，然而專家卻對哪種評鑑較佳莫衷一是。是公平勞動協會（FLA）較佳？還是勞工權利組織（WRC）較好？維泰組織（Verité）？美國公平貿易組織（TransFair USA）？血汗工廠觀察組織（Sweatshop Watch）？服裝業勞工平權組織（LBL）？大學師生監督無良企業行動（SACOM）？全球工會聯盟（GUF）？還是特殊科技資源（STR）？

然而專家認為，不管這些相關組織有沒有進行評估或監督，允許海外工廠的員工組織工會，本來就是這些跨國企業該做的事，也應明文規定並落實；另外，這些企業也應該給付員工能夠維持基本生活水準的最低薪資（非法定最低薪資，因為這些工廠理論上無論如何都應支付員工最低薪資），雖然這樣的薪資保證並不多見。

不只上述機構進行了企業道德的評估與監督工作。有些組織乃主要評比企業的整體行為，例如：聰明消費指南網站（GoodGuide）、《企業責任》（*CR*）雜誌、社會責任企業組織

（BSR）、環保美國組織（Green America）（譯註三）等。

此外，《消費者報導》（*Consumer Reports*）亦就產品的可靠性、品質、毀損記錄、價格與顧客滿意度，進行整理與分析。善待動物組織（PETA）的消費者在乎（Caring Consumer）資料庫，則詳列了哪些企業進行或沒有進行動物實驗。關心此議題的消費者與投資大眾，也可從卡爾弗特投資集團（Calvert Group）、多米尼社會投資公司（Domini Social Investment）與帕斯世界基金管理公司（PWMC）所募集的社會責任基金中，了解哪些企業符合這些道德基金的標準。另外，專門衡量企業干預政治程度的互動政治中心（CRP），亦詳列過去十餘年來，各大企業與個人在全國性政治活動的政治獻金與遊說花費。

還有許多其他類似的機構組織，不勝枚舉。

這些數不清的清單與排名，突顯了一個重要問題：**一家企業是否必須通過所有的測試，才能被視為有道德？**那些在意企業作為是否道德的消費者，常試著遵循相關機構提供的標準來檢視企業，但這些標準實在多如牛毛，更不用說這些標準還時常互相矛盾。譬如，這家企業是否使用有機素材？是否進行動物實驗？它是從地方商家取得原料嗎？萬一沒有使用動物實驗的環保有機原料，是從國外進口怎麼辦？萬一這些原料加倍昂貴怎麼辦？另外，這家企業的員工被允許組織工會嗎？它進行資源回收嗎？

由於沒有一家企業能夠在每項評估裡都獲得滿分，消費者勢必得進行標準的篩選，並排定優先次序；就像是在日常生活中處理充滿矛盾的困境一樣，人們得依據個人獨特的價值觀，權衡上述（或其他更多）的標準。換句話說，**每一位消費者對評估標準的排序將會有所不同，對企業的偏好亦然**。舉例來說，請試著回答以下的問題：

（一）一家不善待員工的公司，是否具有道德？有沒有負起社會責任？

答案當然為否。那麼請回答另一個問題：一家沒有工會的企業，能否被視為善待員工？假如它力阻工會的組成呢？

在美國，僅有六．九％的員工隸屬於工會，再加上隨著印第安那州、密西根州、俄亥俄州、威斯康辛州的共和黨員對公私部門工會的強力抨擊，對工會領袖來說，堅持打著工會名義與雇主對抗，是相當不智且過於理想化，所以部分工會人士並不願把話說死。

譬如旅館及成衣紡織工會聯盟的團結聯盟（UNITE HERE）的國際執行副總裁佩皮挈力（Warren Pepicelli）雖曾表示，「我認為員工應該自組工會，這是公司是否為好雇主的指標；擁有屬於自己的組織，是員工獲得資方尊重的唯一方法。」但是美國總工會的首席經濟學家布萊克維爾（Ron Blackwell）的態度則較軟化；他認為，假如員工的薪資福利與工作環境皆令人滿意、管理階層願意傾聽，那麼員工不自組工會也沒有那麼糟。不過，他仍認為應有最後底線：

「倘若企業利用雇主的權勢，利用手段阻撓工會的成立」，譬如威脅關廠，那麼籌組工會則勢在必行。

令人驚喜的是，沒有工會組織的喬氏超市與星巴克，仍支付員工高於產業平均水準的薪資與福利，不過另一方面，這兩家企業均曾被指控使用齷齪手段阻撓工會的成立。由於超市產業擁有工會的比例相當高，喬氏超市的例子更是顯得不堪。此外，星巴克在它到底有沒有欺騙衣索匹亞赤貧咖啡農的爭議上，也與許多社運團體起了許多難堪的爭執。

然而，勞工議題的討論範圍並不僅止於此；是不是好老闆，不只跟他願意支付多少薪水有關。「薪資與福利是雇主給你的第一個東西，去做高低的比較毫無意義，因為他們只是把錢從另一個地方挪來給你而已。」波士頓的麻州大學政府學院公共政策副教授偉勒（Christian E. Weller）如此表示，他同時也是位於華盛頓特區智庫美國進展中心（CAP）的資深研究員。「工會能確保一個應有的工作環境。」偉勒繼續說道，「要雇用誰？要解雇誰？在什麼情況下誰能獲得晉升？你能不能抱怨公司的不公或不平，且有信心不被解雇？而且在拔擢人才時，企業也應有獨立的審核系統，這必須與你是否跟經理是好朋友無關。」

（二）一家產品售價高昂的公司，是否具有道德？有沒有負起社會責任？

一般而言，非標準化或非大量製造的產品通常較為昂貴，主因是這些產品通常由稀有的原料、領有高薪的高級技術員工生產製造，或是無法擁有規模經濟的效益。然而依據社會上大多數人的定義，負有社會責任的企業，不是應該去照顧那些負擔不起一磅五．九二元（草飼、無添加抗生素或賀爾蒙）碎牛肉的低薪藍領階級嗎？

維吉尼亞大學歐森應用倫理研究中心（Olsson Center for Applied Ethics）的資深研究員偉漢（Patricia H. Werhane），便預測這類高價產品的價格將會下跌，主因是隨著社會大眾對企業道德的要求日益增加，越來越多的企業將開始生產符合社會道德的產品，開啟另一種社會道德產品規模生產的模式。不過即使她是對的，目前手頭拮据、買不起高價環保商品的的消費者，現在還是得吃飯及刷牙呀！

來自紐約大學商學院史都華薩特社會企業計畫（Stewart Satter Program in Social Entrepreneurship）的主任奇庫爾（Jill Kickul）則給另一個建議，「有些企業善盡社會道德的模式為透過社區服務，把資源回饋給低收入戶。」的確，天柏嵐與緬因湯姆牙膏（Tom's of Maine）便因允許員工以有薪假從事社區服務，而逐漸累積企業的聲譽。因此，富有的人透過購買具有社會道德的高價產品，以另一種形式濟助窮人、善盡社會責任。哇！這可是有機版的羅賓漢故事！

或許吧！然而這樣的建議仍有些刺耳，甚至帶著些許憐憫與恩賜的意味。窮人仍舊無力負擔安全無虞的緬因湯姆牙膏，但是他們卻必須因緬因湯姆的員工，能親手在食物補給站遞給他們馬鈴薯泥而心懷感激？

在所有的戲法落幕後，我們可能會發現這一切根本毫無意義，或完全不合邏輯。就像是殼牌（Shell）石油公司，居然在二〇一〇與二〇一一年人權運動組織的企業平權名單上獲得滿分。

基本上，石油公司的作為，就是鼓勵有限資源的過度消費，間接增加了全球的碳排放量，危害全球。所以一家石油公司怎麼能獲得滿分？更糟的是，殼牌的母公司荷蘭皇家殼牌集團（Royal Dutch Shell）甚至被控製造環境汙染、石油外洩，以及一九九〇年代在尼日河三角洲戕害人權。就在奈及利亞籍作家暨人權擁護者沙羅維瓦（Ken Saro-Wiwa）挺身而出，抗議石油公司破壞生態的鑽油活動時，殼牌據傳要求奈及利亞軍政府處死沙羅維瓦，最後沙羅維瓦與其他的支持者，竟被軍政府處以絞刑。二〇〇九年，遭控告的殼牌同意庭外和解，支付一千五百五十萬美元給沙羅維瓦與其他受難者的家屬。

對於這樣雙手沾滿鮮血的企業罪犯，人權運動組織居然做出貌似嘉獎的行為，這該如何解釋？該評估計畫的副主管布洛以姆（Eric Bloem）說，「我們並不是要原諒石油公司鑽油或任何破壞生態的行為。」但事情總是得有個優先次序，對人權運動組織來說，員工的平權問題與多種族代表性是最優先的評估項目，不過老實說，它的評估標準顯然太低，因為幾乎所有公司皆能在該組織的評估中取得及格的分數。在二〇一一年評估的六一五家大企業裡，高達三三七家獲得滿分，平均分數甚至高達八七分（滿分一百）。

雷諾菸草公司（R. J. Reynolds Tobacco Company）是數一數二大（且令人反感）的菸草公司，然而它卻在二〇〇二年《財星》雜誌的百大最佳工作環境企業名單上，排名第九六。另一方面，由記者莫斯科維茲（Milton Moskowitz）與雷夫林（Robert Levering）創立的最佳工作場所研究學會（GPWI），每年針對各大企業至少四百名員工，以及管理階層進行問卷調查（員工的問卷共有五十七題），並做出排名。由於這份問卷調查著重於員工對工作環境的滿意度，而非產品或企業是否具社會道德，因此雷夫林說，「若依據我們的分析方法，雷諾菸草公司的員工是相當認同他們的雇主與工作場所的。」

憤怒的人跑哪兒去了

為了突破這樣的困境，主管經理、專家，以及消費者均試圖找出一個能衡量社會道德的萬用標準，盼能一體適用，整合所有的矛盾與可能性，然而卻發現此舉難如登天。若真要為這萬用標準下一完整的定義，這定義包準長到令人心煩意亂，難以適從。

舉例來說，天柏嵐將該公司的企業社會責任內涵劃分為四大領域與四大核心價值。二〇一〇年春天，負責這領域的副總裁彼得森（Gordon Peterson）在訪談中對此做了詳盡的解說，其中的四大領域包括：氣候、產品、職場、服務，四大核心價值則分別為：人性、謙遜、正直、卓越，而「透明度」（transparency）與「問責性」（accountability）則為串連各領域與核心價值的中心思想。（彼得森後來離開該部門，轉任應變管理與營運改造的副總裁，負責企業組織改造的總策劃。）

另一方面，位於日內瓦的國際標準化組織（譯註四），亦組成各式委員會為「社會道德」制定標準；這些委員會的委員，則由消費者、企業、政府、勞方、人權運動領袖等各方代表所出任。在該組織出版長達一〇六頁的《社會責任指南》（*Guidance on Social Responsibility*）中，則詳列七大核心主題，包括：社區參與與發展、消費者議題、環境、公平運作實務、人權、勞動實務與組織治理；接下來每項主題再依次主題進行分析，包括：歧視、健康與安全、汙染、貪汙，以及經濟、社會與文化權利。

如此正式的社會責任定義並不常見，甚至全美消費者聯盟（NCL）也沒有對社會責任下明確的定義，不僅如此，它一年一度的熊彼得獎（Trumpeter Award）也大多頒給個人，而非企業。海斯汀中心（譯註五）的研究學者葛斯曼諾（Michael Gusmano）表示，「社會責任是個多重面相的議題」，歐森應用倫理研究中心的偉漢甚至認為，**社會責任是無法被定義的，「因為你肯定會遺漏一些項目」**。

因此，如前所述，倘若無法為企業社會責任建立一套一體適用的標準，那麼每個人或企業勢必為這些標準建立優先次序，而在這些多不勝數的標準中，環境議題往往是大家的首選。事實上，當商學教授、道德學家、行銷專家，以及企業主管被問及對社會責任的看法時，絕大多數人會立即開始討論綠能產品，彷彿社會責任只有一種定義。

不過對企業來說，致力於環保議題是非常安全的選擇；美國進展中心的勞動經濟學家偉勒表示，最主要的原因是「這個議題較不具政治色彩，民主黨與共和黨同樣關心環保，因此你可以同時獲得來自兩黨消費者的支持。」換句話說，這是企業最不會得罪消費者、又可善盡社會責任的方法。而且部分社運人士認為，對企業主管來說，與其去監督中國血汗代工廠的工作環境，倒不如花心力去生產綠能產品，畢竟後者便宜且容易多了。「對企業主管來說，這僅僅是技術層面的問題而已，」投入反對血汗工廠運動多年的寶林格（Jeff Ballinger）表示，「假如你必須汰換一種可再生的有毒化學材料，你所需做的，不過就是要求研究人員給你另一種替代材料即可。」

另一方面，由於環境保護主義成為公共議題的時間，遠較動物福利或種族工作平權等相關議題為早，最早甚至可追朔至卡森（Rachel Carson）的著作《寂靜的春天》一九六二年的問世。因此，千禧年一代的年輕人，可說是從幼稚園開始，便不停地接觸到資源回收或環保的概念。再者，去測量或估計碳排放量或水汙染程度，也遠比員工士氣的評估容易多了，因此自然而然地，環境保護極易成為人們關心社會議題的首選。

令人納悶的是，除了環境保護之外，在意企業是否提供良好工作條件的消費者，莫名地顯得更在乎海外代工廠的工作情形人不人道這件事，而不是美國本土員工的薪資、健康保險、友善家庭政策（譯註六）、歧視，或工會組織是否完善。譬如，耐吉運動用品（Nike）與蓋璞服飾（Gap）企業，由於被指控剝削海外勞工並且提供不安全的工作環境，引爆了海外員工的抗議浪潮，隨後這兩家企業從善如流，改進了公司的部分政策。然而，當星巴克遭到全國勞工關係委員會（NLRB）指控非法解雇美國的工會組織者時，那些憤怒的人跑哪兒去了呢？

道德標準操作選股

雖然人們幾乎無法對企業社會責任下正式完整的定義，然而隨著時間的演進，投資界還是修正了企業道德的概念，投資術語從原本的社會責任投資，轉變成：環境、社會與公司治理（ESG）投資。倘若這些道德基金效法了跨信仰企業責任中心，堅持只投資過去沒有汙染、沒有核能相關、沒有侵犯勞工權利、沒有工程外包海外代工廠、沒有生產不道德產品、沒有進行動物實驗、沒有雇用非工會員工的公司，或是任何與菸酒、美國國防、武器、賭博公司無關的企業，那麼他們的錢可能得丟到床鋪底下去餵老鼠。

「絕大多數值得投資的公司，均是公開發行的大型企業；這些公司在做點好事的同時，無可厚非地也會幹點壞事，畢竟沒有企業十全十美。」多米尼投資公司的法律顧問暨管理主任坎哲（Adam Kanzer）說，「這些公司規模過大，以致於不可能面面俱到。」況且這些道德基金並非慈善機構，除了那些（依社會道德所訂）非常感人的投資篩選標準之外，像多米尼這樣的公司，仍舊得像一般的投資公司一樣，將客戶的損益報酬納入考量。

因此這些道德基金公司在選股上仍為自己保留部分的彈性與空間；投資標準的底線，取決於這些企業涉入不道德作為的程度。舉例來說，雖然3M公司販售武器相關產品，然而在考量這家企業一直致力於改善環保與勞工相關問題，且其武器收入佔總收入比例極低的情況下，位於波士頓的延齡草資產管理公司（Trillium Asset Management），仍允許旗下基金投資3M公司。此外，帕斯基金與卡爾弗特投資集團，於二〇〇〇年初開放旗下基金投資擁有核電廠的公用事業，導致承受外界不少的責難與批評。然而卡爾弗特的證券研究部門主管希爾頓（Paul

Hilton）表示，「假如一家公用企業擁有一座老核電廠，但現在卻竭力使用可替代能源，例如風力或太陽能發電，那麼我們並不會特地將該公司移出我們的可投資名單。」

多米尼公司在挑選投資標的過程中，除了最基本的財務評比之外，同時也以兩套道德標準操作選股空間。該公司總投資主管林登柏格（Steven D. Lydenberg）解釋，第一套道德標準，著重於被投資公司是否負起企業該負的公民責任，以及是否對所謂的利益關係人，如員工、顧客、所在地區負有道德責任。第二套標準，則是以營運內容是否與多米尼理念並行一致作為篩選準則。這裡就是戲法之所在，「若企業的營運內容與我們的企業理念相契合，那麼它是否對利益關係人負起應有的責任，便不再那麼重要。」林登柏格繼續說道，「舉例來說，我們把製藥產業劃分為兩類。第一類是致力於開發疫苗的藥廠，我們相信這類公司與我們預防疾病的目標並行一致，第二類則是以專利權營利的藥廠。」

然而，絕大多數的環境、社會與公司治理投資公司，仍有其投資底線，畢竟有些企業或產品永遠也不可能道德。如同多數的道德基金公司，多米尼便絕不投資菸草、武器、賭博，或核能相關產業（因此沒有雷諾菸草公司的矛盾存在。）

品味上下蔓延

若對你來說，定義社會道德有點困難，那麼試試去定義酷吧！不過，問題在於酷必須神祕難懂，否則原本很酷之事，將再也不酷、不潮、不時髦、不流行或不時尚。倘若事事皆酷，便等同於無事為酷。而且倘若大家都明白何謂酷炫，那麼豈不是人人均會競相模仿？

流行文化記者理蘭德（John Leland）在他二〇〇四年出版的《流行的歷史》（*Hip: The History*）裡提到，「假如越來越多人模仿你，那麼潮就再也不潮了，這是大家都曾有的抱怨……畢竟，倘若那些（因模仿你）被稱為潮的人，其實一點也不潮，那麼被稱作潮的意義在那裡？」基本上，理蘭德對新潮有著非常狹隘的定義，幾乎僅限於如爵士、藍調等非裔音樂，但他為潮所下的定義，基本上適用於所有被稱作潮的事物。

然而對於酷的概念，似乎仍有大家都認同的標準，例如，年輕人身上似乎比較容易出現酷炫的東西。理蘭德表示，「青少年或年輕人，畢竟沒有年紀的包袱，在面對新事物的不確定性時，接受度通常非常高。」克萊恩（Naomi Klein）在她的暢銷書《顛覆品牌全球統治》（*No Logo*）中指出，一九九〇初期之前，商業界其實並不怎麼關注年輕族群，因為「近期的美國青少年人口，到一九九二年才首次成長，這是一九七五年以來從沒發生過的事。」也就是說，美國的青少年人口規模近年來才終於大到讓企業界在乎。而企業界一旦覺察這些擁有富有雙親資助的青少年，竟然口袋滿滿、不虞匱乏，那麼它們再也不會將銷售對象鎖定在保守的年長者身上。「這些父母為了省錢，或許選擇棲身於地下室公寓，但年輕一輩可是花錢不手軟，就只為了讓自己看起來跟得上流行的腳步。」

從歷史上來看，向來都是上流階級來定義獨特與新潮，而中下階層則傾全力仿效與跟隨（也可以像是小說《大亨小傳》主角蓋茲比（Jay Gatsby）或《天才雷普利》的主角雷普利（Tom Ripley）一樣，佯裝自己是上流階層的一員）。二次大戰後，美國中產階級的心願，就是擁有一輛凱迪拉克，以及一件跟電影明星一樣的皮草。反觀現在，二十多歲、剛出社會的中產階級，則夢想擁有勞力士名錶、積架跑車，在紐約蘇活區屬於自己的小閣樓套房，或是位於科羅拉多州高級滑雪勝地維爾（Vail）的度假小屋，這些人最後不是負債累累，就是只好去購買仿冒贗品。當時在哈佛大學擔任資深講師的史克爾（Juliet B. Schor），於她一九九八年的書《過度消費的美國人》（*The Overspent American*）中，描述美國人的夢想是如何變得越來越不切實際，甚至於遠超出自己的能力範圍，而這一切乃起源於人們無法克制的一連串比較，從一開始想要與鄰居並駕齊驅、接下來期待與老闆平起平坐，最後不計一切地盼望能與比佛利山莊的名流商賈相媲美。

不過現在，人們總是想要向上流動的假設必須重新被思索。《時尚先生》（*Esquire*）雜誌前總編輯艾森柏格（Lee Eisenberg）在他二〇〇九年的書《樂觀：美國消費者持續購買的祕密》（*Shoptimism*）中寫道，「自六〇年代開始，品味再也不是向『下』的延伸與影響（這是原書中特別強調的字眼），而是往各個方向的蔓延與拓展。所以，流行文化不僅從波希米亞與嬉皮的流蘇裝飾擴散開來，也從貧民窟與所謂的垃圾搖滾樂（grunge）向『上』普及。」

另一個例子則為牛仔褲的流行；牛仔褲一開始是勞動階級才會有的裝扮，然而當它不再那麼代表中下階層，那些破舊且（刻意）褪色的牛仔褲，竟搖身一變成了走在時代尖端的必要元素。史克爾說道，「一九九九年中期之後，城市品味漸漸地成為中產階級間流行的代名詞。」除此之外，另一個向上流行的例子則為天柏嵐靴；在一九九〇年初，原是藍領階級工作鞋的天柏嵐靴，一夕之間在嘻哈音樂族群間流行起來，促使天柏嵐靴進入廣大的流行市場，引領風潮。

概念式消費

不過一旦你以為創造了流行，那麼便為時已晚。趨勢的來去，通常快速到根本無法具體描述，便稍縱即逝。「若十年來看到廠商賣的都是同一種產品，人們會覺得索然無趣，」賓州大學健康政策與生命倫理系系主任開普林（Arthur Caplan）表示，「熟悉的下一步，便是厭倦。」**星巴克自一九八七年轉型以來，早已過了十年的嘗鮮賞味期；不過一九七六年便成立的蘋果，到目前為止似乎仍能抵抗時間的洪流，不褪流行。**這一部分來自於它不同樣貌的產品持續問世，不斷地推陳出新。另一方面，乃因其在九〇年代中期幾近破產，在千禧年初才浴火重生，賞味尚未過期。不過當然還有另一個重要原因：出自賈伯斯之手的產品，幾乎樣樣都新潮又有趣。

位於紐約，專門研究品牌忠誠度的品牌關鍵（Brand Keys）顧問公司，其創辦人與總裁帕斯可夫（Robert Passikoff）指出，近幾年來商品流行衰退的年限越來越短，倘若在六〇或七〇年代企業推出相當獨特創新的產品，那麼「將會花上對手一年的時間來模仿；然而隨著科技日益進步，現在對手最多只需要六個月的時間就能跟上你的腳步，因此現在市場上總是可以很快地見到類似的產品。」

不過，雖然無法對新潮時尚（in-ness）這個概念下明確定義，但其實這才是產品能否大賣的關鍵，也才是企業能否成功的癥結。不管是透過三十秒的電視廣告、路邊的廣告看板，或是只出現一個字的網路廣告，要能夠創造流行，企業必須先創立品牌。這裡所指的品牌並非是企業的標語或標誌，試想：艾克森美孚（ExxonMobil）石油公司與麥當勞，均是知名的企業品牌，但卻沒有人會認為它們引領流行。**一個真正的品牌，是一張身分證，一種區隔，也就是一個共同體（community），將非我族類區隔開來。**

不同於流行這個詞彙，共同體這個字可以有很多的意義。帕斯可夫說：「共同體就是對某樣產品有心理上連結與依賴的一群人。」克萊恩也表示：「能夠在未來長銷大賣的產品，通常販賣的並非商品，而是一種概念，也就是一種生活經驗或生活型態。」杜克大學行為經濟學教授艾瑞里（Dan Ariely）與哈佛商學院副教授諾頓（Michael I. Norton），在他們於二〇〇九年《心理學年鑑》（*Annual Review of Psychology*）中發表的文章指出：這是一種「向自己與他人展示自身的信仰、態度與社會價值」的方式，而他們稱此為「概念式消費」。《紐約時報雜誌》（*New York Times Magazine*）的消費者專欄作家沃克（Rob Walker），於他的書《購入》（*Buying In*）中主張，現今的品牌追求者擁有更多主導文化的權利，企業再也無法如過去般操控流行文化；他認為，一個「能夠在消費者之間自行流行起來的品牌，才有能力主宰流行……因此流行起源於我們有足夠的消費大眾，認可產品的價值或意義，並決定掏錢購買，才有可能締造流行。」

過去，尤其在時尚仍是「模仿上流社會一言一行」的時候，所謂的品牌乃專指少數的菁英商品，譬如汽車、服飾或威士忌。但現在，幾乎所有的事物皆已被品牌化，包括廚房攪拌器、太陽眼鏡、球鞋、嬰兒推車，以及最早被品牌化的日常飲料：咖啡。

等一會兒！我們還沒分析完畢。假如這世上存有一般的知名品牌，如艾克森美孚石油公司，以及稍有顧客忠誠度的品牌，如星巴克，那麼肯定也會有更具凝聚力、擁有更多死忠粉絲的潮流品牌。商業顧問瑞格斯（Matthew W. Ragas）與布埃諾（Bolivar J. Bueno）稱此為「品牌崇拜」，而克萊恩則謂之為「具有態度的品牌」。這些品牌也許是同類商品中最昂貴的，也許為社交名流所愛用，也許以手工製作限量發行，也許以最新科技打造，然而這些都僅是次要的特徵，更重要的是，這些品牌必須也能抵擋時間的考驗，才有可能被稱為潮牌。

假如潮牌也適用於年輕一代，那麼可以預見其使用年齡層將可跨越數個世代。此外，潮牌死忠的粉絲會建立社群來互動交流，購買所有最新出爐的附加物件，並且毫不掩飾地迷戀這些品牌。如同瑞格斯與布埃諾在他們的書《品牌狂熱的力量》（*The Power of Cult Branding*）中提到，這些品牌像是創造一個「充滿勇氣與決心」的社群，社群中的人一心一意地熱愛著某樣事物，以致於他們非常樂於對那些非信徒傳教，除非是非信徒的數量相當少。不過倘若如此，那該品牌似乎又過於大眾化，而無法成為潮牌了。

他們值得這樣的光環？

不過，對一雙靴子、一杯咖啡或是一家公司而言，是否得挖空心思、竭盡心力，才有可能創造品牌崇拜？**一項產品是否有可能既新潮前衛，又具社會道德？能夠同時被信任，又被熱愛？**是的，的確有少數公司，如蘋果公司與喬氏超市，儼然擁有如此聖潔的雙重光環，然而只有它們是少數的例外嗎？

本書一開始便準備分析六家公司，雖然這世上擁有雙重光環的企業絕非六家而已，也絕不僅限於某些產業。是故，本書所做的分析與結論，將會對各式不同的企業均有助益；而本書的用意，乃是去了解這些受消費者愛戴的企業如何營運、顧客與企業道德專家如何看待這些企業、為何他們會被視為既符合社會道德又時尚前衛、他們做了什麼才能擁有如此的光環。最後，他們又是否值得這樣的光環呢？

為了列出可能的名單，我開始寫下所有我能想到、擁有這雙重光環的企業。我回頭瀏覽了我所寫的四本書，以及過去三十年來所做的報導，並探訪了我過去訪問過的消費大眾、勞工代表、環保、人權、動物福利運動人士，以及研究企業道德的專家，包括多米尼的林登柏格、退休金權利中心（Pension Rights Center）的法古森（Karen Ferguson）、美國進展中心的偉勒，與長年倡導消費者運動的弗耳曼（Carol Tucker Foreman）。接下來，我將這些專家給我的名單，與前述各機構的最佳公司名單做比對，選出了第一輪的入選公司。當然入選者不須名列在所有的名單中（事實上也沒有一家公司能夠出現在所有的名單中），也沒有一家公司，因為獲得一張或數張反對票而被剔除。

雖然我嘗試建立一套合乎邏輯的篩選原則，然而我發現，這必須是個充滿個人風格與主觀的過程。畢竟，有什麼東西比衡量形象更主觀？倘若前衛新潮是個無法解構的概念，那麼我要如何估量它？

舉例來說，我完全明白大藥廠、石油或汽車公司，絕對不可能被消費者接受；倘若我宣稱這些公司具有社會道德或新潮流行，那麼讀者肯定在書店看著我的書放聲大笑。然而，有些小型的生技公司似乎仍有可能出線，這取決於他們研發的是哪種新藥。另一方面，也有專家人士推薦便利租車公司（Zipcar），推薦的原因是因為該企業以小時計價租車，鼓勵人們整合開車次數以降低環境汙染，即便其利潤建立於排放廢氣的汽車營運上。

那麼酷爾斯啤酒（Coors Brewing Company）呢？「酷爾斯啤酒在所有道德基金投資評選名單上名列前茅，起因在於它推動了許多環保政策，」偉勒說道，「然而它同時卻堅定地剝削勞工。」各家工會於七〇與八〇年代集體抵制這家釀酒廠長達十年，美國全國總工會的某分支工會，更鼓吹消費者不要消費酷爾斯的啤酒。此外，該公司創辦人後代與現任總裁酷爾斯（Peter H. Coors），曾爭取科羅拉多州參議員共和黨的黨內提名。

那麼紐曼私房（Newman's Own）食品公司呢？跟這家把它所有稅後利潤，全數捐給慈善團體的公司相比，你實在找不到另一家更有社會責任的公司吧？但是，將利潤全捐出去能算是一家真正的公司嗎？

在要不要挑選美國最大有機超市健全食品超市（Whole Foods）上，我也有許多來來回回的思辨與考量。的確，它有創新的品牌形象，以及眾多有機與人道養殖的產品，事實上，美國的有機食品市場，便是這家超市獨力開發出來的。但是它的商品實在過於昂貴，而且也反對員工組織工會。賓州大學的開普林，則推薦另一家類似企業：華格曼有機超市（Wegmans Food Market），理由在於華格曼以較合理的價格販賣有機商品，並且向地方商家進貨。開普林亦推薦優比速（UPS）快遞公司；我必須承認，我從來不認為這家公司引領潮流（或是具環境永續性，想想它的營運模式完全仰賴排放廢氣的汽車貨運），不過開普林認為，這家企業近年來使用天然氣車輛來綠化快遞，理應獲得提名。

西北大學商學院行銷學教授宏納克（Richard Honack），則因彈性工時政策與流行的形象推薦捷藍航空（JetBlue Airways），還有小型餐飲連鎖店潘娜拉（Panera Bread）（它的無抗生素雞肉沙拉與絕佳工作場所的美名，的確有機會使其入選）。

不過，即使是沃爾瑪超市都獲得不少的提名。紐約市立大學的嘉德堡與其他幾位環保運動分子均指出，沃爾瑪超市其實為節約能源做了不少努力，包括安裝省電燈泡與太陽能面板；而且拜其為人詬病的龐大企業規模所賜，沃爾瑪所做的每一項環保措施，即使只有一小步，仍能在全球引起廣大的連鎖效應。然而，要不要考慮那些指控它性別歧視或強迫加班，以及削價競爭導致地方商家紛紛倒閉的惡行呢？

我並不清楚為何許多人提名巴塔哥尼亞（Patagonia）、北臉（North Face）、休閒設備（REI）、里昂賓（L. L. Bean）等戶外用品公司，難不成這些人均假設所有賣戶外體育用品的公司都很環保？

除了上述那些抽象的篩選標準之外，我另有實際面的考量。由於龐大的跨國企業有一副即將統治全球之勢，讓我有意無意地想規避提名他們，然而不得不承認，入選者的規模必須大到有一定的知名度，消費者對他們在做什麼才會感興趣。我也盡量在各式產業間尋找候選者，期望能夠展現「**企業道德並非只在某些特定產業才能彰顯**」這件事。不過入選者必須是美國企業，如此我才得以有機會拜訪公司總部。（瑞典的宜家家居（IKEA）與比利時的艾可佛（Ecover）清潔用品公司，抱歉啦！）同理，我亦傾向選擇上市公司，因為公司資訊較易取得，雖然我或許也有可能選擇一至二家非公開發行的企業。

而且入選企業必須蘊含故事性，在這兩個聖潔光環間，必須存在拉扯的張力與矛盾。緬因湯姆牙膏與班傑瑞冰淇淋，是否在被高露潔棕欖公司與聯合利華併購後，出賣了靈魂？星巴克是否因規模過大，導致過於商業化，再也不酷了呢？

經過幾個星期的蒐集與篩選，我的名單中剩下大約二十多家的候選企業，包括：美國服飾、蘋果公司、波爾（Ball Corporation）容器、班傑瑞冰淇淋、柏特小蜜蜂保養品、墨西哥玉米餅連鎖（Chipotle Mexican Grill）、好市多（Costco）、戴爾（Dell）、谷歌（Google）、赫曼米勒（Herman Miller）椅、進出漢堡（In-N-Out Burger）、親親臉蛋（Kiss My Face）有機保養品、紐曼私房食品、耐吉運動用品、巴塔哥尼亞戶外體育用品、淨七代（Seventh Generation）清潔用品、星巴克咖啡、石原農場（Stonyfield Farm）優酪乳、賽門鐵克（Symantec）網路安全公司、天柏嵐靴、緬因湯姆牙膏、喬氏超市與健全食品超市。

為了將科學元素加入我的篩選過程，我製作了一張鉅細靡遺的圖，獲得一張贊成票的企業得一分，獲得一張反對票的企業則扣一分。統計總分之後，再依據多樣性的需求與大膽的直覺，我進行了一些分數的調整。

親親臉蛋、柏特小蜜蜂、緬因湯姆牙膏的同質性過高，均是讓你覺得，帶點靈性與嬉皮味、散發著愛與和平氛圍、又有機環保的個人用品小公司。親親臉蛋為非公開發行公司，得扣點分數；柏特小蜜蜂與緬因湯姆牙膏均被大型跨國集團所併購，有著同樣的故事，因此我必須擇一。

假如我從柏特小蜜蜂與緬因湯姆牙膏中挑選一家，那麼我是否該捨棄石原農場優酪乳或淨七代清潔用品？因為他們同樣也是帶點靈性與嬉皮味、散發著愛與和平氛圍、又有機環保的小公司，只是賣不同的產品。

同理，我也不能選喬氏超市，又選健全食品超市，或者是同時選蘋果與戴爾。這些企業的相似度太高了。也不可以同時選蘋果與谷歌。對我來說，這是一項困難的捨棄，畢竟這兩家公司沒有那麼相似，但想想這世上還有那麼多的產業與企業，我實在無法讓兩家科技公司同時入選。我也捨棄班傑瑞冰淇淋與健全食品超市，畢竟他們已經被報導成千上萬次了。相反地，誰聽說過波爾容器公司？它到底在做什麼？

而我的編輯與我繼續研議。墨西哥玉米餅連鎖店知名度不夠高，好市多超市實在太單調乏味。此外，雖然最近有許多耐吉體育用品致力於改善海外血汗工廠的相關報導，而且綠色和平組織指出，耐吉在保護亞馬遜雨林上，其實是全球最積極的企業，但是耐吉過不了書店讀者那關。

所以現在剩下約十家企業，對一本書來說，仍嫌太多。精挑細選之後，我們最後將名單縮減至規模較適中的六家：美國服飾、蘋果公司、星巴克咖啡、天柏嵐靴、緬因湯姆牙膏與喬氏超市。我另加了谷歌與淨七代清潔用品作為備案。（其中淨七代清潔用品乃是生產廚房紙巾、洗衣精等家庭用品，非常重視環境保護的一家公司。）

還有太多令人敬佩的企業成了遺珠。受限於篇幅，我僅列出部分名單：班傑瑞冰淇淋、谷歌、親親臉蛋、巴塔哥尼亞戶外體育用品與健全食品超市。（事實上，我至今仍為了放棄頭兩家企業而相當扼腕。）

當然，調查研究並非在名單塵埃落定後就中止。雖然這些企業過了第一關，但接下來我打算深入剖析這些品牌標籤、行銷活動背後的真相為何。我並不打算只分析所謂的大議題，譬如能源效率、回收、招募員工流程、動物實驗等等；我想要更積極探討那些不常出現在典型企業社會責任問卷上的問題，例如：該公司產品是否定價過高，使受薪階級根本負擔不起？企業是否積極介入政治事務？在天花亂墜的廣告之外，企業是否提供真實的產品資訊？它是否能與更廣的社群做連結，包括那些沒有購買產品的消費者？消費者在使用產品、尋求諮詢，甚至是在店裡與店員閒聊，是否都感到悠閒自在、沒有壓力？為了尋找這些問題的答案，我不只要訪談一些相關人士，也得親自去購物，進行實地的參訪與調查。

接下來的六個章節，將會依循上述這些非正式規則，以一個章節分析一家公司的方式，對這六家公司做深度解析，並做出結論：到底這些公司值得他們所享有的光環嗎？

譯註一：針點行銷（pinpoint marketing），是指一種「行為瞄準」（behavioral targeting），將消費者的性別、年齡、職業等人口特質記錄下來，再針對不同屬性的族群進行推銷工作。

譯註二：跨信仰企業責任中心位於紐約，為三百多個宗教信仰團體組成的投資聯盟，為「社會責任投資」運動的主要發起機構，目的是透過投資去改變不公義及危害公眾、環境的企業政策。

譯註三：雖名為環保組織，然而此組織其實是以企業是否具「價值導向」，以及「是否利用企業來做社會公益」，而非企業重視環保的程度，來遴選組織的會員。

譯註四：國際標準化組織（ISO），為螺絲或燃油器等產品建立國際標準而聞名。

譯註五：海斯汀中心（Hastings Center）位於紐約市北郊，乃一專門研究健康與環境相關道德議題的智庫。

譯註六：友善家庭政策（Family-friendly policies），是企業協助員工平衡工作與生活的公司政策，主要項目包括替代工作方案、員工家庭成員的照護。

第一章

緬因湯姆：充滿愛與和平的牙膏公司

問題：緬因湯姆是否是一家引領潮流，
又具社會道德的企業模範？

判決：是，但有些令人擔心。

在我們的談話進行超過一小時後，湯姆．柴培爾（Tom Chappell）終於展開了笑靨。

當時我們坐在一棟十八世紀紅磚木造的建築物裡。這棟建築位於緬因州坎尼邦克鎮（Kennebun）的中心，湯姆將其改建成緬因湯姆的辦公室，延續了建築物的使用年限。

我想是因為我引述了他一九九三年的書《靈魂企業家》中的一些話，讓他不禁露出笑容。在這些話裡，他不斷強調，為什麼「絕對不會」出售他心愛的小小天然牙膏公司，還有對那些前仆後繼而來的併購提案是如何嗤之以鼻。

舉例來說，書中曾提到，「家族企業的經營模式，使緬因湯姆有機會樹立另一種成功企業的典範，並給予那些企圖走出自己一條路的企業，些許的靈感與鼓勵……萬一緬因湯姆真的被大型企業所併購，我會很好奇我的生活將會如何變化、緬因湯姆公司將會走向何處……再進一步假設一種情況，想像我請求母公司增設一個社區營造副總裁的職位，並且雇用一位擁有神學碩士學歷，卻從來沒有在私人企業工作過的婦女來擔任這個職位，我的母公司將會如何因應？又或者，我如何向我的新老闆解釋，社區營造部門所做的事之一，其實就是將十五萬美元捐獻給社區團體？」

「那是什麼改變了你的決定？」我問他。

「在三十六年的學習之旅後，你越來越了解自己，」他莞爾一笑後回答。「不過他也亟欲了解為何我沒讀過他的另一本著作《管理動盪》（*Managing Upside Down*）」。

不過，湯姆在接下來的訪談中竟開始結巴，尤其當我更進一步詢問以下的問題時，他的回答甚至開始具防衛性。這個問題，是所有緬因湯姆顧客心中的疑問，如果可能，也想當面問湯姆與他太太凱特：「到底為什麼你們將公司賣給高露潔？」

夢幻的生產過程

企業併購或被併購在歷史上屢見不鮮；一九九六年，市場上共有十六家大藥廠，但到了二〇一〇年，有一半已被併購。現在西北航空、美西航空、漢華實業銀行（Manufacturers Hanover）、華盛頓互惠銀行（Washington Mutual）、伯利恆鋼鐵公司（Bethlehem Steel）、凌特姆科沃特飛機製造公司（ＬＴＶ）到哪兒去了？規模小的企業更是極易被併購，畢竟在全球市場日漸整合的情形下，成長空間被壓縮的小型企業亟需大公司的資源以求發展，除此之外，有時是企業的創辦人年事已高，只好在已屆退休年齡時將公司出售。

然而，人們總認為二〇〇六年緬因湯姆被高露潔併購這件事，似乎應該有所不同，畢竟緬因湯姆並不是一般的公司。三十六年來，不管是否為真，一個在緬因州發生的企業神話，悄悄地口耳相傳蔓延開來：這家傳奇的企業使用天然原料、由兩位嬉皮創辦、將所有的利潤捐給慈善團體、每樣東西均資源回收、在那兒工作就像是在樹林中共同生活一樣，雖然這些快樂的林中人可能在唱著「來這裡來吧！」（Kumbaya）這首歌之餘，偶爾也得抽空做幾條牙膏。

西雅圖的何丁品牌策略顧問公司（Holding Associates）負責人何丁（Carol Holding）認為，緬因湯姆公司是五家以使命導向聞名的品牌之一，其餘四家企業分別為班傑瑞冰淇淋、石原農場優酪乳、美體小舖（Body Shop）與綠山咖啡（Green Mountain Coffee Roasters）。也就是說，緬因湯姆彷彿界定了何謂新潮、何謂（會為孩子買環保牙膏的）模範父母，以及誰比較關心地球一樣。

商業顧問鄂圖曼（Jacquelyn A. Ottman），在她一九九八年出版的書《綠色行銷》（*Green Marketing*）中甚至表示，緬因湯姆與巴塔哥尼亞戶外用品公司是全球唯二做對了所有事情的兩家企業。她以緬因湯姆的工作條件、慈善作為、產品天然成份、回收原料製成的可回收包裝，以及其他種種善舉作為例證，表示「緬因湯姆是個活生生的例子，證明了以營利為目標的企業仍舊能將個人的信仰與價值，融入原有的企業目標中，例如賺取利潤、拓展市場佔有率、培養顧客忠誠度。」善待動物組織青年推廣部主任雪能（Dan Shannon）（在位至二〇一一年四月）亦曾直率地表示，「緬因湯姆是我們最喜愛的企業之一」。

所以（部分的）神話的確是真的，特別是在天然原料與綠色生產的部分。現在先讓我們從牙膏談起吧！（畢竟牙膏製品佔了緬因湯姆八五至九〇%的生產線，其餘的產品則包括牙線、漱口水、除臭劑與肥皂。）

依據緬因湯姆提供的資料，它的牙膏不含任何動物原料、不進行動物實驗、沒有人工色素、香料、香水或防腐劑，也沒有添加任何有奇怪名字、彷彿應該屬於打火機液體內容的化合物，例如：焦磷酸鈉、氫氧化鈉、丙二醇、聚乙烯醇／丙烯酯聚合物、卡波姆九六五。相反地，我們可以看到緬因湯姆薄荷牙膏上標示的內容為：卡拉膠（一種常見由海藻萃取的素食產品添加物）、葛萊瑞新（甘草根部的萃取物）與天然香料（接下來的章節會對天然香料多一點著墨。）此外，緬因湯姆的牙膏與大部分的產品，均符合猶太教教規與回教教規的食品規範。

在我去拜訪緬因湯姆的那一天，薄荷與甜杏的香味飄蕩在工廠總部，這裡距離湯姆及凱特的辦公室並不遠。工廠總部的前門外頭，有個小小的農園，標示著「凱特的香草花園」，裡頭種滿薄荷、鼠尾草、百里香以及茴香。

不過神話中有一小部分並非事實：緬因湯姆產品裡所含的香草原料，其實來自於專業的農場，並非如傳說中出自這座凱特花園。儘管如此，緬因湯姆極為環保的夢幻生產過程，絕大多數是千真萬確、無庸置疑。依據柴培爾在書中的描述，這些環保措施皆已行之有年，包括在清理設備的水管上裝設了省水裝置，以及以較貴的玻璃作為滾輪式體香劑的容器。此外，當回收業者告知緬因湯姆未達業者最低的取貨（紙）量時，這家公司並沒有因此放棄做紙類回收，而是與其他公司合作，共用業者的取貨服務，以滿足業者的最低載運量。

隨著科技日新月異，緬因湯姆也採用越來越多高科技的環保措施，例如：感應式燈泡、植物配方的印刷墨水、以塑膠包裝柱狀體香劑（取代易破的玻璃容器），以及回收所有你想得到的材料，包括標籤背面的紙、包裝用的收縮膠膜。透過這些環保措施，緬因湯姆宣稱每年可節省二十五萬度的電力、六千顆樹、二五〇萬加崙的水，並使垃圾量減半；公司與廠區廁所裡的衛生紙，使用的也是未漂白的回收紙。

另一方面，緬因湯姆相當自豪該公司「風力發電點數」（譯註）的購買總額，相當於公司的總用電量，然而我們對於這樣的吹噓應持保留態度。這並不等同於緬因湯姆所有的電力均來自風力發電；相反地，這僅僅表示緬因湯姆購買的風力發電點數，等同於它所有傳統（火力、石油、天然氣）的總用電量。

沒錯，購買這些點數的款項將被用來資助風力發電廠，以一種低排放、可再生的方式，製造等量的能源，不過所謂（碳排放量可因此獲得）抵消（offset）的說法，其實相當具有爭議性；環保人士質疑，這套抵消系統本質上只是將費用或排放量，從一處移轉至另一處而已。這些購買點數的金額，真的使地球上樹木或風力發電廠的數量增加了嗎？（其實在所有的抵消碳排放量形式中，種樹是最無法被信賴的一種，所種植的樹木得花上數十年的時間，才有辦法長到得以吸收同等碳排放量的大小。）

不幸的是，為了講求環保，企業似乎得犧牲某些重要的營運目標，如產品效能、成本控制或產品的吸引力。畢竟「大自然能給予你的東西，跟化學合成物相比，少了很多的空間與彈性，」湯姆指出，「你就是無法找到持久、或有特殊香味的天然芳香劑。」那麼得犧牲什麼？「香味，」湯姆隨即回答，「**你永遠也不能放棄你所信仰的價值。**」

除非你創意十足，對原有的產品進行大改造，譬如，「你可以創造前所未見的香味，」凱特說道。過去，在製造肥皂的過程中，緬因湯姆曾嘗試以維他命E與迷迭香萃取物，取代一般的化學抗氧化劑。聽起來所有的變革似乎均有好的結果，然而嘗試改變的過程並不會總是萬事亨通，例如，為了減少包裝材料的使用，緬因湯姆企圖揚棄常見的玻璃紙包裝，但後來發現根本做不到，他們甚至連牙膏紙盒內部都得使用玻璃紙，來保存牙膏的清新與香味，但經過一段不算短的努力後，緬因湯姆終於發明一種可由生物分解的纖維素製成的天然包裝紙。

然而有些事不是轉個彎繞個圈，換個方式或原料就可以解決。舉例來說，緬因湯姆最為人知的善行，就是不進行動物實驗以及不使用動物原料，但是這項堅持卻與另一個公信力極高的權威機構美國牙科協會（ADA）產品認證過程相牴觸。美國食品與藥品管理局（FDA）在允許食品與藥品上市之前，均得進行動物實驗以降低風險，而美國牙科協會對牙科產品的檢驗亦是如此。雖然販售沒有認證過的牙膏並不違法（此例與藥品不同），但若無法取得消費者的信任，銷售量仍有可能受到影響。因此多年來，緬因湯姆不斷地與美國牙科協會進行交涉與協調，甚至期望牙科協會可以設計新的認證標章；緬因湯姆也曾企圖說服牙科協會，以人體（志願者）實驗取代動物實驗，志願者就包括凱特（我見到她時，她的牙齒看起來相當不錯）。

美國牙科協會終於在一九九五年，授與緬因湯姆最原始配方的牙膏產品認證，緬因湯姆指出，這可是市面上第一款沒有經過動物實驗的認證牙膏。雖然並非所有的產品均獲得認證，但經過一連串的努力，緬因湯姆最後除了原始配方的牙膏外，還有其他八款牙膏、漱口水，以及牙線獲得牙科協會的認證。「他們在這個議題上挑戰了極限，」美國人道協會（Humane Society）營運長馬克瑞恩（Michael Markarian）說。

員工需要組工會？

沒錯，緬因湯姆的主要廠區的確座落在緬因州的小鎮裡。儘管不像謠傳中是個位於林間的夢幻工廠，或者是像大家共同生活、共享一切的公社團體，然而與地球上任何其他企業相比，它的工作環境的確更為舒適、員工福利更為優渥、整體企業精神也更為關心地方社區。此外，緬因湯姆也是同時給予父親與母親產假的企業先驅，領先一九九三年通過的「事假與病假法案」（FMLA）十年。每天在廠區的健身房裡，健身教練會帶領生產線工人定時做伸展操，公司亦補助員工的瑜伽課程與按摩服務。員工不需打卡，只需在看板上移動磁鐵，標示自己是否人在建築物內即可，導遊說，這是為了安全（如火災）理由，而非為了監督員工的工作時數。廠房不僅挑高設計，而且光線充足、相當明亮。在我去拜訪的那個下午，由於（六條裝）體香劑包裝膠膜的校準檢查，生產線因而暫時停擺，那六位工人看起來也沒有特別不安。

在緬因湯姆工作最吸引人的地方，便是員工能以有薪假從事社區服務。緬因湯姆除了捐出稅前百分之十的利潤給慈善團體，員工亦可利用總工時百分之五的時間（一年約有十二天）從事社區服務，並獲得全薪給付。湯姆說，緬因湯姆最早的企業捐獻起源於資助坎尼邦克鎮公所二萬五千美元，用來購買鎮內的資源回收筒（老實說，這並非全然的利他舉動，因為這項捐款將可激勵全鎮的回收運動，使回收業蓬勃發展，緬因湯姆也可因此受益。）湯姆的書中提到，這二萬五千美元最後成為企業版本的「什一稅」，也就是企業捐獻給教育、藝術、人文、環保、人道需求團體的慈善支出；緬因湯姆一開始約捐獻利潤的百分之五，後來則漸漸提高至現在的百分之十。

不過緬因湯姆仍有一點未臻完美：它並沒有工會組織。這是少數幾個讓湯姆在訪談中看起來惱怒的議題之一。「這個世界上沒有一個工會，能夠協調出比我們公司更好的員工福利方案了。」湯姆如此堅稱，並一一細數著緬因湯姆的員工福利，包括四星期的全薪父親產假、獎金、彈性工時以及義工全薪假等。湯姆繼續表示，緬因湯姆有位接待人員的先生是工會組織者，但他非但沒有組織工會對抗緬因湯姆，而且只要他參加緬因湯姆的公司烤肉活動，「他便會不斷地讚揚我們所做的事，而且給予我們讚許的微笑。」

湯姆與凱特似乎認為組織工會是沒有必要的，尤其在這個明顯有平等待遇的工作場所，在這裡，員工定期在會議中討論企業價值，也不需打卡，湯姆甚至會與祕書討論他們小孩學費的多寡。湯姆在他的書《靈魂企業家》中提到，「在緬因湯姆，我可以看到老闆與祕書之間的關係，已昇華為父母之間的會心與理解。」

「我並不認為，員工會認為他們需要一個代言團體來對抗管理階層，」凱特在訪談中補充，「我們已做了所有能為他們做的事。公司內部人人平等，而不是以上下等級的制度做區隔。」或許吧，不過要記得，湯姆的學費主要是支付給私立寄宿學校（一種企業主與總經理才負擔得起的奢侈品），而祕書則是用來支付孩子的大學學費，畢竟大學學歷才是中產階級比較需要的東西。

以社會道德為訴求的商品

除了對緬因湯姆的牙膏、牙線與體香劑產品的喜愛之外，顧客顯然也極度認同緬因湯姆所塑造的企業形象。絕大多數我所訪問過的人，一開始購買緬因湯姆的牙膏，主要是因其天然原料或是湯姆這位小個頭的信譽，但接下來便漸漸習慣於它的牙膏口味。

住在紐約市的三十四歲心理學家畢葛（Kate Bieger）說，她一開始接觸緬因湯姆牙膏，是因數年前朋友的推薦，而且「我想或許它含有較少的化學合成物吧。」她繼續說道，「我一開始並不喜歡，它不夠甜。」但是現在，她用緬因湯姆的薄荷牙膏，而她三歲的兒子用的則是緬因湯姆草莓口味的兒童牙膏。「而且我現在無法忍受高露潔牙膏裡的甜味了，雖然高露潔伴隨了我整個童年。」（緬因湯姆的使用者，竟對緬因湯姆的母公司如此嗤之以鼻。）

沒有人認為價格是個道德議題，倘若是的話，那麼緬因湯姆絕對不夠道德。如同絕大多數符合社會道德的商品，緬因湯姆的所有產品都比同類商品貴上許多。昂貴的價格，源自於「雖高貴但並非那麼必要的道德理念」堅持，如花費時間與資源尋找天然纖維素製作產品包裝，還有支付薪水給去動物收容所當義工的員工。在連鎖超市，一條五・五盎司緬因湯姆牙膏價格為五・五九美元，而稍微大一點包裝的高露潔、佳齒（Crest）、鐵鎚牌（Arm & Hammer）牙膏，則比緬因湯姆至少便宜一・二元。「人們願意為價值付出高價，」湯姆堅持，「我們的消費者買的並不單是一條牙膏，他們買的是一條符合信仰價值與理念的牙膏。」

當然，即使是以社會道德為訴求的商品，也必須具備產品應有的功效。湯姆與凱特說，他們在問卷調查裡發現，消費者首要關心之事，在於牙膏能否徹底清潔牙齒，以及是否能使口氣清新；次要則關心與企業道德有關的產品特色（例如使用天然原料、不使用人工染色劑或糖精、回收材料製成的包裝與無動物實驗），反而不是價格或口味，因此這份問卷調查的結果，顯然支持湯姆「道德優於價格」的主張。

不過，緬因湯姆體香劑的有效性似乎出了點問題。一位二十九歲藝廊經營者說，由於緬因湯姆完全使用天然原料，特別是不添加鋁，他因此非常樂意使用緬因湯姆的體香劑，但是據他估計，緬因湯姆與其他品牌的體香劑比起來，除臭的效果約少二五％。於是他只好妥協：「我通常在週末比較不會遇到人，或不上班的時候才使用緬因湯姆的體香劑。」這其實是至少在二十年前就出現的問題，當時因為消費者抱怨某新款體香劑並不如以石油當基底的前一款產品，因此導致緬因湯姆全面回收該款更天然的新忍冬口味體香劑。事實上，緬因湯姆天然洗衣精與清潔劑的差勁洗淨效果，亦常常招致批評。

牙膏並非是會讓人覺得時尚的產品，然而就如同哈丁所說，**一個以社會道德聞名的牌子，將可讓消費者快速便捷地向他人傳達自己所信仰的價值**。在新女友第一次留宿時，你所使用的牙膏品牌，跟你所飲的咖啡品牌或你家冰箱的食物內容一樣，都傳達某些特定訊息。假如你企圖展露自己關心大自然的程度（greenness），買條緬因湯姆的牙膏，遠比去撿拾山中垃圾，或捐款給塞拉俱樂部，相較之下容易且便宜多了。

凱特憶及公司草創初期，除了常去健康食品店鋪的人之外，一般人根本沒有聽過緬因湯姆，「音樂家、藝術家，以及那些樂於思考創新的人，才會購買緬因湯姆；當時的緬因湯姆可是一個潮牌，是打破所有慣例與傳統的牙膏。」雖然現在緬因湯姆已不若當時那麼具有創新的特質，然而同時身為畫家的凱特說，緬因湯姆仍是藝術學校宿舍裡常見的牙膏品牌。

市面上仍存在許多以天然原料為訴求的牙膏品牌，許多緬因湯姆的消費者也會交替使用這些品牌。不過也有消費者因口味因素，對緬因湯姆極為忠誠，又或者覺得緬因湯姆比其他天然牙膏更易購得（也就是便利性），而願意多購買緬因湯姆。這可是關鍵，因為這正是湯姆與凱特出售緬因湯姆最主要的原因。

給我們親愛的朋友

緬因湯姆換了負責人的名字之後，是否仍能維持原有的獨特性以及所信仰的價值？為了探求這個答案，我們必須問自己一個關鍵的問題：這些日子以來，對這個企業來說，湯姆（或這個名字）到底有多重要？這是湯姆的公司，還是充其量只是企業名稱而已？

依據湯姆自己在書中的描述，一九六八年，他在埃特那保險公司（Aetna Casualty and Life Insurance）費城辦公室裡，是讓人最哈的年輕人，不過當時湯姆厭倦事事順從的公司文化以及枯燥的辦公室生活，「我想我最好找個更可以展現自我的地方。」他渴望回到大自然的林野，例如他過去成長的麻州西部，或是童年時期度假的緬因。為了更進一步接近理想，他搬到南緬因州，加入他父親專門生產工業清潔劑的公司。

或許有人會懷疑，清潔劑裡能有多少展現自我的機會，不過，湯姆在尋找無汙染清潔劑的過程中顯然找到了。這讓他父親的企業得以生產對環境友善的洗衣精、洗髮精與身體乳液。有趣的是，在一九七五年以前，牙膏產品一直沒有出現。

從一開始，企業名稱便是緬因湯姆，而非湯姆與凱特。這是讓湯姆面有慍色的另一個話題，「每個人都問同樣的問題，」他微怒道，「史譚能（Gloria Steinem）也問，我們當時沒想到什麼女權議題，根本沒有必要，我們只是一對年輕夫妻，想要白手起家而已。」依據湯姆與凱特的說詞，這個企業其實是湯姆一手打造出來的，凱特當時是法務助理，並且在孩子的學校裡教授美術與閱讀，「當時的我們需要兩份薪水養家。」在凱特涉入公司營運程度較深時，企業品牌已經建立起來，來不及更改品牌名稱了。

不管名字是什麼，緬因湯姆無論如何都是一個非常個人化的企業。產品包裝上甚至印著一封信，開頭寫著「給我們親愛的朋友」，以及有「凱特與湯姆」的簽名，並鼓勵消費者寫信給他們。

當然，絕大多數的企業在草創初期，企業主都得親手打理公司的每項業務。可能有好幾個月或好幾年，所有的工作人員其實就是老闆與家人，他們可能就睡在公司店面的樓上。從產品設計、寄出商品到櫃檯結帳，凡事均得親力親為。不過，湯姆與凱特對公司的付出，早已超越策略性的商業決策或是每日的營運方針，而是到達湯姆在書中所談的：靈魂層面。

一九八七年，湯姆深感陷入墨守成規的窠臼、擔心他那反現行體制的小小企業，將越來越商業化，於是決定前往哈佛大學神學院修課。並不打算成為神職人員，反之，則是想要「去追尋意義……去尋回一開始激勵他創業的熱情與內在。」四年後，他對公司未來願景有更清晰透澈的想法之後（也就是他到底能透過緬因湯姆，與大眾分享什麼樣的社會價值後），他帶著滿腔的熱血回到公司全力打拚。

他寫道，「我說服董事會與管理階層，讓我們公司除了追求利潤之外，首要的任務是能夠成為一家對社會與環境負責的企業……我開始思索，如何帶領緬因湯姆轉型成實踐自我價值的企業，當然，這裡指的是實踐『我』所信仰的價值。」湯姆經歷了這樣的蛻變與成長之後，研擬了長達九頁的企業使命書，並從事許多慈善捐款、社區服務，並推動創意思考；他時常與員工圍成圈圈坐在一起，進行公司會議。製作牙膏竟然成了信仰的實踐與展現，湯姆強烈的使命感並在此時達到前所未有的高峰。

無怪乎湯姆堅持這麼久，正如同他在書中提到的，「雖然所有打算購買緬因湯姆的企業，個個都表示不會改變緬因湯姆，但我的答案永遠不變：我的家族將會繼續經營緬因湯姆。」然而，就在二〇〇六年，湯姆出售了他的公司。

他們做了承諾

「為什麼將公司賣給高露潔？」湯姆夫婦給我兩個理由，其一是當時家族缺乏明顯的繼承者，其二則為緬因湯姆欠缺具影響力的行銷通路。

二〇〇六年時，湯姆與凱特均六十餘歲，並開始思索神學院關心的議題：人生最後盡頭之事，「我當時真的累壞了，」湯姆平靜地說；凱特則是想要多花點時間從事藝術創作。過去幾年，湯姆夫婦與他們的五個孩子，每十五到十八個月定期與心理學家共同舉行家庭會議，討論像是「父母親應如何培養孩子的能力、如何給予孩子做決策的空間，以及倘若要一同經營家族企業，有什麼事是我們應該注意的話題，」湯姆解釋道。而現在是該討論緬因湯姆的未來了。疲累的父母想要退出，誰能接手？

雖然所有的子女均曾在緬因湯姆或長或短地工作過，然而僅有最年幼（當時僅二十三歲）的兒子路克有意接手企業。「他還需要十年的磨練，」凱特說。但是她與湯姆已經不想再等了。「我們並不想讓孩子背負著必須延續家族企業使命的負擔，」凱特繼續說道。如果我們出售了緬因湯姆，「這將會使他們解脫，也能使他們更能追求自己的抱負，而非死守著父母所創的企業。」

凱特承認路克有些失望。然而在我訪問湯姆夫婦之際，也就是他們出售緬因湯姆四年之後，他們說，路克在北加州也展開自己的事業，有了自己的公司「路克本地」（Luke's Local），專門販售當地最新鮮、最少包裝、健康（顯而易見！）的熟食給通勤上班族。

將緬因湯姆出售的另一個原因，則是為了行銷通路的拓展。一九九三年在湯姆出版《靈魂企業家》之際，緬因湯姆的年營業額將近二千萬美元，但湯姆的目標是一億美元，在書中他坦承，其實並不確定這家企業能否自行達成這個目標。十三年過去了，緬因湯姆的年營業額仍舊少於五千萬美元，湯姆說（此時湯姆開始說話結巴），他開始質疑一些事情，像是「誰是這家公司真正需要的領導人，你是否有足夠的能力可以勝任這個職位，帶領這家公司繼續往前走？我一點都不認為，我是那個可以將公司帶往一億美元營業額的領導人。我是一個創業者，並不喜歡仰賴那些龐雜的分析研究，但是當你所做的決策規模越來越大時，便必須依靠越來越複雜的數據分析來做決策。」

整個產業正以充滿矛盾的方式急速地變化，而這個變化正深深地傷害那些像緬因湯姆這樣的小型企業。即使每年都有數十種新牙膏或新產品上市，小型雜貨店卻依然漸漸地消失在街角，這表示市場上充斥著過多的產品，行銷通路卻越來越少。為了能在大型商店上架，緬因湯姆亟需更好的行銷能力與影響力。「不幸的是，」湯姆說，「牙膏市場被少數幾家零售商所壟斷，倘若想要進入主流市場，你非得與大型行銷通路打交道不可。」

就在所有的手段都已用盡之後，所有你能做的只剩如何交出控制權。也就是說，由於企業規模過小，無法上市募集足夠的資本，但為了擴展產品的行銷通路，最後只好將企業交給市場上擁有足夠資金與經驗的企業。湯姆強調，他們並非只將緬因湯姆出售給最高價的競標者，這樣的選擇太簡單、也太缺乏個人思量。相反地，「我們花了許多時間研究哪家企業最適合緬因湯姆，」凱特說。這對夫妻最後歸納出一份清單，一開始清單上有十二家可能的策略性夥伴，後來刪減至五家，在他們與這些企業的主管面談後，最後決選名單上只剩三家。不過湯姆夫妻並不願告訴我，最後名單上另外兩家企業的名字，他們只說（引用湯姆的話），「是兩家生產個人消費用品的全球品牌」。他也告訴我，其中一家後來打退堂鼓，原因是擔心無法維持緬因湯姆所堅持的信仰與價值。

湯姆與凱特說，他們花了許多時間觀察高露潔主管如何進行決策分析，並且對這些主管提出的問題做評估。「關懷、承諾與持續的進步，是高露潔的企業理念，」凱特說，「美國建國二百多年來，你絕少聽聞到這樣的企業理念，因為這些都是很內斂的價值，無法張揚。」她並讚許高露潔在垃圾減量上表現極佳，湯姆同時引述高露潔其實是許多最佳雇主名單上的常客，（在一分鐘內不斷地強調這點），經過一段時間評估後，併購案最後拍板定案，緬因湯姆以一億美元售價，賣給高露潔公司。

湯姆堅持他一點也不後悔，「我們做了很棒的決定，」他說，「高露潔公司一點也不想搞砸緬因湯姆這塊招牌；他們做了會永保天然的承諾。」

然而，有件事讀者應銘記在心：湯姆與凱特仍持有高露潔子公司緬因湯姆百分之十六的股權，倘若湯姆批評高露潔，那麼股票價格以及湯姆個人財富的價值，也許都會下跌。這當中或許也有自尊心因素作祟；湯姆有可能批評自己所做的決策嗎？或許十年後他可能會承認，新的緬因湯姆管理階層的確搞砸了，但絕不是現在。

詭異的牙膏成分

假如緬因湯姆終究得出售，或許湯姆夫妻已經做得很好了。雖然高露潔並不如緬因湯姆，在環境永續性、動物實驗、天然原料，或工作環境議題上像個模範生，但哪家公司是呢？高露潔在許多企業道德評鑑上，均獲得不錯的評價，因此它是以自身的實力與理念贏得緬因湯姆，所以即便沒那麼認同，仍請為湯姆夫妻的決策鼓掌吧！

在非營利組織氣候為要與喜瑞思的企業排名上（後者的排名出現於該組織二〇〇八年十二月的「公司治理與氣候變遷」的報告中），高露潔在家庭個人用品類的六家公司中排名第二，僅次於萊雅（L'Oréal）集團。在氣候為要組織的評鑑中，高露潔在碳排放的衡量、實質採取減碳的速度以及支持公共政策上，皆高居榜首；同時，在《商業週刊》二〇〇九年「美國最環保的五百大企業」的首次排名中，高露潔排名第三九。不過值得注意的是，高露潔能在這些評比中獲得不錯的名次，得歸功於三大原因，其中一個即是因為併購了緬因湯姆，所以這其實算是個循環論證。

氣候為要組織的首位執行長透納（Wood Turner）表示，儘管屬於一個標準不怎麼高的企業類別，高露潔近年來仍進步不少，「我們幾乎在這個領域中見不到有企業願意主導政策的改革；沒有一家美國公司肯站出來說，我們支持制定汙染排放量的上限。」

那麼湯姆提到的工作場所排名呢？《職業婦女》雜誌明顯地相當喜愛高露潔；高露潔從二〇〇二年至二〇〇九年，不斷地榮登這家雜誌每年選出的百大最佳工作環境企業名單。這家雜誌於二〇〇八年，加入彈性工時、在家工作、兼職員工健康保險福利、員工子女緊急照護，以及延長全薪產假等評估項目。而在人權運動組織衡量同性戀平權待遇的企業平權指標中，（這其實是最容易獲得高分的指標），高露潔自發性地修正企業政策裡的小瑕疵，並在二〇一一年獲得這個項目的滿分。不過高露潔在《財星》雜誌則沒有獲得那麼高的評價，僅在二〇〇三與二〇一〇年，名列最佳企業的名單中（二〇一〇年以第一百名勉強擠進該名單）。

在二〇一〇年的《企業責任》雜誌百大最佳企業公民名單中，高露潔排名高達第十八；這份名單的評鑑範圍相當廣泛，評估項目包括環境、員工關係、人權、慈善活動、公司治理與財務透明度。而這對高露潔來說是個顯著的排名大躍進，因為前一年高露潔才徘徊在七三名左右而已。

大體而論，高露潔公司在社會責任上所做的努力，已經足夠通過像是多米尼或是延齡草這類環境、社會與公司治理投資公司的篩選。多米尼（當時持有高露潔價值約四百萬美元的股票，佔其投資比例的〇．六％）的總投資主管林登柏格，稱讚高露潔在公司網站上提供諸多詳盡的公司內部資料，如工作場所安全、員工種族多樣性、汙染排放量、環保法規違規警告、能源與水的耗用量。此外，在高露潔的管理階層中，女性與少數人種的比例分別約高於三分之一與四分之一，在他眼中這相當可圈可點，而且依據資料，高露潔每樣產品的能源耗用量、用水量以及碳排放量，也在慢慢地減少中。（那些環境、社會與公司治理投資公司，其實從沒機會衡量緬因湯姆，因為它並非公開發行公司。）

然而，沒有一項讚譽或排名能夠將高露潔變成緬因湯姆，而且高露潔仍舊將聚乙烯醇／丙烯酯聚合物、十二烷基硫酸鈉、丙二醇，或其他聽起來有奇怪名字的東西放在牙膏裡，而這些正是緬因湯姆特別標榜絕不放入牙膏裡的化合物，尤其是十二烷基硫酸鈉。例如，緬因湯姆某些牙膏的包裝上寫著：「對部分消費者來說，十二烷基硫酸鈉將刺激口腔，引起不適。我們創新的配方使用葛萊瑞新（從甘草根部萃取），將會製造較少的天然泡沫。」

另一方面，美國食品與藥品管理局與美國國家環境保護局（ＥＰＡ）正深入調查高露潔放在「全效」（Total）牙膏裡的抗菌劑三氯沙，這項原料常見於許多液態皂、菜瓜布、廁所清潔劑、廚房砧板，以及其他不會入口的清潔產品裡。在《樂活：道德生活指引》（*A Good Life: The Guide to Ethical Living*）這本書中指出，二〇〇六年科學家發現，存在於北美牛蛙體內的三氯沙將導致牛蛙賀爾蒙失調；因此現在法律明文規定，倘若產品內含有三氯沙，企業必須在包裝上清楚標示含量。而儘管目前的討論多聚焦於外用的液態皂含有三氯沙的問題，但試想，倘若外用的產品含有三氯沙都不怎麼安全，那麼用於體內的產品（如牙膏）含有三氯沙，那就更不可能安全了。

當我詢問湯姆，高露潔使用這些化合物的問題時，他簡明地回答，「他們（高露潔）有他們使用這些化合物的理由，然而他們也有保留緬因湯姆原來樣貌的理由。」

詭異的牙膏成分，或許還不是高露潔最糟糕的罪過。一本於二〇〇七年出版、關於企業道德的書《良心購物指引》（*The Rough Guide to Shopping with a Conscience*）指出，「當談論到化妝品、個人衛生用品、香水，最令大多數消費者擔憂的，其實是動物實驗。」而依據善待動物組織的資料，高露潔的確進行動物實驗。

不過，高露潔在以下這件事可是略勝緬因湯姆一籌：在聖路易廠區的高露潔員工，可加入食品與商業工人聯合工會位於肯塔基路易維爾（Louisville）與印第安那州南區的地方分會

（Local 15C UFCW International Union）。

「在九〇年代與二十一世紀初期，你可以看到許多以社會道德聞名的指標企業，被大型財團所併購，」林登柏格說道，「許多人對此深感憂心，不確定該如何使這樣的商業模式留存下來。」例如，最知名的社會良知品牌班傑瑞冰淇淋，於二〇〇〇年被聯合利華併購；法國的達能乳品（Groupe Danone）集團於二十一世紀初期，逐步併購石原農場優酪乳（石原為氣候為要非營利組織的主要贊助者）。在緬因湯姆被高露潔收購的一年半後，專門生產天然護唇膏、洗髮精，以及其他個人護理用品的柏特小蜜蜂，則被高樂氏企業所併購。就在林登柏格與我的訪談過後沒多久，天柏嵐亦被美國ＶＦ成衣集團（VF Corporation）所收購。

雖然許多人憂心忡忡，但有時光是商業策略本身就足以確保（講求社會良知）的商業模式得以留存。對高露潔來說，併購緬因湯姆最大的利基便是接收緬因湯姆的消費者與市場。依據高露潔新聞稿的內容，美國天然口腔與個人護理用品的營業額，每年以一五％的速度成長，因此緬因湯姆授與高露潔一張快速便捷的門票，得以進入這個成長迅速的健康用品市場，更不用說緬因湯姆牙膏還是這個市場的佼佼者。

此外，就商業策略的考量，併購一家已存在的優秀公司，將遠比自創一個有機品牌容易多了。「你一點都不想反過頭來傷害自己原本的產品線，」紐約市立大學助理教授嘉德堡解釋

（她的三個孩子使用緬因湯姆兒童草莓牙膏），「假如高露潔（以高露潔的名義）另推出有機牙膏，那不就暗示高露潔原本的牙膏產品對人體有害？因此對高露潔來說，併購緬因湯姆是聰明絕頂的決定，因為你將擁有一個完全不同的品牌名稱，以及原本就已存在的忠誠追隨者。」此外，一億美元的併購價對高露潔來說根本微不足道，基本上，僅能算是年營業額一五〇億美元的零頭而已。因此就謀略與動機而言，高露潔根本沒有理由投入時間與金錢，塑造自己具有緬因湯姆的特質，雖然這些特質正是高露潔想要併購緬因湯姆最主要的原因。

另一個能夠確保併購後企業文化得以延續的方式，乃來自於母公司的承諾與併購後的堅持。譬如，緬因湯姆與高露潔曾達成協議，緬因湯姆的總部與總工廠在併購案後仍將留在坎尼邦克鎮，沒有任何一位員工會因此失去工作。戴沃絲特（Susan Dewhirst）（高露潔唯一允許發言的緬因湯姆員工）說，「併購時，高露潔承諾將不會改變緬因湯姆最基本的信仰與核心價值，因為那正是使緬因湯姆獨一無二的地方。」

併購案另外亦約定，湯姆將在兩年的轉型期內繼續領導公司。兩年後，也就是二〇〇八年，湯姆會被另一個長期為緬因湯姆工作的湯姆（湯姆．歐布來恩（Tom O'Brien），緬因湯姆的執行長）所取代。「那真是一個很棒的決定，」凱特說道，「我們與歐布來恩共事了十一年，他了解社會道德企業在經營上所有的困難。」此外，湯姆夫婦仍兼任緬因湯姆的諮詢顧問，每三到四個月定期與新的管理階層開會，「他們相當重視我們的意見，」湯姆堅持說道。

但這些承諾足以使緬因湯姆，依舊是緬因湯姆嗎？湯姆夫妻並沒有向高露潔公司尋求十年（不改弦易轍）的保證，據信，班傑瑞冰淇淋與聯合利華的併購案即有此約定。「這並非我們單方面可以要求寫入正式合約的內容，」湯姆解釋，「為求了解緬因湯姆，高露潔投入非常可觀的時間。假如高露潔無法使講求天然的訴求繼續成為這個品牌的核心價值，那麼緬因湯姆將成為一個失去自我、沒有方向的品牌。不過你必須相信接手緬因湯姆的人。」但是，現在沒出現問題，並不代表未來一切完美。倘若高露潔的領導階層換人呢？「這攸關有多少企業文化能留存下來，」他說，「假如他們決定將廠區撤出緬因，或是純粹以企業損益為考量，那麼我會相當失望。」

林登柏格的憂心是否成理？有一個極為關鍵的觀察點：併購後的緬因湯姆是否有所轉變。嘉德堡認為，人們應該觀察高露潔能否恪守承諾，將緬因湯姆的生產線保留在緬因的原廠。她表示，假如高露潔能說到做到，所有的員工福利與企業文化將有機會留存下來，包括備受稱譽的全薪義工假。「通常在併購案後，企業會感受到維持母子公司員工福利同步的壓力，尤其是在合併的當下，」她解釋，「假如緬因湯姆的生產線能留在緬因原廠，那麼改變的機率將降低許多。」對林登柏格來說，他欣見緬因湯姆能夠維持原來的公司網址，而且湯姆撰寫的公司使命書仍保留在網上，甚至還是個加長版。雖然湯姆與凱特名義上仍是公司顧問，然而湯姆說，其實他並不確定那些慈善捐款活動（企業什一稅）仍舊進行著。不過依據高露潔的說法，答案是肯定的。

戴沃絲特認為，緬因湯姆依然保有併購前珍貴的公司價值與文化，她甚至列舉數點以茲證明，包括：堅持使用天然原料、善盡環境永續與原料的監督管理責任、持續購買風力發電點數（雖然這項綠能政策仍為許多環保人士所詬病），以及生產原有生產線的產品。她亦表示，併購案後緬因湯姆的員工流動率相當低（不過她宣稱手邊沒有確切數字）；在傳出併購案時，緬因湯姆的新聞稿曾提及員工總人數為一七〇人，而依據戴沃絲特的說法，二〇一〇年緬因湯姆的員工人數約為一六〇人，這表示併購案後緬因湯姆僅有極少的人員淨流動。

假如湯姆夫婦為了拓展行銷通路而必須出售公司，那麼他們達成目標了嗎？答案就在全國各地每一家的CVS連鎖藥局、塔吉特（Target）賣場，以及沃爾瑪超市裡。

「我們在塔吉特賣場，以前僅能販售一種產品，但現在已經有五種商品上架，」湯姆驕傲地說，而且在併購後數週的一場會議裡，「有位沃爾瑪的副總裁跟我說，我們未來將會與你合作了（提到這段對話，湯姆露出少見的笑容）。」此外，戴沃絲特表示，高露潔的規模與經驗將能夠大力幫助緬因湯姆網路社群的行銷、全球銷售點的擴張，以及美國食品與藥品管理局許可案的協調。

拯救還是傷害小兔子

然而另一方面，高露潔至少為緬因湯姆帶來三項改變，使得緬因湯姆沒有像以前那麼的道德。

最引人非議的部分就是包裝。不過這批評是相對而言，因為就算是在併購案後與同類產品相比，緬因湯姆包裝上的資訊仍舊是最充分最完整的。舉例來說，在佳齒牙膏的包裝上，牙膏盒上寶貴的空間白白浪費在品牌標誌以及廣告上（強化牙齒的琺瑯質。擁有美白效果與清香薄荷彩紋。）然而，緬因湯姆拿包裝上同樣的位置來說明，為何以甘草根部的萃取物取代十二烷基硫酸鈉。在牙膏盒的另一面，佳齒牙膏放上更多無意義的行銷術語（潔牙能預防齒垢的形成，以及移除表面汙垢），而雖然緬因湯姆同樣放上行銷術語，不過是社會道德責任的版本，內容包括關於該公司參與的社區服務、慈善捐款，以及全面禁止動物實驗的公司政策等。

然而，在二〇一〇年的包裝改版之前，舊有的經典牙膏盒上原本包含更多的資訊。現在的包裝上，再也沒有標示原料的來源與目的（雖然網路上可查閱這方面的資訊，但絕對沒有直接在包裝上標示簡單明瞭）。此外，在舊有的包裝上，牙膏口味也有極為詳盡的說明，例如：從肉桂葉、樹皮、丁香花裡萃取的肉桂、有機丁香油及其他天然香料，而且天然香料的科學全名也一一列示，但是新款包裝上僅寫著「天然香料」四個字。

在盒子的另一面，舊有包裝上原本鉅細靡遺地列出所有的原料，但在新的包裝中則用了一小段文字來打廣告，而非陳述事實。譬如，現在緬因牙膏奇異清新產品線的牙膏包裝上，有一段小小的篇幅寫著，「我們的牙膏使用天然香料萃取油，以及申請專利中的植物萃取物，來中和口中易揮發的硫化物，這是口中臭味最大的來源。」但是，什麼油？什麼萃取物？而且想當然，凱特與湯姆寫給顧客的短箋也消失不見了。唯一令人讚賞的改變是包裝上的加大字體，還有全白的底色讓顧客易於閱讀。但問題是要讀什麼呢？

位於紐約州北部的帕理歐健康藥品諮詢顧問與廣告公司（Palio Communications），其總裁邁爾（Michael Myers）認為，從廣告設計的角度來看，緬因湯姆第一代的包裝只是中上水準，但是，「假如你深入了解它想告訴你的東西，明白它給予你的訊息，那我必須說它真的很酷。緬因湯姆在包裝上不斷地重申，這牙膏的一切都攸關社會良知、健康與品質。」他說，改版過後的包裝，仍然以小小綠葉的標誌傳達追求天然的訊息，不過他也承認，「與舊包裝相比，新包裝似乎不再將宣傳重點聚焦於環保。」

湯姆也認同包裝應該要改版，因為「舊包裝已經沿用數十年了，」湯姆繼續說道，新的管理階層「曾經與我們接洽，確認他們的方向正確。」然而，湯姆與凱特並沒有機會監督新包裝的細節、設計或用字。

另一個重大轉變發生於二〇一一年，原本可回收的鋁製牙膏管被塑膠牙膏管所取代。塑膠！這可是非環保的最大象徵。即使是緬因湯姆的網站都自承，「對很多人來說，這些鋁製牙膏管等同於緬因湯姆牙膏。」凱特表示，在她尚未離開緬因湯姆之前，問卷調查即顯示顧客越來越在乎牙膏管能否回收。不過環保有時並非是使用鋁製包裝的唯一原因。美國全國總工會便摒除塑膠瓶，為鋁製與鋼製飲料包裝背書（這裡有一點要注意：鋁製工業有工會組織）。

新的緬因湯姆則解釋，為何汰換鋁製牙膏管：顧客頻頻抱怨這些牙膏管破裂，以致滴漏、難以擠出牙膏，或地方業者根本不回收此類產品。此外，新的塑膠牙膏管僅有原來牙膏管重量的一半，因此在製造與運輸過程中節省了許多能源，而且緬因湯姆會盡力尋求管道來回收塑膠牙膏管（喔！如果那真有可能的話）。儘管如此，緬因湯姆回頭使用塑膠牙膏管所代表的意義，仍難抹滅。

第三個改變發生於併購後的第四年：緬因湯姆裝設自動電話語音系統。（假如這是醫療緊急事件，請按一。假如您是本公司消費者，請按二。假如您是零售商，請按三。）戴沃絲特與緬因湯姆的另一位女發言人堅持，對消費者來說，新系統比較有效率；你無論如何總還是能轉接到真人，獲得答覆。

其實相當難以評估緬因湯姆的老顧客是否依舊忠誠。雖然公司尚未達成一億美元營業額的目標（併購案時的目標），它的年營業額目前已達到六千萬美元，比之前多了一千萬，而且要記得，最近經濟才經歷過一次不小的衰退。消費者其實對於牙膏有相當程度的品牌忠誠度，想想媽媽在浴室裡擺的牙膏品牌吧！這將使得緬因湯姆容易獲得老顧客的忠誠支持，但卻也難以吸引新的購買者。湯姆堅稱新顧客的數目顯著上升，但卻不肯給我一個明確的數字。

在緬因湯姆被併購後，我隨機面談了二十多位購買（非固定品牌）天然牙膏、牙線、漱口水與體香劑的消費者，他們之中僅有一個人〔自由專欄作家雪而（Abby Scher）〕表示，她曾於併購後刻意不使用緬因湯姆的牙膏。另一位公衛學者懷特（Melissa White），說她根本沒注意到併購案的發生，不過現在既然她知道了，她將會尋找其他天然牙膏來取代緬因湯姆，她說，「假如這些產品大同小異，有著類似的價格與原料，那我會傾向購買獨立經營的小公司品牌。」至少新牙膏的品牌名稱應改寫為：「高露潔的緬因湯姆」。

緬因湯姆部落格「良善無遠弗屆」（Good Matters）的眾作者，則顯然對於併購案相當不滿意，不過部落格就像是提供顧客申訴的管道，總是聚集著一群愛發牢騷的人。部落客曾寫道，現在緬因湯姆的產品，嚐起來的味道相當人工；他們懷念標示清楚的產品標籤，也認為現在越來越難找到以前喜歡的牙膏口味。許多人則責怪高露潔，部落客尚恩於二〇一〇年十月寫道，「只有像高露潔那樣的大公司，才會為了增進效率而犧牲信仰，它只想要使緬因湯姆越來越現代化。」

同時，不管緬因湯姆有什麼樣的轉變，似乎無損於社會道德運動人士對緬因湯姆的喜愛。善待動物組織雪能曾說，併購案發生後不久，湯姆夫婦「告訴我們，他們打算維持一個獨立的子公司，繼續恪守無動物實驗的公司政策，儘管母公司仍舊進行著動物實驗。」

「這是一個多麼純真的承諾，畢竟你被一家做動物實驗的大公司所併購，」雪能繼續說，「對善待動物組織來說，我們嘗試著以更實際的角度看待這項併購案。因為高露潔，緬因湯姆的產品現在在全球市場的能見度更高了。假如你住在非常偏僻之處，而沃爾瑪超市是你唯一的選擇，那麼在併購案前你可能從來沒有見過緬因湯姆的產品。」因此，即使緬因湯姆現在正幫助一家使小兔子痛苦萬分的公司增加利潤，但也有可能因行銷據點的擴張，使得原高露潔的消費者改買了緬因湯姆的牙膏，從而解救了小兔子。所以，小兔子最後到底是被解救、還是被傷害？沒有人能給答案。

或許一切都很好

在這項併購案裡，另有一個值得觀察的重點：緬因湯姆是否有可能改變高露潔？湯姆的答案是肯定的。「顯而易見地，我們的加入對高露潔發揮了影響力。」他並引用兩件併購後發生的事為例：在併購案發生的一年後，高露潔的執行長庫克（Ian Cook）許下了高露潔對環境永續性的承諾，而且緬因湯姆的員工獲邀成為高露潔諮詢小組的成員，負責解釋永續性的意義。此外，緬因湯姆的員工，被要求協助高露潔的員工「了解藥草與植物的潛在特性與療效，如此一來高露潔也能將這些天然原料放入配方中。」湯姆說，他是從高露潔相關人士那聽聞到這兩件事，並非他自己杜撰。他甚至說，高露潔對環境保護的重視，「在併購案前一點跡象都沒有」，因此肯定是因為緬因湯姆的加入，才使得高露潔有所轉變。

湯姆更指出，重視環保的庫克在併購案之後才被拔擢成為高露潔的執行長。但這樣的描述似乎有些不誠實；併購案時，庫克已經是高露潔的總裁與營運長，且他升任執行長的人事案早已宣布，不管他當時的頭銜是什麼，所有與藥草或永續性有關的產品研發，他肯定知情。因此，高露潔的這兩項轉變可能早已醞釀多時；不過無論高露潔何時開始醞釀這些轉變，這兩項改革都值得嘉獎。

相較之下，外部觀察者還是比較中立與謹慎。美國人道協會的營運長馬克瑞恩說，「我們希望緬因湯姆能對高露潔發揮影響力，也盼望高露潔能夠從緬因湯姆的故事中明白，**關心動物福利或其他社會議題，依舊能使企業獲利，並且生存下去。**」

然而，氣候為要組織的前任執行長透納指出，像高露潔這樣的大公司併購如緬因湯姆這樣的小企業，只是想要填補自己欠缺的產品線，而非想要改造原本的母公司；正如紐約市立大學的嘉德堡所提的，高露潔不會選擇傷害原本的產品線。透納說道，「這些大公司僅打算提供那些在意企業道德的消費者，剛好所需的產品而已，但同時仍維持原來的營運方針，他們一點也不會想要改變。」可惜的是，由於氣候為要組織於併購案發生的那一年成立，他們並沒有機會比較高露潔在併購案前後的碳排放分數，來看看緬因湯姆是否的確綠化了高露潔。

高樂氏公司在收購柏特小蜜蜂後，的確推出一個以植物為配方、全天然的清潔劑品牌，並獲得塞拉俱樂部認證。然而，真實的情況可能是，併購柏特小蜜蜂與發展天然清潔劑產品這兩項公司決策，來自於高樂氏高層開始注意到這個市場的潛在消費者，而不是柏特小蜜蜂的創辦人或是高階主管（他們在併購案之後離開了柏特小蜜蜂），以某種方式說服了高樂氏創立新的有機品牌。

問題：緬因湯姆是否是家既引領潮流、又具社會道德的企業模範？

判決：是，但有些令人擔心。

紐約大學商學院「史都華．薩特社會企業計畫」主任奇庫爾認為，倘若緬因湯姆所堅持的價值無法被延續，那麼新聞媒體肯定會有相關的負面報導。然而併購案至今已過了五年，截至目前為止媒體一直保持靜默無聲。

所以或許一切都很好。

那麼有好消息嗎？位於緬因的工廠、企業的慈善捐款、員工的所有福利，似乎全被保留下來，而且緬因湯姆仍舊不斷地尋找更多的方法，來進行資源回收以及節省能源。牙膏的原料仍比母公司高露潔的牙膏更為天然，且不具奇怪或人工合成原料。不過另一方面，新包裝卻走了回頭路，甚至退了很大的一步，竟然從舊有包裝詳盡的原料說明（尤其是非常好的原料），改版至那些空洞傳統的行銷術語。此外，鋁製牙膏包裝的優點遠遠多於塑膠包裝，因此那些更換包裝的理由毫無說服力。而且我其實希望在併購協議中能有更強硬的十年條款，而不是只依靠「請相信湯姆夫婦」或「相信高露潔吧」這樣的軟性訴求。

基本上，面對這樣批評，湯姆與凱特所採取的態度是：再不滿意，你也得接受。「假如人們只想要感受到他們想感受的，那我什麼忙也幫不上，」湯姆略帶怒氣地打斷我，「我知道發生了什麼事；對於這個決定，我感到非常坦然。」

總而言之，湯姆與凱特最近忙於新事業。凱特仍持續藝術創作與展出自己的作品。他們兩人同時也經營漫遊者之路農場（Ramblers Way Farm）；這是他們於二〇〇九年創立的事業，專門販售來自人道、有機、永續農場的羊毛衣服。他們的辦公室位於坎尼邦克鎮公所隔壁，由一棟十八世紀的建築所改造，遊客可以走進他們的辦公室，並踏在砌著紅磚圈的地上，看到磚上刻著像是「與良善為伍」或「懂你自己、做你自己」的字樣。

假如在這麼長的訪談過程中，湯姆的態度算是相當直率的話（有時甚至相當生氣，鮮少微笑），那麼有個談論主題居然使得湯姆沉默不語，那就是當我問道，他們是否與緬因湯姆的員工仍有聯絡，以及這些員工是否感受到改變。

「我想人們會想念創辦人的，」湯姆回答，並停頓了一下，「我並沒有花很多時間與先前的員工聯絡。」即使緬因湯姆的總工廠離他新的辦公室才三十分鐘的車程。他說，在併購案後，「我再也沒去過那兒了。」

譯注：風力發電點數（Wind Energy Credit）：為取代火力發電，減少溫室氣體的排放，企業或個人可購買風力（或其他再生能源）的發電點數，以補貼並資助再生能源的研發與運作。此點數可純粹作為個人支持再生能源的慈善之舉，或企業可用以買賣、或折抵企業法定再生能源的使用量。這套運作被稱為「綠電買賣系統」，全球二十多個國家，包括美國、日本、澳洲、荷蘭皆已推行此系統。

第二章

天柏嵐：
我的皮製品有多環保

問題：天柏嵐是否是一家引領潮流，
又具社會道德的企業模範？

判決：是，不過……

天柏嵐公司的總部與你所預期的模樣應該相去不遠：一幢兩層樓的磚造建築，座落於新罕布夏州史翠森市（Stratham）的鄉村式工業園區內，與一畝池塘相毗鄰，四周樹林圍繞，啾啾鳥語聲從不間歇。接待大廳中，矗立著一件由回收塑膠飲料瓶（這是天柏嵐某些鞋子的原料）與竹子（用於女鞋鞋跟）製成的雕塑品。

在它素負盛名的兒童托育中心裡，共有六間房間、室內體育館、室外遊樂場，以及一座大型魚缸。菜圃就在總部外頭，員工在那種植有機南瓜、西葫蘆與美洲南瓜，並將收成的農產品販售給公司員工餐廳，而販賣所得最後便捐獻給食物銀行。

一小排的太陽能面板，整齊地排列在花園旁。帶我參觀的招待人員，不好意思地對我笑了笑，說道，這些太陽能板事實上僅有象徵作用，畢竟新罕布夏州的陽光並不充足。加州的企業分部，才擁有較大且較實用的太陽能板設備。

天柏嵐公司本身已成為一個社會道德企業的象徵與模範，它非常清楚本身該盡的義務，以及該如何盡這些義務。諸多評鑑單位因此對其環保與工作環境政策給予高度讚譽，其中包括《企業道德》（*Business Ethics*）雜誌、氣候為要組織、喜瑞思組織、戴夫湯瑪斯領養組織（DTFA）、《富比士》（*Forbes*）雜誌、《財星》雜誌、《戶外探索》（*Outside*）雜誌、美國綠建築協會（USGBC），以及《職業婦女》雜誌。

代表三百多個宗教法人投資者的跨信仰企業責任中心，其執行董事蓓瑞亦表示，「我們從來沒有對天柏嵐正式提出股東提案，甚至連打算推動提案都沒有，他們真天殺的太棒了。」同樣地，多米尼社會投資公司的林登柏格描述，「天柏嵐實在是家相當了不起的公司，他們敢於承擔別家公司不敢承擔的風險。」此外，這家公司發展了一套相當複雜的社會責任概念系統，內涵包括四大領域與四大核心價值。負責掌管這領域的前任副總裁彼得森說，四大核心價值（人性、謙遜、正直與卓越）同時也是公司衡量員工表現的評比項目之一。

難以想像這世上會有如此完美的公司存在，更難想像這樣的完美居然是來自天柏嵐公司。為什麼？

第一，該公司最重要的產品原料為皮革，於是宰殺牛隻成為必要；就算我們姑且不論宰殺與否，牛隻的飼養早已牽涉諸多道德與環境問題。舉例來說，業者為了滿足日益升高的全球皮革需求，往往選擇犧牲巴西那片無法被取代的雨林。濫墾濫伐的代價便是土壤流失，湖泊與河川也因此遭受汙染。此外，牛群排泄物產生的甲烷沼氣，以及他們特殊的消化系統（也就是打嗝），也將造成溫室氣體排放量劇烈增高。接下來，在牛群離開牧場後，便被送往人工養殖場或屠宰場；在那兒，這些動物不僅被迫擁擠地居住在狹小的圍欄裡，還得踩在自己的排泄物上生活，被（非他們天然食物的）玉米及動物內臟所餵養。此外，為了平衡這些不當飲食帶來的影響，牛群甚至被施打大量的抗生素與荷爾蒙。

另一方面，種植飼料所使用的農藥會汙染地表與水源；抗生素的過度使用，也將增添細菌的抗藥性，使得我們真正有需要時，沒有有效的抗生素可供使用。最後的製革過程亦需耗用大量的能源，並且產生有毒的鉻。因此，這個「了不起」、「天殺的太棒了」的公司，事實上正在傷害河川、湖泊、土壤、雨林、地球氣候，以及牛群。

那麼，天柏嵐公司該怎麼做？放棄販售那五十年來，已成為公司標誌的經典皮靴？

以上是人們難以相信，天柏嵐公司能享有環保讚譽的第一個原因。而人們心目中的第二個疑問則為：倘若天柏嵐公司的確這麼出色，那麼於二〇一一年被美國VF服飾公司併購的它，是否能繼續保有如此非凡的清譽？

地球守護者

當波士頓製鞋商史瓦茲（Nathan Swartz）收購位於新罕布夏州的亞賓頓製鞋公司（Abington Shoe Company）（企業存續期為一九五二至五五年）時，這家公司專門製造堅固耐用又平價的基本款鞋子，一開始，它主要是為其他公司代工製作鞋子，其後便以自己的品牌為名，將鞋子賣給軍人福利中心與折價商店。一九六五年，公司名稱雖仍為亞賓頓，不過已交由尼森的兩位兒子赫曼與西德尼經營。當時該公司引進一項革命性技術，可不必經由縫紉手續便能將皮革與鞋底接合，達到防水的功效，此特性旋即成為公司產品的最大特色。「天柏嵐」三個字也於一九七三年正式標示於公司生產的靴子上；五年後，公司名稱正式改名為天柏嵐。

如同時尚產業裡的其他公司，為了塑造不同的企業形象，天柏嵐時常變更產品設計，或定期開發新的產品線。而能夠建立起自己的品牌，也讓天柏嵐搖身一變成了高級消費品牌，從過去默默無聞的製鞋代工廠，躍升成為高檔耐用工作靴的製造商，也是消費者購物時詢問度頗高的品牌。

品牌策略顧問哈丁於一九八〇年曾在天柏嵐委任的廣告公司工作，並負責製作天柏嵐的廣告；她回憶，當時天柏嵐的行銷策略，僅著重於鞋子的高品質、原料內容、製鞋的五百個步驟、粗獷以及耐用的特性。不過接下來，史瓦茲兄弟決定將觸角深入休閒鞋領域，並在休閒鞋的銷售量超越靴子後，企圖開發另一個市場，也就是以「十八至三十四歲、對時尚具高度敏感度、極為在意產品品質的上流社會年輕人為主要銷售對象，」一九八三年天柏嵐第一位行銷副總裁索爾貝克（John Thorbeck）說道。

此外，這家企業的品牌形象亦不斷在演變。一九八三年，天柏嵐決定在行銷策略中特地強調鞋子的戶外功能；因此在當時的一則廣告中，天柏嵐於艾迪塔羅德（Iditarod）長達一一五〇英哩的狗拉雪橇比賽中，測試了該品牌鞋子的耐用度，以展現其高度戶外性能。約在同時，對時尚流行異常敏銳的義大利人，也突然湧現了對天柏嵐鞋子的興趣。一九八五年，紐約藝術家伯恩斯坦（Peter Bornstein）在義大利杜林，當場被要求以一二〇美元交易他穿在腳上的那雙天柏嵐船型鞋（不過他最後拒絕了）。往後幾年，這家企業繼續求新求變，在一九八八年推出服飾以及周邊飾品，並在一九九六年開始販售兒童鞋款，以及像是手錶或背包之類的周邊產品。

一九九〇年初期，在沒有刻意進行任何宣傳的情形下，這家公司的鞋一夕之間在都會嘻哈族裡流行起來，甚至一開始根本沒有公司主管注意到這突如其來的轉變。「我們後來才注意到一些不尋常的變化，」索爾貝克回憶道，「為什麼華盛頓特區內的一家鞋店『四個傢伙』（Four Dudes）是我們銷售量最好的店之一？」畢竟這家店的顧客群，顯然與伐木工人或拉雪橇者分屬不同的消費族群，應有迥然不同的調性，然而天柏嵐現任全球行銷副總裁戴維（Jim Davey）則對此做了解釋：「這雙鞋是都會消費者最耐用、品質最好的一雙鞋，這正是他們喜愛天柏嵐的其中一個原因。它非常質樸可靠，也不譁眾取寵。」

戴維說，不論是針對哪個消費市場，天柏嵐每年置換約一半的鞋款（總鞋款約一千五百種），這在製鞋業是極為普遍的現象。他也表示，天柏嵐在不同的國家往往擁有不同的品牌形象，例如在北歐，天柏嵐是熱情登山者的愛鞋，在亞洲則代表日常生活中的高品質鞋子。而雖然有些天柏嵐的低單價鞋款可在折價商店購得，然而它基本上仍是一個高價品牌；戴維表示，與其他品牌相較，天柏嵐的售價約高了一至二成，特別是它最知名的靴子。

令人莞爾的是，雖然天柏嵐向來以環保企業著稱，然而善盡社會責任竟是這家公司多年來從沒刻意追求過的品牌形象。就在天柏嵐的靴子風靡於都會嘻哈族群後，一九八九年，城市年（City Year）活動的協同創辦者，也就是位於波士頓的一家服務性機構青年都市和平隊（Youth Urban Peace Corps），詢問了西德尼的兒子傑弗瑞，能否捐助五十雙靴子給這個活動。「我想他捐了，說著：好，好，我最好做做這件好事。」彼得森笑著說道，「這似乎改變了他。」不過有些資深員工提出另一個可能性，那就是當時曾傳出這位年輕的史瓦茲先生有進軍政界的打算。

那五十雙靴子成為這家企業與員工社區服務之路的濫觴。三年後，尚未就任總經理的傑弗瑞，開放了員工以全薪假從事義工服務，每年以十六小時為上限，在接下來幾年裡，更陸續開放員工以全薪假從事資源回收、替代能源，以及減少碳排放量的服務工作。此外，天柏嵐公司並於一九九二年推出「讓種族歧視穿上靴子」（Give Racism the Boot）的廣告宣傳，正式開啟了該公司以社會道德為宣傳的行銷策略。

然而，在地球守護者（Earthkeeper）系列鞋款出現之前，這家企業一直沒有特地以環保為名推出任何一條產品線。地球守護者之所以環保，是因為這一系列鞋款在回收內容與原料上有著極為嚴格的環保標準。雖然這條產品線在二〇一〇年的營業額達到一億美元，但卻僅佔全公司營業額十億三千萬美元的一小部分而已。不過這系列鞋款在具環保意識的消費族群間，不意外地擁有相當廣大的市場。接下來的天柏嵐打算從以下兩方面推動企業的環保理念，其一是推出更多地球守護者系列的產品，其二則是為天柏嵐其他所有的產品制定更嚴格的環保標準。

社會道德的概念，特別是攸關環境保護的部分，似乎特別與靴子的形象以及天柏嵐顧客的特質相呼應，不過天柏嵐的主管也表示，企業的所作所為是否符合社會道德，平心而論並非是顧客上門的最主要原因。彼得森說，任何購買流行服飾的消費者其實更在乎「它看起來好不好看？價格多少？穿起來舒適嗎？它有我想要的裝扮效果嗎？」天柏嵐的環境監督部門資深經理貝布雷斯戴爾（Betsy Blaisdell）也表示，「社會大眾能看到我們在環境永續性上的努力，是一件很不賴的事，那將創造對我們品牌的認同感，但是我認為我們產品的耐用性、價格、外觀與行銷手法，才是真正吸引顧客的地方。」

我訪問過的天柏嵐顧客紛紛支持這個論點。三十二歲的紐約電視製作人蓋斯頓（Graham

Gaston），不久前才將七年前為了歐洲自助旅行而買的天柏嵐鞋汰換掉。他告訴我這雙鞋有多耐用，而且穿到辦公室去一點都不覺得突兀，但卻完全沒有提到這家企業令人讚賞的義工服務，以及它在資源回收方面的努力。而另一位二十九歲的有線電視安裝檢查員也告訴我，比起其他同類型的工作鞋，天柏嵐的靴子更為時尚有型，而且也更便宜。

自助旅行、登山健行或關懷大自然逐漸蔚為一股社會潮流，因此天柏嵐正好可以將環保的企業形象融入行銷廣告中。戴維描述二〇一〇年秋季播出的地球守護者「大自然亟需勇者」的廣告內容：一個年輕人見到他的朋友不經意地將塑膠水瓶丟到垃圾桶（並且沒丟進），便開始追逐那隨風飄揚的空水瓶；他穿著天柏嵐的鞋子（當然！），躍過行駛中的火車，在湍急的溪旁跋涉前進，直到他最後終於抓住水瓶，並且回收它。「我們的確是以二十多歲的年輕人為我們的目標顧客，」戴維說，「對他們來說，產品是否環保，至關重要。」

天柏嵐於二〇〇九年十月，加入饒舌歌手懷克李夫．金（Wyclef Jean）與其設立的環境與社會慈善基金會援助海地（Yéle Haiti）陣營；在金的家鄉海地，資助獎學金、植樹活動、食物發放、體育活動，以及其他社區服務活動。對天柏嵐來說，這就像是三贏的行銷策略，第一可以透過金在搖滾樂界的影響力，更深入那些都會地區的嘻哈粉絲，其二可以擦亮天柏嵐環保以及社區服務的招牌並贏取認可，其三則可藉此機會販售更多的服飾與靴子。天柏嵐打算在金的世界巡迴演唱會中，販售特製品牌「生態」的T恤、帽子與其他天柏嵐的服飾。此外，也將透過媒體、CD、新專輯、商店與網站，宣傳十六款由有機與環保原料製成的新靴款。

然而就在不到三個月的時間內，一場芮氏地震儀規模達七・〇的大地震襲擊了海地。天柏嵐與援助海地基金會迅速地將活動重點改為賑災，並承諾將會在海地情況回穩後，再回頭進行長期永續的環保活動。照理說，這應該使得天柏嵐與援助海地基金會的合作關係更形緊密才對。

然而相反地，援助海地基金會卻因帳目不清招致外界批評。新聞媒體開始報導該基金會過去有四年沒有繳稅，且在接下來的三年延遲報稅，外界並質疑為何基金會的所得多數流向與金有關的公司；舉例來說，該基金會曾捐獻二十五萬美元給金與其侄子所擁有的電視台與錄音室。針對此點，基金會提出反駁，解釋基金會與錄音室共用辦公室，因此這些款項一部分拿去支付辦公室租金（還獲得租金折扣），一部分支付金二〇〇六年慈善音樂會的費用。基金會亦表示，在基金會不運作時，它並不需要繳稅。

天柏嵐公司最後選擇支持它的慈善合夥人；數月後風波終於停歇。爾後，金曾短暫考慮競選海地總統，基金會隨後將焦點轉回植樹。戴維宣稱那些負面報導並沒有造成任何傷害，他說，「那是我們的終極目標，我們只想要在海地重新造林，沒有任何事情能使我們的目標改變，」而且別忘了，他繼續說道，「金將會幫助我們重新贏回都會市場。」

那還不夠

當然，這家公司的社會責任，最終得回到牛群身上。天柏嵐主管對於任何類似的問題，都有個制式的官方答案：「動物受到宰殺，並非因我們對皮革的需求而起，」布雷斯戴爾不假思索地繼續說，「是人們對肉類的需求造成宰殺，獸皮只是宰殺過程中的廢料，」假如天柏嵐不將獸皮回收，製成衣鞋，那麼獸皮無論如何都得被丟棄。問題看似完美地解決。

我想未必。

問題的關鍵，在於皮革是如何地被處理與製造。雖然天柏嵐本身並不直接負責這部分的產程，然而卻有權利選擇製革商。布雷斯戴爾緊接著說明，「製革過程本身是一個必要之惡；這是一個古老的汙穢產業，不但具高度汙染性，且必須耗費諸多能源。」

一個製革工人蒐集了獸皮，移除了肉與毛髮，並將其沖洗浸漬、浸酸，防腐處理後，再販售給下一階段的製革工廠，製革工廠製革後再將製成品銷售給天柏嵐以及其他皮件製造商。在製革的標準程序中必須使用某種鉻鹽，導致製革過程勢必會排放鉻。雖然美國國家環境保護局並不認為這些排放對人體有害，然而其他種類的鉻化合物具有高度致癌可能性，可能影響人體導致基因病變，並對野生動植物有害。

天柏嵐改革的第一步便是轉向有機製革商購買皮革；這些有機製革商使用植物基底的原料作為鞣劑，內容包括玉米糖、油、酸橙以及小蘇打。但是這將引發另一層的疑慮，因為「使用植物基底的鞣劑來製革，將耗用掉更多的能源，」布雷斯戴爾表示。

因此天柏嵐決定將改革重點由鞣劑原料轉移成製革過程，也就是去尋找以整體環境保護為出發點，最有效率的製革過程。於是天柏嵐協同其他鞋商如克拉克（Clarks）、紐巴倫（New Balance）以及耐吉，「與製革工廠詳談，在了解上百個製革流程與所用原料後，一同擬定非常詳盡的製革環保協定，」布雷斯戴爾說。二〇〇五年，這些廠商正式成立國際皮革工作團隊（LWG），並藉由這個組織建立一套製革工廠的監督與評鑑系統，每十八個月將會有外部專家評估合作的製革廠，而這個組織現在則擁有超過六十名會員。

被評等為金牌等級的製革商，如工廠位於越南與中國的ISA皮革製造商，將會追蹤所有的原料與產出，以最高等級的系統處理廢水，甚至以蘆葦田再次過濾廢水，並「以創意十足的方式處理廢棄物，」布雷斯戴爾說，「在金牌等級的製革廠裡，就算是東西掉到地上，我也敢撿起來吃。」目前天柏嵐的皮革尚未全面向金牌等級的製革商購買，但這是他們的終極目標。

綠色和平組織的資深森林保護運動人士艾倫（Lindsey Allen），也給予天柏嵐極高的讚譽，「天柏嵐促成鞋商的合作，在改進製革業的環保問題上，跨出了非常大的一步，」她表示，「很多的公司只會說，好吧好吧，我們到底要怎麼做，綠色和平組織才會開心？但是天柏嵐卻不需要我們提出要求，便主動倡導許多議案。」

然而，當綠色和平組織將關注的焦點移轉至製革前的畜牧與屠宰過程，事情明顯變得複雜許多：這些牧場是否為了增加放牧空間而濫伐亞馬遜雨林？不幸的是，答案或許是肯定的；巴西的這些畜牧場為了飼養牛群，不斷地開發雨林土地，再把牛隻販售給「增肥農場」。增肥後的牛隻被送至屠宰場，屠宰場除了將肉品販售給加工業者之外，也將切割下來的獸皮販售給製革工廠，最後製革工廠再將製好的皮革出售給製鞋（皮包、皮衣）商。

是故，人們幾乎無法得知製鞋商所獲得的皮革（當它還是牛的時候）倒底是在哪裡被畜養的。換句話說，天柏嵐並不是直接砍倒雨林或經營這些牧場的企業，而且從放牧雨林到製鞋的這個供應鏈，老實說相當長，過程也極為複雜。也或許正是因為這個原因，綠色和平組織並沒有要求天柏嵐暫停砍伐雨林，整個議題的討論焦點反而圍繞於，在這個複雜的生產過程中，天柏嵐的角色為何，以及應該為何。

艾倫提到，依據綠色和平組織的研究，在亞馬遜雨林已開發的區域中，有四分之三的面積被牛隻所佔據，雖然這些牛隻製成的肉製品，大多內銷巴西市場，然而皮革的需求其實來自全世界，而且製鞋業佔了大宗。她所點名的鞋商，幾乎就是前述成立國際皮革工作團隊的那批公司，包括愛迪達、克拉克、義大利公司健樂士（Geox）、耐吉以及天柏嵐。

艾倫表示，綠色和平組織於二〇〇九年初，寫了一封禮貌信給天柏嵐公司，信件一開頭便寫道，「我們非常關心貴公司對於皮革的需求」，換句話說，這表示天柏嵐即將成為綠色和平組織要求改進的對象。接下來，一份問卷很快地寄到天柏嵐公司，幾乎同時間，綠色和平組織發布了一份報告，詳細說明亞馬遜雨林濫墾濫伐與牧養牛群的關係。依據艾倫的說法，綠色和平組織打算利用天柏嵐與其他鞋商的影響力，要求他們對上游的皮革供應商施加壓力，暫停向位於新開發雨林區的牧場購買牛群，倘若有廠商拒絕此一要求，則威脅不再與其有商業往來。

雖然天柏嵐一開始相當納悶，為何自己在這起活動中成為箭靶，不過後來天柏嵐也認同綠色和平組織的看法，承認自家公司收購的皮革中，應有一部分來自綠色和平組織所針對的牧場與屠宰場。然而一開始天柏嵐對於這件事的回應態度是，「我們將自行處理這個問題，你應該要相信我們，因為你知道我們是一家還不賴的公司。」但綠色和平組織回覆：「那還不夠。」

天柏嵐原先期望能與屠宰場私下協調，希望能以較平和的方式促使上游的畜牧業者移出雨林區，而不是以設定期限或訴諸媒體的方式解決這件事，或者是嚴厲要求屠宰場做出不向濫墾牧場購買牛群的承諾。二〇一〇年三月，傑弗瑞在《哈芬登郵報》（*Huffington Post*）網站中為天柏嵐的做法提出解釋，表示天柏嵐對這整件事「並非不在乎，但也不願開空頭支票，事實上事情的進展非常令人驚喜，我們與上游廠商進行一連串相當坦率的對話。」

然而綠色和平組織卻認為，天柏嵐在處理這件事的態度過於小心謹慎，並沒有好好運用身為國際大廠（也就是身為屠宰場主要客戶）的影響力。就當天柏嵐一步一步與這些屠宰場的中階管理階層進行私下協商時，其他皮件製造商卻採取更積極的態度，直接對屠宰場高層施壓，甚至訴諸媒體。「我們得知的消息是，若有足夠的企業威脅要取消合作關係，一定可以對上游廠商傳達一個非常清楚的訊息，」艾倫說，「**倘若企業能夠對公共事務負起應負的責任，對企業形象絕對會大大地加分。**」

顯然耐吉從壓榨亞洲勞工所引發的抗議浪潮中學到教訓，因為連耐吉都很快地對這件事採取行動。（雖然這讓天柏嵐有些難堪，但是現在在許多社會道德運動人士眼中，目前的耐吉似乎才是製鞋業中最有社會良知的企業。多米尼社會投資公司的林登柏格相當同意，「在製鞋業與成衣業者中，耐吉的確在環保提案或行動中，建立了廠商應有作為的典範」。）因此，綠色和平組織持續地貫徹寫警告信的初衷，廣為敦促消費者與激進分子施予天柏嵐壓力，此舉讓史瓦茲甚感不平，認為綠色和平組織拿天柏嵐當箭靶。

不過最終天柏嵐還是妥協了；它加入其他鞋商的陣營，要求廠商停止向新開發雨林區的牧場購買牛群，呼應綠色和平組織的請求。該年秋天，巴西四大屠宰場均同意逐步暫停，向新開發雨林區的牧場購買牛群。對於這件事的來龍去脈，史瓦茲曾不情願地寫道，「綠色和平組織贏了嗎？在我們採用了他們建議的條款與指導方針之後，我想是的。」

毫無疑問，倘若天柏嵐因此被歸類為壞公司之一，將是一件令人非常訝異的事，艾倫對這樣的遭遇其實相當同情，「我相當可以理解他們（天柏嵐）的驚訝，」她承認，「畢竟他們從來沒有被環保團體公開點名過。」

至於布雷斯戴爾，她認為綠色和平組織「的確是做一件對的事，」她接著說，「不過我並不會說我沒有為此哭泣過，畢竟他們（受輿論攻擊的對象）可是天柏嵐的人啊！」

減量微不足道

倘若無可避免一定要砍伐樹林才能畜養這些排放甲烷沼氣的動物，宰殺他們，還以汙染環境的方式製作皮革，才能製成所要的產品，那麼想要對環境負責的天柏嵐勢必得想出補償的辦法，以彌補這種生產方式對環境造成的傷害。

天柏嵐的第一步便是從原料開始，這部分的彌補方式對天柏嵐來說，相對而言很容易做到。布雷斯戴爾指出，由於皮革極為耐用，相當符合「減量、重複使用、回收」的環保基本精神，人們毋須每年都買一雙新靴子，導致浪費地球資源。還記得電視製作人蓋斯頓那雙穿了七年還堅固耐用的靴子嗎？他淘汰它僅因他穿膩了。此外，理論上鞋子上半部的皮革仍可繼續使用，而且在天柏嵐新推出的靴款中，有些鞋甚至有八二％的材料可以再生使用。當然，這表示人們得把舊鞋拿回店裡回收，而布雷斯戴爾也承認，這樣的機會老實說並不大。

而且並非整雙鞋的材料均是皮革，鞋子的內襯、鞋帶與鞋幫使用的是其他非皮革原料，包括大麻纖維、合成纖維、有機帆布料，以及回收的ＰＥＴ塑膠（飲料瓶的塑膠，也就是天柏嵐大廳雕塑品的原料），而球鞋的原料也包括聚酯混合物以及其他合成纖維。

天柏嵐網站上的一段話則清楚說明公司的環保理想：「在產品中提高可再生原料以及回收原料的比例，是我們的經營理念」，而天柏嵐的確朝這個目標在努力，譬如，天柏嵐是全球第一家將回收塑膠做成鞋跟的製鞋商。佔了三〇％營業額的非皮革製衣物服飾（包括某系列特別強調生態保護的產品）通常是由羊毛、有機與非有機棉、皮革與合成纖維混製而成。此外，雖然天柏嵐超過三分之一的棉料來自有機棉，但由於烏茲別克利用大量的童工與奴隸種植棉花，天柏嵐拒絕向這個產棉大國進口棉料，同時也拒絕使用動物毛製作商品。天柏嵐的企業規範資深經理范哈丁（Colleen Von Haden）另表示，雖然自由貿易布料的標準尚未明定，但天柏嵐正打算尋求來自非洲的自由貿易棉花。

同時，動物保護運動人士亦相當讚許天柏嵐拒絕向澳洲購買美麗諾羊毛的行為。美麗諾羊以擁有柔軟的羊毛聞名；該種綿羊的皮膚皺折部位，為綠頭蒼蠅喜愛的產卵處所，因此畜牧業者通常會進行一種名為繆而辛（mulesing）的手術，硬生生地將綿羊的皮膚皺折部位切除，過程中綿羊極其痛苦，直到傷口癒合。而當綿羊年華老去，再也無法製造美麗的羊毛時，便因其為符合伊斯蘭教律法的食物，而被大批運送至中東地區，送入廣大的回教徒口中。善待動物組織的雪能指出，成千上萬的綿羊擁擠地置於船艙內，航程中沒有足夠的糧食與水，航行時間可長達數個禮拜，因此有非常高比例的綿羊在運輸過程中死去。

那有沒有可能天柏嵐放棄真皮原料，使用更多如人造皮革的合成原料呢？想必這能拯救更多的牛群並減少汙染吧！然而天柏嵐仍堅守這部分的底線；當我向戴維提出這個問題時，他直率地說，「皮革是我們公司產品非常重要的一部分，象徵著新英格蘭的形象與精神。我們是個戶外品牌，（因此任何事）都需回歸這個基本面。」

在堅守這樣的原則之下，天柏嵐只好在其他方面多所努力，以減少產品對環境衝擊，譬如天柏嵐除了原料（如提高可回收原料比例、多使用有機棉）之外，在其他方面也設定一系列的環保目標。至於改革的成效，天柏嵐與同業則互有領先。

到目前為止，能源使用方法的改進可算是天柏嵐最重要的環保作為。這家公司計畫在二〇一五年之前，達成六〇％總用電量來自再生能源的目標，並增加企業綠能建築的數量，以降低碳排放。它更進一步宣示將與外部能源專家合作，並盡力培養員工的環保意識。

而且所有你能想到的環保措施，天柏嵐皆早已採用，甚至引進更先進的技術。省電燈泡？不！天柏嵐早已用更環保的LED燈泡取代所有的省電燈泡；新罕布夏公司總部特製的白色反射屋頂，則能夠讓建築物在夏天保持清涼。此外，依據《消費者報導》，位於天柏嵐加州物流中心的太陽能面板（總部那幾片象徵性太陽能板的真實尺寸），是全球最大的太陽能面板系統之一。所有美國的新門市也以最高規格的綠能標準裝潢，英國的新門市也將全面使用再生能源。為了提升員工環保意識，所有共乘上班、購買油電車或騎自行車上班的員工，均可獲得特殊的停車位，購買油電車者更可獲得總值達三千美元的員工優惠。天柏嵐曾期望在二〇一〇年前，能夠降低四分之一的員工通勤溫室氣體排放量，結果，它不僅成功地達成目標，總排放量甚至降低了雙倍之多。

這個比例看似驚人，然而若以數量來看，減少的量實在微不足道；事實上，天柏嵐的全球汙染量僅有四％來自公司與廠區建築，包括位於新罕布夏的總部、英國與新加坡的分公司、倫敦的設計中心、三個物流中心、多明尼加的製鞋廠，以及二百家店面，這表示那些節能的太陽能板與ＬＥＤ燈泡在降低全球汙染量上，其實並沒發揮多大的作用。另外，約有百分之五的汙染量來自運輸貨物，剩餘的汙染如能源消耗、廢氣排放與各式汙染，可全數追溯至不屬於天柏嵐管轄範圍的牛隻、牧場以及製革廠。因此，天柏嵐在拯救亞馬遜雨林行動和尋找金牌製革廠方面，仍然有很大的空間可以努力。天柏嵐的官方網站同時也承諾，將「運用我們在供給鏈中的影響力」，促使上游廠商減少汙染排放量，這是環保運動人士希望所有的公司都能起而效尤的部分。不過這些宣示與努力，仍無法掩飾天柏嵐其實對於牛隻畜養造成的生態汙染相當無能為力。

所以天柏嵐只好從環保人士強力反對的能源抵消方面下手。資深綠色和平組織人士史卡爾（Rolf Skar）表示，**提升生產效率以及使用再生能源才是這世上唯一有效的能源抵消方法**。天柏嵐同意他的看法，也因此修改公司政策。譬如，天柏嵐原本期盼能在二〇一〇年底前達成碳中和的目標（也就是二氧化碳與其他溫室氣體的淨排放量為零），不過該年年初天柏嵐就已體認到，除非購買至少一半的能源折抵點數，否則根本不可能在年底達成這個目標，也就是說，那些ＬＥＤ燈泡、太陽能板，以及其他環保措施所降低的碳排放量還是不夠多（事實上，二〇一〇年年底，也就是天柏嵐自訂的期限，天柏嵐整體企業的碳排放總量降低幅度高達三八%，雖然遠低於預設目標，但仍然相當令人驚艷）。

如果無論如何得以仰賴能源折抵的方式來達成目標，那麼去購買「好」的能源折抵點數吧！甚至可能的話，企業應「把花在能源折抵點數上的錢，拿來幫助上游廠商改進能源使用效率，以及使用再生能源，」布雷斯戴爾表示。舉例來說，天柏嵐便資助上游廠商投資建造更多的永續能源系統，這些上游廠商對此躍躍欲試，渴望能趕快完工，期望新的能源系統能夠幫助他們降低營運成本。而此舉也將為天柏嵐帶來雙重優惠，除了能增加天柏嵐的能源折抵點數之外，天柏嵐的產品售價也將因成本降低而下降，消費者也能因此受惠。然而美中不足的是，天柏嵐目前是唯一資助上游廠商的製鞋商；想想假如其他鞋商也能襄助天柏嵐，那該有多好！不過就算是其他廠商打算不勞而獲，天柏嵐也不以為意；布雷斯戴爾甚至表示，「那就讓他們這麼做吧！」

天柏嵐也因此更新了公司目標，從淨排放量為零的零碳目標，轉變為減少自身的碳排放量。在新目標之下，原有的環保措施一概保留，還續增其他的改革措施。譬如，天柏嵐企圖於二〇一〇年底前，摒棄所有有毒的PVC塑膠原料，只不過目前的改革進度仍落後一年。它亦打算使用更多水基底的黏著劑，取代原有的黏著劑與溶劑，因為這些舊有的原料由揮發性極高的有機化合物組成，易導致不適、頭痛、紅疹、頭暈甚至致癌。此外，在天柏嵐公司的網站上，鉅細靡遺地詳載前述環保措施的細節，這實在相當與眾不同。

天柏嵐位於紐約的第一家店可被視為再生與回收資源的模範店面。天柏嵐的店員告訴我，該建築物建於十九世紀，二〇〇九年天柏嵐在那設置分店之前，原是一家珠寶工廠以及溜冰用品店。鑄鐵製成的建築物外觀，則可追溯至一八六〇年；內部的木製建材，不是百分之百的再生木材，就是被認證為具環境永續性的木料。一雙有百年歷史的溜冰鞋、一九三〇年代流傳下來的皮外套，以及再生皮椅製成的凳子，則散置於地板、牆上與天花板上。依據店員的說法，人們從世界各地遠道而來，就是為了參觀這棟建築（而非靴子）。

天柏嵐的下一步

拿起天柏嵐城市探險系列鞋款的紙製鞋盒，上頭的文字將告訴你，這鞋盒百分之百以回收原料製成，並以大豆油墨與水性油墨所印製。鞋盒的其他部分則包括以下內容：「天柏嵐的一雙鞋使用三．一度的電（是指製造鞋盒裡的這雙鞋，還是泛指天柏嵐所有的鞋，這裡的標示並不清楚）；天柏嵐的廠區與門市使用五％的再生能源；完全不使用童工；十一萬九千七百七十六個小時用來服務我們的社區（誰花了這些時間？何時？）；所有上游工廠均符合天柏嵐的企業行為規範。」

鞋跟上的標籤（以英文與法文）則顯示：「鞋盒百分之百以回收原料製造（重複說明）：到二〇〇八年為止，天柏嵐共種植九十一萬九千五百二十四棵樹；天柏嵐七四％的產品不含PVC塑膠；這雙鞋包含三．四％的環保原料；製造這雙鞋共使用六．六％的再生能源。」

在其他品牌的鞋盒上，你不會見到標示如此清楚的標籤。

布雷斯戴爾說，天柏嵐是在二〇〇四年決定提供這樣的標籤，當時傑弗瑞不斷重複說著：「為什麼我們不能把環保標示簡化，讓它就像早餐穀片包裝上的營養標示一樣，那麼簡單易懂？」當然，環保資訊不可能像營養成分一樣那麼容易計算，特別是考量那些天柏嵐無直接管轄權的製革廠，以及根本連名字都不知道的牧場；由於我們完全無法從某雙城市探險的鞋子，追本溯源到一隻遠在巴西叫做貝西的牛，因此可想而知，天柏嵐壓根兒無法準確估計這些環保數據。

但天柏嵐仍然願意努力。為了估算這些上游牧場以及製革廠的汙染量，天柏嵐利用能推算標準產程環境汙染量的軟體，將自己與上游廠商的真實數字（例如某種能源的平均碳排放量）代入計算，這樣的方式或多或少可以推估一雙鞋的平均碳排放量，但仍然無法達到傑弗瑞所要求非常個人化的環保標籤，畢竟不同鞋款使用了不同種類與數量的原料，甚至連生產時間都有長有短，使用的能源量也是。舉例來說，與一雙六吋高的靴子相比，一雙帆布製的帆船鞋需要較少的牛皮（註：其實是不需要）。不過可喜的是，天柏嵐目前已進展至以產品為單位的汙染計算，雖然它尚未達成自訂的二〇一一年底前所有鞋款均標有環保標籤的目標。

不過環保團體對於這樣的計算方式，仍有所批評，其中最主要的批評為：天柏嵐並沒有將未製成鞋子的皮革廢料造成的汙染考慮進去。然而，這實在是過於挑三揀四，想想皮革廢料佔整片皮革的比例有多麼微小，以及其他製鞋商不知在哪的努力吧！布雷斯戴爾表示，「每張獸皮的形狀都不規則，它與產品所需的皮革大小肯定有所落差，就是這樣的差異導致計算困難。」不過天柏嵐正尋求解決方法，嘗試推算每單位獸皮的平均廢料率。而天柏嵐能持續進行這部分估算的唯一原因，乃是因為資料的蒐集成本並不高，約每條產品線十元美金以及一小部分的人力而已。

但問題是，在加加減減的計算過後，這些數字到底告訴我們什麼？三．一度的電代表多少能源？算多嗎？我們很高興得知天柏嵐種植那麼多樹，環保團體與道德基金公司也不斷讚揚天柏嵐願意釋出這些環保資訊，還有公司高層在這方面的努力。然而，天柏嵐主管以及所有環保團體仍然想知道，這些環保標籤提供的資訊是否清楚明瞭？到底有沒有人注意到這個環保標籤？

布雷斯戴爾認為，假如其他公司能夠提供類似的數據，並且建立產業間的通用標準（像是美國家電產品的能源之星（Energy Star）標誌），那將幫助消費者易於了解這些環保資訊，並且能夠做產品之間的比較。綠色和平組織的艾倫則建議，標籤形式可以計分版方式顯示，並以紅燈、黃燈、綠燈標示節能程度。「對消費者來說，能夠與其他鞋子做比較，才是有用的資訊，而非只是告訴他們二氧化碳的排放量，」布雷斯戴爾表示，「消費者要的只是簡明、可比較的資訊。」在目前缺乏產業通用標準的情況下，天柏嵐打算建立起自己公司內部的比較標準，將每一樣產品的氣候影響、使用資源以及化合物成分，以一到十的分數列示出來。而天柏嵐的下一步，則是將這些數據呈現在產品設計師面前，看看能否找出更環保的原料。

全薪義工假

記得鞋盒上提到的「十一萬九千七百七十六個小時用來服務我們的社區」嗎？這呼應了天柏嵐社會責任意識的起源，也就是一九八九年傑弗瑞半勉強地捐出五十雙靴子給城市年活動之舉。

然而現在天柏嵐慈善義舉的涵蓋範圍，已遠不只捐靴子這個項目，例如，公司慈善活動裡最主要的企業志工計畫（Path of Service），讓員工可以全薪假從事幾近所有項目（除了宗教以及政治）的社區服務；另外，全薪義工假的時數限制，也從一九九二年的每年十六小時，延長至一九九七年的四十小時。員工從事的社區服務內容包羅萬象，從去災區救災，到小聯盟教小朋友打球、去流浪者之家服務、到學校指導小朋友課業，應有盡有。在二〇〇一年九一一事件隔年，天柏嵐曾名列《財星》雜誌的全球最佳企業之一，報導中指出，「九一一事件發生當天，天柏嵐的一三〇名員工恰巧在布朗克斯（Bronx）區，幫助一家學校粉刷翻新。兩星期後，天柏嵐於波士頓興建一座紀念九一一受難者的遊樂場。」而照規定，員工的全薪義工日中，必須有兩天撥給公司所舉辦的全球社區活動，這兩天分別是地球日與志工嘉年華（Serv-a-palooza Day）。（好吧！名稱過於可愛，扣一點點分數！）

依據彼得森的說法，天柏嵐約有七八％的員工參與全薪義工日的活動。他承認，員工當然可以利用全薪義工假去海邊晒一天太陽，但是他也認為，隔天同事間的關心詢問將讓人們難以圓謊。

天柏嵐的全薪義工假夙負盛名，其他的員工福利也不遑多讓，獲得許多讚譽。《職業婦女》雜誌便不時讚揚天柏嵐的彈性工時、工作共享、在家工作、父母親均有產假、協助領養兒童等福利，雜誌甚至對於兼職人員只要一週工作達十六小時，就可享有公司健康保險的福利，讚不絕口。我在總部見到的兒童托育中心，亦獲得全國性機構認可，它甚至接納非員工子女的托育。想要健身的員工，可使用公司免費的健身房、上瑜伽課，以及租借戶外運動用品，如獨木舟、小艇、雪靴。為了吸引養身人士與一般美國傳統人士，總部的餐廳同時提供自由貿易咖啡與極不環保的塑膠瓶裝水；素食漢堡與炸雞條；用來回收鋁罐、塑膠瓶、碳粉匣的回收桶，以及不可回收的塑膠外帶盒。總而言之，《財星》雜誌全球最佳企業排名報導的負責人之一，莫斯科維茲告訴我，「我在閱讀天柏嵐的最佳企業申請書時，有著很愉快的回憶。」

然而即使穿著靴子，人也偶有失足之時。在二〇〇六年到二〇一一年間，天柏嵐並沒有回覆人權運動組織關於同志平權的問卷（雖然要在該問卷拿取高分，簡直易如反掌到可笑的地步）。此外，天柏嵐的美國員工從未自組工會。旅館及成衣紡織工會聯盟「團結聯盟」的佩皮挐力表示，「為什麼天柏嵐從未成為我們要求改進的目標？老實說，我不知道。」無疑地，其中一個可能的原因在於，製鞋業員工於五〇與六〇年代有自己的工會組織，故製鞋業非屬團結聯盟工會的管轄範圍。

而彼得森毫不令人意外地表示，「我並不認為我們的員工需要或想要工會，我猜他們已經獲得他們想要的了。」不過，就算員工已獲得甚佳的福利，工會仍具備其他重要功能，譬如員工權利的伸張。彼得森說道，「我想我們與員工的溝通管道沒有問題，他們的意見與主張均能充分傳達給公司，」他並補充說明：天柏嵐企業文化部門的主管，每兩個禮拜定期與員工面談，以獲取員工最直接的意見。

但是，倘若這是一個從一九九八年到二〇〇七年都如此完美的公司，為什麼《財星》雜誌與《職業婦女》雜誌在二〇〇八年，突然間同時將天柏嵐撤出最佳企業的榜單？

這兩份雜誌並不願意說明，為什麼企業無法登上他們的排行榜，或者解釋一家企業為何那麼容易掉出排行榜。他們僅指出，申請入榜的程序相當繁複且耗時，企業必須完成一份相當長的問卷，問卷內容則含括薪資、福利、員工士氣與情誼、工作滿意度，以及溝通管道等問題。以《財星》雜誌為例，除了管理階層之外，還有超過四百位員工將被隨機選樣受訪。《職業婦女》雜誌特別專案部門主任歐文絲（Jennifer Owens）說，該雜誌的問卷總計有六百道問題，受訪者可能得花一千人力小時（是的，這的確是「婦女」雜誌主編的用詞（譯註））才能完成；她同時也表示，申請入榜的企業每年都在增加，因此對企業來說，理所當然將會越來越難擠進排行榜。

彼得森說，天柏嵐負責申請的員工僅有一位，並沒有足夠的時間與資源完成每一家雜誌的申請，所以天柏嵐已經停止申請進入《職業婦女》雜誌的排行榜，這似乎也暗示，這家雜誌對天柏嵐來說不太具重要性。不過，彼得森對於在《財星》雜誌落榜則相當無法釋懷，他認為二〇〇五年底以來艱困的財務狀況，無疑地傷害了員工士氣以及影響員工對於《財星》雜誌問卷的回應。在接下來的三年期間，天柏嵐的營業額與股價持續下跌，導致天柏嵐進行一千五百萬美元的財務重整，以及陸續關閉四十三家營收不佳的門市（二〇一〇年一月，在我為Portfolio.com撰寫另一篇報導的訪談中，天柏嵐的管理階層表示，他們認為天柏嵐銷售量下滑乃導因於整體流行文化走向精緻化。）接下來又發生二〇〇八與二〇〇九年的經濟不景氣。「假如你的同事才剛被裁員，你會認為這是一個很好的工作環境嗎？或天柏嵐是一個很好的雇主嗎？」彼得森語帶誇飾地說。不過對於《財星》雜誌，他繼續說道，「我們想要重回榜上。」

訪談過後一年，天柏嵐仍未回到榜上，也沒有天柏嵐的人願意評論此事。

沒有不可能的事

前述談到的員工福利，僅適用於天柏嵐直屬企業的員工，那些真正製造鞋子與其他產品的工人並無法同享這些福利。依據天柏嵐企業規範資深經理哈丁的說法，天柏嵐全球共有三百多個代工廠，分散於全球三十六個國家，主要位於巴西、中國、印度、泰國以及越南（天柏嵐僅擁有一家位於多明尼加製鞋廠的所有權），而天柏嵐九〇%的產品乃由這些工廠的二十五萬工人所生產製造。

先別談彈性工時與全薪義工假，那些優渥的福利吧！**有良心的消費者應該先確認這些工**

人，**是否獲得應有的薪資、工作環境是否過於惡劣、工時是否過長。**據報導，在各式的海外血汗工廠裡，工人為了微薄的薪水，一天工作十六小時，一週工作六至七天，工作時甚至不被允許使用洗手間，也沒有加班費。要是年輕女性員工終於忍不住起身去洗手間，甚至會被主管略帶性暗示地揶揄或投以特殊的目光。此外，同事間的交談也被完全禁止；而員工下班後托著疲累的身軀回家，但這個家其實是一個擁擠、昏暗、租金過高、極為簡陋的公司宿舍。

為了遏止此類事情發生，企業應以自訂的企業行為準則來自我規範；在這方面，天柏嵐做的比多數同業要好。舉例來說，天柏嵐對童工的定義為十六歲以下的兒童，而許多企業的定義則為十五歲以下。此外，彼得森表示，不像其他公司讓代工廠員工超時加班，天柏嵐嚴禁一週工時超過六十小時，就連旺季也不例外。而天柏嵐的企業行為準則獲得極高評價還有另一個原因，它不只允許員工組織工會（這已經夠少見了！）還准許員工在法律不允許集會結社自由的國家，建立等同於工會的組織。

天柏嵐的行為規範立意良好，但執行面的成效也是另一個值得觀察的重點。假如能有可信賴的監察者定期視察這些上游代工廠，才有可能避免血汗工廠的出現；對企業來說，這才是真正的試煉。此外，絕大多數的社會運動人士認為，為了避免利益衝突，這些監察者不應該由大企業的內部員工擔任。服務業員工國際聯合會（SEIU）的烈文森（Mark Levinson）則說，「倘若你認為內部監察者能夠揭發任何舞弊，那你就太天真了……別忘了，是這些企業雇用那些監察者的。」

（服務業員工國際聯合會與旅館及成衣紡織工會團結聯盟之間的關係相當複雜。過去代表紡織與服飾工人的兩大工會國際婦女服裝工會（ＩＬＧＷＵ）與聯合服裝與紡織工會（ＡＣＴＷＵ），於一九九五年合併，成立紡織品貿易及產業聯合工會（ＵＮＩＴＥ）。二〇〇四年，紡織品貿易及產業聯合工會與旅館飯店工會（ＨＥＲＥ）合併，成立旅館及成衣紡織工會團結聯盟，工會總成員共有八十五萬人。該工會於二〇〇九年分裂，部分工會領袖另組聯合勞工工會（Workers United），其後與烈文森的服務業員工國際聯合會合併，這個工會代表健康醫療業、政府部門、大樓管理服務業、飲食業、清潔服務業以及部分紡織業勞工，總計有兩百萬成員。團結聯盟剩餘的成員，則多數留在新英格蘭地區，為成衣業的勞工，組織名稱則維持原名。）

然而，天柏嵐卻與多數社會運動人士持相反的看法。天柏嵐認為唯有由公司訓練的監察人員，才能做好監督之事。因此，天柏嵐設置十名全職監察人員與二位兼職監察人員，每年至少視察全球的代工廠一次。此外，另雇有兩位外部人員，進行全球九％廠區的現場評估；每隔幾年也會雇請外部評鑑公司，定期審核企業的道德規範，並對監察人員進行評鑑。二〇一〇年，當我與天柏嵐主管會面時，全球二二％的天柏嵐代工廠，在環境、健康與安全性評估項目中，遭評為最低分；因此天柏嵐宣示，期望能在二〇一五年前，使此比例降至二〇%，不過這似乎是相當容易達成的目標。

一般來說，天柏嵐並沒有使用素行特別不良的代工廠，因此就算天柏嵐本身的監督作業沒有那麼嚴謹，人們似乎也不需過於苛責。另外，喜瑞思企業部門副總裁謀法特（Andrea Moffat）則引述一項她稱之為相當獨一無二的監督方法。這套方法乃是與當地的社區機構合作監督這些代工廠，以彌補僅靠公司自我監督的不足，這被認為是在保留現存機制之下最佳的審查方法。「藉著定期訪視這些代工廠或許有其效果，然而效果卻不連續，也不全面，」她表示，「假如你能賦予地方社區機構監察的權力，使其就近觀察工廠勞工權益、汙染等事務，那麼將能幫助創造一個更民主、更棒的工作環境。」

反血汗工廠人士竇林格（Jeff Ballinger）則認為，天柏嵐應該透過向地方政府遊說，除了鼓吹立法通過更有勞工保障的法律之外，也應要求政府加強法律的執行力，來改進當地的勞工狀況。譬如，依據烈文森的說法，李維斯（Levi Strauss & Company）服飾公司便曾公開贊成應將勞工權益納入國際貿易協定之中。

那麼天柏嵐的回應為何？天柏嵐的主管以公司規模較小，且是這方面新手作為解釋。彼得森說，「對天柏嵐來說，政策的推動與協商是個嶄新的領域。」的確，依據互動政治中心的資料，以政治獻金與遊說費用多寡來排序，在同業中天柏嵐連前二十名都排不上。不過彼得森與哈丁均表示，天柏嵐已做好涉足政治遊說的準備，不過並不打算涉入太深。哈丁說，「我們尋求的是與政府部門的合作關係，以公開倡議的方式，確保代工廠支付該國的法定最低薪資。」不過，這遠低於烈文森與寶林格的期待，他們希望天柏嵐能夠公開主張提高法定最低薪資。但彼得森目前似乎已在推動這項議題，他說，天柏嵐正在考慮與當地業者（還有其他製鞋商）合作，鼓吹提高代工廠所在國的法定最低薪資水準。倘若天柏嵐真的得以政治遊說倡導議題，「我希望推動的是環保方面的議案，如原料材質的選擇，或是降低法定汙染量的上限，」彼得森說。

在海外代工廠問題叢生的情形下，我詢問彼得森，「天柏嵐是否有將生產線遷回美國的打算，」他僅說，「我並沒有花很多時間想這個問題，」規避了這個具敏感性的提問。

問題：天柏嵐是否為既引領潮流、又具社會道德的企業模範？

判決：是，不過……

二十多年來，天柏嵐的諸多慈善義舉，例如員工可休全薪假指導兒童課業、捐出靴子、回收橡膠等，使天柏嵐贏得許多社會運動人士的信賴。由此之故，在一些具爭議性的問題上，這些專家均願意給天柏嵐多一些空間，以及多一點通融。

譬如，美國人道協會營運長馬克瑞恩表示，「其實若要企業完全不使用皮革，何其困難！」對他來說，天柏嵐沒有使用動物軟毛以及瀕臨絕種的動物來製鞋，是更重要的事。同樣地，雪能（屬於理念上更為激進的善待動物組織）更喜歡強調天柏嵐拒絕使用皮草與動物軟毛、不向澳洲進口羊毛、不向印度進口皮革之舉（他表示，在運送過程中，牛隻困在酷熱擁擠的圍欄裡，將受到極為不堪的虐待。）

喜瑞思機構的謀法特也同樣表示，就算天柏嵐放棄使用皮革，對環境的助益似乎並不大，因為幾乎所有的原料都隱藏道德相關的問題。棉樹的種植仰賴大量的殺蟲劑與水。人造皮革通常以石油為基底，將使原本已問題重重的鑽油與碳排放問題更為惡化。當我問及喜瑞思機構，是否希望天柏嵐能夠使用較少的皮革，謀法特並不願正面回答，僅表示她曾與天柏嵐主管討論過這項議題，「倘若企業能夠開發新的原料或設計新產品，來減少產程或產品對環境的衝擊，那就是一項進步，」她表示，「但我並不是尋找皮革替代品的專家。」

更重要的是，她繼續說道，「他們（天柏嵐）真的試圖將環保、社會議題，考量納入企業的策略與藍圖中，你可以看到傑弗瑞對著股東與利益關係人，侃侃而談天柏嵐對於這些議題的理念與做法。天柏嵐期望能夠喚起消費大眾的環保意識，促使更多人投入改善的行動，此外，天柏嵐也在鞋盒上印製鉅細靡遺的環保標籤。」

此外，儘管在巴西屠宰場議題上與天柏嵐一開始有些許衝突，綠色和平組織的史卡爾仍相當稱許天柏嵐，認為相對於其他企業而言，天柏嵐對任何議題均採取相當開放且歡迎的態度，而且非常樂意與環保團體合作。史卡爾認為，在提升大眾的環保意識上，製鞋業（尤其是運動與戶外鞋品牌）總是盡其所能。的確，想想耐吉在拯救亞馬遜雨林運動上配合的態度，似乎沒有不可能的事。

環保運動人士因而相信，即使被美國VF服飾公司併購，天柏嵐堅持的價值依然能夠留存下來。美國VF服飾公司是一家位於北卡羅萊納州的大型服飾集團，旗下品牌包括諾地卡（Nautica）、北臉與藍哥（Wrangler）。

首先，VF服飾公司並非花二十億美元併購金，只為了皮靴這項產品，相信社區服務、回收精神以及環保的製革廠，也就是天柏嵐的品牌形象，亦促使VF服飾公司併購天柏嵐。因此美國人道協會反皮草部門的資深主任佩吉（Andrew Page）表示，「假如VF服飾公司不尊崇這些價值，將會流失大量的顧客。」天柏嵐的行銷副總裁戴維也指出，對環境的關心是製靴業與生俱來的企業價值。「我們的客戶群是一群熱愛戶外運動的人，不管這戶外指的是上海的公園或是在山區的健行，又或者是三月天在泥濘的城市裡健走，」他說，「我們是戶外品牌，故我們需要一個（乾淨無虞的）戶外環境。」

另一個相信天柏嵐企業價值能留存的原因，在於ＶＦ服飾公司並沒有特別差勁的名聲。跨信仰企業責任中心人權與人力資源主任席林（David Schilling）牧師表示，他們的資料顯示跨信仰企業責任中心僅於二〇〇四年左右，對ＶＦ服飾公司提出一次股東提案，要求該公司加強對上游廠商的監督與審核。善待動物組織亦表示，許多ＶＦ服飾公司旗下的品牌，均避免使用動物軟毛以及美麗諾羊毛當作產品原料。

宣布併購案的新聞稿則引述ＶＦ公司總經理韋斯曼（Eric Wiseman）對天柏嵐領導追求永續性的贊許；新聞稿接下來亦引述傑弗瑞的話：「天柏嵐對於……能夠成為一名負責且具環保意識的全球公民相當驕傲，所有天柏嵐的企業精神與價值，將在成為ＶＦ集團一分子後，繼續留存並發揚光大。」

不過，仍有令人憂慮的一面。在併購案發生的同時，ＶＦ服飾公司強調公司未來將著重費用管理以及加強營運紀律，換言之，也就是節約成本。ＶＦ服飾公司肯定得在某方面節省成本，才能證明二十億美元的併購價並非如絕大多數的分析師所稱，是個高估的價格。譬如，非必要的企業慈善活動（例如以全薪支付員工去興建紀念遊樂場），便會是一個冷靜的經理會砍掉的預算。此外，社會良知、慈善義舉，以及同事夥伴間的熱血情誼（也就是企業被視為在道德上應盡的義務），通常在創辦人家族失去控制權後，便會逐漸消聲匿跡（也許我們可觀察緬因湯姆接下來的情形）。例如，多米尼投資公司的林登柏格便曾表示，在併購案前，許多天柏嵐的企業義舉之所以得以施行，其實是因天柏嵐為家族企業，畢竟許多企業的承諾與奉獻，均是來自最高層的理想與堅持。

不過平心而論，如席林所言，我們應給予新公司六個月到一年的時間再做最後定奪。這段期間觀察的重點包括：接下來是否有相關的負面報導、新公司是否對外的公開報告頻率下降、是否大量裁員或調動，或者是與其他企業在社會道德議題上合作案的減少。

因此，姑且讓我們看看一年後，這些善待動物組織、人道協會、綠色和平組織或其他單位的人，是否還願意穿天柏嵐的靴子？

譯註：「人力小時」的原文 man-hours 中的 man，亦可專指「男人」，故作者以此揶揄《職業婦女》雜誌主編的用詞。

第三章

星巴克：
咖啡的代名詞

問題：星巴克是否是一家引領潮流，
又具社會道德的企業模範？
判決：好吧！算是吧！

湯馬索（Michael Tomasso），五十九歲的電話公司退休技術員，每週光顧他布魯克林區居所一英哩外的星巴克好幾次。他除了買咖啡，其餘時間便是玩玩報紙上的填字遊戲，每次停留約半小時；餘下未填完的部分，便在家完成，「有時候我就是喜歡星巴克的氣氛。」那麼他在星巴克都點些什麼呢？「瓶裝摩卡咖啡。」居然不是現煮的研磨咖啡！

史藤（Ann Stein，化名），為了等待從幼稚園下課的五歲女兒，在同一家星巴克裡打發時間。她表明並不常這麼做，或許二至三個禮拜才去一次，通常是外出辦事需要等待，但又不值得回家一趟時。而她總是點（沒有特別名稱的）每日咖啡。

高三生查維茲（Elizabeth Chavez，化名），時常在距離學校數哩外的星巴克內，用筆記型電腦做作業，直到得起身去附近的健身房打工。查維茲說，她每週光顧咖啡店約二到三次，有時來這家星巴克，有時去學校附近的那一家，因為「我喜歡星巴克的環境，沒有人會打擾我。」那麼她點些什麼？香草拿鐵以及每日咖啡。

約三個街口遠的距離外，又出現一家星巴克。三十七歲從法國來的莎思薇爾（Caroline Sausville），正在裡頭啜飲黑咖啡。「這實在是杯非常昂貴的咖啡！看看它多麼花俏！我想我在家也可以自己煮，」她微微地揶揄自己。此外，她還買了星巴克的甜點，包括馬略卡麵包。

在距離湯馬索和史藤光顧的星巴克附近約半哩外，有一家小咖啡館，隸屬於當地三家咖啡連鎖之一，叫做壞脾氣咖啡（Café Grumpy）。三十三歲的網站設計工程師梅寧格（Jeff Meininger）是它忠實的顧客，「星巴克的咖啡爛透了，」他說，「嚐起來像燒焦了似的。」

往另一個方向約半哩外，有另一家獨立咖啡店金剛咖啡（Gorilla Coffee）。五十多歲的作家以及多媒體藝術家梅爾絲（Lily Meyers，化名）在裡頭與人閒聊，「這裡的音樂悅耳多了，」她說，「在星巴克，耶誕節時聽到的聖誕音樂，往往一遍又一遍重複播放；在這裡，你可以聽到當地樂團演奏的老歌，也幾乎不會聽到重複的曲子。」她並表示，金剛咖啡的咖啡較具風味，而且該咖啡店不屬於大型連鎖餐飲也是吸引她的地方。「我非常樂意支持當地的小型業者，」她說。

三十五歲的基金經理人史若依德（Scott Schroeder），帶著他十一歲的女兒，來到金剛咖啡選購南瓜瑪芬蛋糕。史若依德說，他喜歡金剛咖啡甚於星巴克，但是，他笑著補充，「我幾乎在每一家咖啡店出沒。」當時約下午五點，那已經是當天他光顧的第三家咖啡店。

一個人類學家無疑地能從這樣小型的實地訪查裡，歸納出社會趨勢，並寫成學術論文。但重點是，不管這些人喜歡或討厭星巴克，湯馬索、史藤、查維茲、莎思薇爾、梅寧格、梅爾絲與史若依德，都去了他們要去的地方，喝了想喝的飲料。而這一切全因星巴克而起。

在星巴克出現之前，人們啜飲著一種沒有品牌名稱、也沒有商標的飲料，叫做咖啡。今日，拜星巴克所賜，品嚐咖啡升級為一種特殊的生活體驗。透過精品咖啡豆、香濃的奶泡，以及一些聽起來像非英文字混合而成的咖啡名（雖然有時是自創或誤用），星巴克宣稱將帶給人們如同義大利人在威尼斯啜飲極品咖啡，才能擁有的精緻享受。猶如星巴克總裁蕭茲於第一本自傳《星巴克咖啡王國傳奇》中所描述的，藉著店裡頭大型扶手椅上的罩毯、前面顧客所遺留下來的《紐約時報》、像家一樣舒適溫暖的棕綠色裝潢，以及免費的無線網路，星巴克為顧客打造了公司與家裡以外的第三個好去處，也讓消費者宛如置身自家前院的陽台。

假如星巴克的咖啡豆（至少某些豆子），來自薪資高於平均水準的咖啡農，並以環境永續的方式栽種；又假如連兼職人員都能夠獲得星巴克補助的健康保險，那麼星巴克的顧客，不就彷彿化身成深度世界旅行者，坐在前院陽台的同時，也能夠為自己幫助了環境保育、貧困咖啡農，以及辛勤的美國勞工，而感到快慰。上述的每件事似乎都是如此的美好，喔，除了那比別人貴三倍的咖啡以外。

蕭茲是這麼描述的：「在星巴克，我們販售的不僅僅是一杯好咖啡，而是所謂的星巴克饗宴：我們為消費者提供了豐富迷人的環境，如此的舒適與親近，卻又如此的時尚與優雅。」

不過那些義式風味的咖啡名字可是不折不扣的贗品。咖啡本身貨真價實，但其他的部分呢？

拿鐵愛好者

蕭茲說，一開始創業時他並不打算販售精品咖啡，或是打造一個宛如前院陽台的聚會場所。事實上，他從未創立星巴克，也不是美國進口義式咖啡的第一人。他說，一九七九年以前，他其實是個販售各式商品的生意人，直到成為漢馬普拉斯百貨（Hammarplast）時尚瑞典造型廚具生產線美國區的經理。

受到小甘迺迪總統與和平隊（Peace Corps）啟發的蕭茲說，他夢想做大事情，夢想使世界成為一個更好的地方。依據與蕭茲合寫蕭茲自傳的資深記者瓊斯．楊（Dori Jones Yang）的說法，蕭茲父親過去的遭遇，深深激勵與影響蕭茲。蕭茲的父親福瑞德，曾是一名卡車司機，於一九六一年因為腳踝骨折，失去工作，留下一家人沒有收入、沒有健康保險、沒有工傷保險、什麼都沒有的窘境。因此，無論蕭茲最後在哪一個行業創業，他都打定主意要經營一家善待員工的公司。楊說，這就是為什麼該本自傳一開頭便述說蕭茲父親的故事（事先警告可能的利益衝突：我曾與楊在美國《商業週刊》共事，不過這是在她與蕭茲合寫自傳的多年以前了。）

而蕭茲則透過咖啡圓了他的夢。當時他注意到一家位於西雅圖，擁有四家小分店，叫做星巴克咖啡、茶與香料的店，向蕭茲服務的公司購買大量的滴漏式咖啡壺，於是他即刻飛往西雅圖做深入調查。在他參觀這家公司的烘培工廠，並啜飲他們的咖啡後，蕭茲旋即主動詢問星巴克能否雇用他。「對我來說，我彷彿感受到一種發現新大陸的悸動，」蕭茲如此描述他在星巴克喝的第一杯咖啡。那滋味「遠比我以前品嚐過的所有咖啡都還要濃烈……咖啡液滑過舌間，伴隨著扎實圓滿的氣味。」而星巴克的員工，則滔滔不絕地向蕭茲解說這些咖啡豆的故事，包括豆子的起源、色澤以及烘培的過程。最後，經過一年的努力，蕭茲終於成為星巴克的行銷總主管。

當時，唯有極懂咖啡的美國人，才能在少數地方找到精緻濃烈的歐式咖啡，而這幾家販售咖啡豆的星巴克小店不是隱身於大學校園附近，就是位居於特立獨行人士居住的邊緣地帶。依據天普大學（Temple University）歷史系教授西蒙（Bryant Simon）在他二〇〇九年《唯非咖啡》（*Everything but the Coffee*）中的描述，當時美國人喝的咖啡「帶著淺褐色，是幾乎可以一眼看穿的透明液體，」而蕭茲視這樣的咖啡糟到可厭，簡直就像是餵豬的飼料一樣。也就是說，在星巴克王國誕生之前，美國人喝的咖啡是由較低級的豆子（中果咖啡豆），也就是倫敦與阿姆斯特丹咖啡交易商視為便宜貨的豆子所製成。而且自一九六〇年之後，美國的咖啡飲用量不升反減，主因便是因碳酸飲料的崛起。

在蕭茲加入星巴克公司後，雖然看似亦步亦趨地追隨雇用他的兩位創辦人鮑德溫（Gerald

Baldwin）與波克（Gordon Bowker）腳步，〔第三位創辦人席格（Zev Siegl）於一九八〇年退出公司〕，不過事實上，蕭茲明顯地將他們兩位視為過於小心謹慎的老古板，認為他們不了解現代商場的操作模式，更沒有看到企業應逐步擴張的需要。畢竟，蕭茲是搞行銷出身的人，而且如同許多轉換跑道的人一樣，蕭茲也比創業元老更具有衝勁與熱情。

就在蕭茲於一九八三年至義大利出差之後，雙方的想法開始出現明顯的落差。蕭茲並不打算只販售像日常雜貨一樣的咖啡豆，而顧客只能將這些咖啡豆買回家自行沖泡，雖然當時這的確是星巴克最主要的業務。然而蕭茲夢想開咖啡店，就像在義大利看到的咖啡館一樣。「我們所需要做的就是，解放咖啡與生俱來的浪漫神祕風味，不過，得在咖啡館裡由我們第一手調製，」蕭茲寫道，「義大利人完全明瞭人們對於咖啡所擁有的獨特感受，以及咖啡在社會心理層面的意涵。」

不過對鮑德溫與波克來說，這樣的想法過於躍進，也難以接受。於是蕭茲下定決心離開星巴克，於一九八五年創立仿歐式精品咖啡館義式每日咖啡〔Il Giornale，這同時也是一家義大利報紙的名稱，這家報社當時由貝魯斯柯尼（Silvio Berlusconi）所擁有，他日後成為言行相當具爭議性的右翼保守派首相。〕不過千萬別誤會，鮑德溫、波克與蕭茲並沒有決裂，星巴克當時甚至花了十五萬美元投資義式每日咖啡。

不過事情的發展兜了一圈，最後回到原點；一九八七年蕭茲終於等到他盼望的結果。該年鮑德溫與波克決定出售星巴克，蕭茲順理成章買下這家公司，終於有機會一圓他的夢想：在義式咖啡館氣氛瀰漫的連鎖咖啡店裡，販售著高品質咖啡，而且平等地對待員工。

蕭茲創立義式每日咖啡的理想，也適用於星巴克。他說，他打算「重新賦予老商品新定義，為咖啡這個人們習以為常的古老飲料，編織浪漫共飲的氛圍，我們將重新發掘數百年來咖啡所擁有神祕與迷人的特質，也將使我們的顧客著迷於我們為他們帶來的精緻氣氛、個人風格與咖啡知識。」

蕭茲的確辦到了，某部分的成就甚至超乎他的預期。現在的星巴克是全球知名品牌，從誕生地西雅圖到上海，從瑞士到韓國，處處可見星巴克的招牌。星巴克儼然化身成美國的象徵。各型各色的人們，不分年齡、種族或是衣著款式，包括商務人士、年輕人、旅行者、背包客、裹著頭巾的伊斯蘭教婦女、帶著幼兒的母親，均絡繹不絕前往消費。拿鐵愛好者亦演變成稍帶貶意的自由派、啜飲著白酒、同時相當關注環保、居住於舊金山的民主黨人士之代名詞。楊回憶，當她詢問蕭茲他的目標消費者為何時，蕭茲回答她，「去星巴克任何一家店走走吧！看看那些排隊的人們；你將可以見到警察與建築工人，也可以看到那些高收入的白領人士。」

〔全球唯一沒有星巴克的國家是以色列（姑且不論非洲或其他開發中國家），二〇〇三年，星巴克與該國合作夥伴在商業策略上出現歧異，並在公司網站上公開指責對方，同時間，由於蕭茲表達對以色列政府支持的立場，導致星巴克遭受巴勒斯坦激進分子強烈的抵制，然而另一方面，以色列支持者也擔心星巴克將臣服於反猶太勢力之下。於是在成為網路上爭議的焦點之後，星巴克做出撤出以色列的決定。」

所以星巴克到底有沒有使顧客宛如置身家裡前院的陽台？見鬼了，星巴克簡直就像提供整棟房子一樣。人們明白，即使咖啡喝完了，他們仍然可以帶著筆記型電腦在店裡逗留數小時；即便只是去借個廁所，沒有任何店員會因此盤問你有沒有消費。西蒙便是花了九個月的時間，每週待在星巴克十到十五小時，完成他的書，同時觀察店裡形形色色的人們，分別從事不同的活動，包括不動產經紀人對著潛在的買主，熱心地講解地圖上的房屋地點，以及企業主在星巴克面試應徵者。在舊金山市中心的某家星巴克，我甚至見到有個傢伙在椅子上打呼大睡。

星巴克亦為顧客提供桌上遊戲。此外，自一九九五年起，星巴克開始製作並販售爵士樂、古典樂以及藍調的CD。接下來它買下聆聽音樂（Hear Music）唱片公司，製作眾多原創音樂專輯，並與時代公司（Time Inc.）合作出版《喬依》（*Joe*）週刊，資助MSNBC電視的「早安喬依」節目，為書籍與電影做宣傳，並販售DVD影音光碟。星巴克同時在店裡建立私有的數位影音頻道，提供星巴克顧客專屬的精選書摘、新聞、iTunes音樂，以及教育性遊戲（有些服務目前沒有提供）。二〇〇八年，為了替感人的溫馨小說《再給我一天》做宣傳，星巴克讓作者艾爾邦（Mitch Albom）在曼哈頓旗艦店露面，並安排他與二十五個城市的書迷做電話交流。而這些活動中最膾炙人口的成功事蹟，便是星巴克協同製作查爾斯（Ray Charles）生前最後一張作品《真情夥伴》（*Genius Loves Company*），而此專輯於二〇〇五年榮獲八座葛萊美獎。

顧客只想買一杯拿鐵

然而，星巴克仍在前院裡碰了壁。蕭茲承認，他並不算真正創造他所想像的第三個好去處。第三個好去處的概念首先由佛羅里達的社會學教授歐登柏格（Ray Oldenburg）於一九八九年所提出，意指「一個非正式的公開場所，人們在此可以暫時放下工作與家庭的一切，好好地放鬆且自在地交談，」蕭茲寫道。在他非常景仰的義大利咖啡館裡，「你可以目睹常在酒吧碰頭的老友熱絡寒暄的場景，也可以感受初次見面人們之間的交互作用。」這同時也是傳統法式咖啡館予人的印象；在法式咖啡館裡，熱情洋溢的藝術家為了什麼是好咖啡與好雪茄（在現場沒有雪茄的情形下）爭論不休。因此，在一家理想的星巴克店裡，顧客啜飲著一杯卡布奇諾

（若能續杯那就更好了），愉快地與鄰座的人交談，這場景就像是在你家真正的前院陽台，呼喚著鄰居出來談天說地。

然而現實的狀況似乎與理想天差地遠。蕭茲說，某廣告公司在洛杉磯做了實地調查，發現「在我們店裡，真正與旁人交談的比例，其實少於百分之十。」更糟的是，即使人們想要這麼做，僅有二〇%的老顧客逗留時間長到足以閒聊；絕大多數人多半獲得所需的咖啡因之後，便起身離開。

在西蒙隱身於星巴克寫書的那九個月裡，他嘗試與陌生人交談，但顯然碰了一鼻子灰，他在書裡沮喪地描述，「沒有人與看起來不認識的陌生人交談，也不與沒約好的朋友寒暄。」同樣地，工會組織者費爾那（Kim Fellner）為了撰寫她的書《與星巴克角力》（*Wrestling with Starbucks*），某一天在星巴克的店裡，從早上五點逗留至晚上九點，她說，她僅觀察到兩次人們在竊聽到陌生人的對話時，突然地加入交談。我每次光顧星巴克也都有類似的觀察；在星巴克，最普遍的景象就是人們自顧自地敲打著筆記型電腦。

二〇〇九年，星巴克企圖營造家庭式用餐的和樂氣氛，於是在一些店的中央區域擺設長形木桌，用以取代原本一人坐的桌椅。但是，顧客卻小心翼翼地在他人與自己中間留個空位，自動將長桌變換成個人用桌子，然後繼續跟同伴交談，或專心使用筆記型電腦。

先不論不認識的顧客之間能否談天說地，星巴克總愛誇耀自身店員有多麼熱情友善，但事實上，店裡的咖啡師父（barista，星巴克對店員的尊稱）也不太與顧客交談。

我在十個月內造訪三十餘家星巴克，從舊金山市中心到麻州市郊，從洛杉磯的商業區到華盛頓特區，從上紐約州的小鎮到曼哈頓的嬉皮流連之所，無論店的大小、我造訪的時間、在哪一區，我幾乎從未見到店員與顧客暢意地閒聊。在四二〇位顧客中，僅有二十五位與咖啡師父交談。與我在其他咖啡店如金剛咖啡、壞脾氣咖啡，以及美國重度烘培咖啡始祖畢茲咖啡（Peet's Coffee & Tea）觀察到的情形相較，這算是相當低的比例（其他咖啡店交談比例約十分之一）。費爾那似乎也有類似的經驗，只不過在她的書裡，總是沒寫清楚到底誰與誰交談。

這並非星巴克的咖啡師父惜字如金或不友善，他們絕大多數都會以極熱絡的態度詢問顧客，「請問您要點些什麼？」作為開場，有時甚至比其他咖啡店的店員還要熱情一點。當然，有些店員比較外向健談。舊金山有位拉丁裔店員，似乎總是能對每個人說些溫暖人心的話語；上紐約州的一位咖啡師父，總是如吟唱般地拉長音調，對人說「哈……囉！」；洛杉磯有個女店員，某個晚上店裡的貝果麵包售罄之際，熱心地告訴我，附近那兒可能買得到貝果麵包，並且在第二天早上還記得我。

在星巴克，我曾無意中聽到關於最近紅人隊與德州人隊的賽況討論、工時過長的抱怨、購買新車的選擇，以及兒子即將離家念大學的消息。但是這些都是例外。更常見的情形是，顧客從未暫歇手機聊天，而咖啡師父則忙著與其他咖啡師父說話，導致他們根本沒有時間與顧客說上沒有必要的話。有沒有記得所有老主顧喜愛飲料的咖啡師父呢？有，但我只見過兩個。

另一方面，西北大學商學院行銷教授宏納克，則似乎在星巴克經歷許多美好的際遇。他說，店員總是讓顧客感受到「你是最重要的人，因為我們與你交談。」倘若點餐者忘記想喝飲料的名字，咖啡師父便會嘗試猜測，假如猜錯了，「後面排隊的人總是會有人伸出援手，說著『我試過焦糖瑪奇朵，相當不錯』。」假如顧客想要自行創造某種飲料也行；西北大學附近的某家星巴克店員，只因宏納克的一位朋友非常喜愛蛋酒拿鐵，每天總會為他備妥蛋酒，即使蛋酒不當令，也會想辦法買到。在蕭茲的第二本書《勇往直前：我如何拯救星巴克》，他也舉了許多例子，包括許多咖啡師父成了顧客最好的女性朋友，有位咖啡師父甚至將腎臟捐給一位老主顧。

另一個例子則為蓋茲．基爾（Michael Gates Gill）；他是《紐約客》雜誌知名專欄作家基爾（Bredan Gill）之子，在高齡六十三歲時才成為星巴克的咖啡師父，並且於二〇〇七年出版回憶錄《星巴克救了我一命》。這本書處處描述基爾以及其他咖啡師父與顧客談天說地的情形，以及他們如何記誦老主顧愛點的飲料。

蕭茲說，「我們訓練每位咖啡師父要與顧客有眼神接觸，」而且店員應該要與顧客「談情說愛……假如我們熱情地向顧客打招呼，與他們談上幾句話，並且客製化他們想要的飲料，顧客將會渴求回我們店裡消費。」理論上，是的。但是蕭茲，別忘記你的顧客其實只是想要隱姓埋名買一杯拿鐵，如此而已。

美好的時光已然逝去

一九八七年蕭茲入主星巴克時，星巴克僅有六家分店；一九九二年公開上市時，則已擴張至擁有超過一百家分店，到了一九九五年底，星巴克以驚人的速度成長，每天約有一家新分店開幕，二〇〇七年時，全球總計有一萬三千家門市。這樣的擴張速度正是蕭茲與兩位星巴克創辦人分道揚鑣的原因，畢竟當時蕭茲的野心便是經營一家全國性的連鎖咖啡店。依據蕭茲第二本書的說法，即便在二〇〇〇年他辭去總裁職位，星巴克版圖擴張的企圖並沒有減緩；蕭茲其實仍留任董事長職位，並且放眼全球，將注意力移轉至全球市場。

隨著星巴克規模日益擴大，店裡氣氛演變得越來越不人性化。對任何一家成長如此快速的企業來說，想要同時維持原有的飲料品質與人性化服務，無論如何都是困難的事。此外，蕭茲或許因其他事分了心，例如他的私人投資基金，或是成了當時西雅圖超音速籃球隊的老闆之一。星巴克當時的確搞砸了許多事。

其中最糟的一件事，便是星巴克為了加速所謂的生產效率，決定不現場磨製咖啡豆，並且將原本手動的義式咖啡機，換成半自動的機器。顧客因此不可能聞到咖啡的香味。此外，由於新機器的體積過於龐大，顧客無法看到咖啡師父如何烹煮咖啡。

坐落於紐約，專門研究品牌忠誠度的品牌關鍵顧問公司，其創辦人與總裁帕斯可夫指出，「人們多花了四〇％的價格，買一杯下個街口也買得到的咖啡，卻看不到咖啡被手工研磨烹煮。」普信投資集團（T. Rowe Price）專門研究餐飲業者的財務分析師伍德羅夫（Ashley Woodruff）表示，即便有咖啡師父願意與顧客建立私人關係，快速的企業擴張步調也勢必使這樣的關係消失殆盡。「當你像星巴克一樣，以那麼快的速度展店，必定會有顧客流失的問題，」她表示，「你將不會在一家店裡重複見到同一個顧客。」

隨著企業規模的擴大，來自消費者對於大型連鎖企業的反感與抱怨，也會隨之增加。西蒙便曾在書裡表示，他認為星巴克店裡的音樂越來越商業化，店裡頭的氣氛也是；當星巴克開始在店裡販售玩具與紀念品時，客戶恍如置身高速公路休息站裡的廉價紀念品店；也有些顧客抗議星巴克販售含蛋的早餐，因為這將使星巴克整家店聞起來像麥當勞。也有些人怪罪每一家星巴克的裝潢千篇一律。

這樣的不滿逐漸反應在星巴克的財務狀況，包括顧客數目持續減少、展店成本不斷上升。從二〇〇六年末開始，星巴克的股價大量下跌；在此之前的十六年期間，星巴克每年均有五％的穩定成長率，但是自二〇〇六年末之後，同店營業額（開幕超過一年的店營業額，為零售業的營業狀況衡量標準）幾乎停滯成長。接下來，在二〇〇八與二〇〇九年的經濟衰退期間，想當然情形每況愈下。

人們一旦在每六個街口就可以找到三家你的分店，那麼你將再也不新潮時尚，再也不可能成為人們心目中會造訪的鄰近咖啡小館。紐約大學社會企業計畫主任奇庫爾便提到，她的大學部學生「認為目前星巴克的企業味過於濃厚，一切都太標準化，一點也不獨特，也不創新；」西雅圖的品牌顧問哈丁亦表示，「社會上已出現星巴克疲乏現象，無所不在導致星巴克失去獨特性。」

至於絕不可能是任何大型連鎖店粉絲的克萊恩，在她那本經典的書籍《顛覆品牌全球統治》中指出，一些卓越的品牌企業如蓋璞服飾（Gap）、宜家家居家具或星巴克，長久以來均試著避免看起來像是麥當勞或沃爾瑪，最主要的原因便是這些企業明白，「那些過度裝飾、卡通形狀的塑膠黃殼標誌，或是金色的M字招牌，並不會使他們獲得消費者青睞；相反地，在新世紀健康環保概念的包裝下，他們比較有可能發光發熱。」也就是說，看起來會比較精緻與新潮。

不過在版圖擴張與精緻新潮之間，存在一個危險的平衡；第一萬三千家分店終於壓垮最後一根稻草。一九九九年，在世界貿易組織（WTO）會議於西雅圖進行期間，星巴克成了跨國企業麥當勞化的象徵，各分店遭到反全球化群眾示威抗議與丟擲石塊。

蕭茲一開始無法理解這樣的非難從何而來。在他一九九七年（當時的星巴克前景正好）出版的第一本書中描述，「在星巴克成為人們批評的箭靶之初，我們顯得手足無措，對這樣的責難毫無心理準備。一直以來我們總視自己為老好人，總是掙扎努力、總是不被看好。」他自傳的另一作者楊則告訴我，「蕭茲其實相當驚訝，星巴克居然被比擬成大型連鎖店，他因此有些受傷。蕭茲認為，星巴克一點也不像沃爾瑪超市，因為星巴克並沒有以超低價格販售商品，導致附近其他商家紛紛倒閉。」（這的確是真的，我們完全無法指控星巴克的咖啡售價過低，關於這點接下來會有更多詳細的討論。）

儘管如此，在二〇〇七年冬天以前，即使是蕭茲本人都無法忽視這股不滿的社會情緒。在寫給繼任者的備忘錄裡（很快地成為公開資訊），他承認在過去十年快速成長之際，「我們做了一連串偏離星巴克道路的決定；所謂的商品同質化，導致我們提供的商品與經驗不再獨一無二。」在其他諸多可能的原因中，他特別點出自動化咖啡機與不再現磨咖啡豆這兩個問題。

此外，失望的老主顧也紛紛有了新去處。既然星巴克已證明人們對精品咖啡的確有廣大的需求，許多鄰近街坊的咖啡店便如雨後春筍般出現，提供著獨一無二、既新潮又別緻的咖啡，而這樣的咖啡小館，卻正是過去星巴克夢寐以求的經營模式。

這類型咖啡店比較知名的有：壞脾氣咖啡、金剛咖啡、思索咖啡（Think Coffee，紐約大學學生的最愛）、奧茲咖啡（Ozzie's Coffee and Tea）、家常咖啡（Café Regular）、魯特丘咖啡（Root Hill Café）、南方咖啡（Southside Coffee）、奧斯陸咖啡（Oslo）、維柏咖啡（Verb）、泥巴咖啡（Mud）、第九街咖啡（Ninth Street Espresso）、吉摩咖啡（Gimmel Coffee）、傑克咖啡（Jack's Stir Brew）、阿布拉可咖啡（Abraço Espresso）與人人咖啡（Everyman Espresso），這些僅僅是眾多好咖啡店的少數幾家而已。另一方面，另兩家連鎖餐飲業者麥當勞與唐先生甜甜圈（Dunkin' Donuts），則企圖藉著提供更廉價的義式飲料，從另一個行銷管道攻佔精品咖啡市場。

有趣的是，勞工運動人士費爾那認為，假如這些咖啡小館浮誇的時尚風格嚇跑了建築工人，只吸引高收入族群，那麼這些小店跟星巴克相比，是比較不負社會責任的。她寫道，「星巴克既不像那些高級小店如莫爾基（Murky，她認為在華盛頓特區裡是最好喝的咖啡店），也不像廉價大眾的唐先生甜甜圈，它能夠廣為招攬不分種族與階級的顧客，然而卻也能同時保有高格調的音樂、燈光以及氣氛。」此外，開放顧客在店內使用筆記型電腦或個人電子用品上，與其他雅緻的咖啡小館相比，星巴克則顯得相當友善。

當然，這個世界容許大大小小各式咖啡館的存在。楊說，這與蕭茲的看法不謀而合：「他認為咖啡市場正逐漸擴大，而星巴克只是在這個更大的市場，攫取更多市場佔有率而已。」依據蕭茲提供的數據，美國精品咖啡的飲用量，從一九八四年開始，到他第一本自傳出版時，每年約成長一八%。由此亦可理解，為何星巴克開設另一中價咖啡品牌西雅圖極品咖啡（Seattle's Best）。

有些咖啡小店無可避免地走向倒閉之路，不過這並不表示星巴克是罪魁禍首。依據美國小型企業管理局（ＳＢＡ）的數據，約有半數創始企業於頭五年倒閉。蕭茲將部分原因歸咎於市場上的房屋出租公司或房東，他說，「這些人利用星巴克哄抬租金，在我們表達承租意願後，便通知其他咖啡店或可能的房客，藉此大撈一筆。」二〇一〇年四月，在沒有任何星巴克的「協助」之下，金剛咖啡歇業長達兩個禮拜，只因無法解決員工與雇主間的糾紛。

無論如何，單靠蕭茲的備忘錄顯然無法使星巴克起死回生，因此蕭茲於二〇〇八年回任星巴克總裁。旋風式的改革順勢而起。首先，他關閉所有分店三小時，以重新訓練所有的員工。

接著他讓現磨的新鮮咖啡豆回到店裡、裝設體積較小的咖啡機、要求咖啡師父更頻繁地製作咖啡，以使咖啡更新鮮更美味、調製一種更溫和的新口味咖啡「派克市場」、併購市場上評價極高的幸運草咖啡機公司（the Clover），改造廣被詬病的早餐三明治，並以跌破所有商業顧問眼鏡的方式，關閉一千家分店，降低約五億八千萬美元的成本。不過，這些改革看似雖多，在當時僅能使星巴克的財務狀況穩定下來而已。

於是為了前瞻未來，蕭茲引進一些創新之舉，例如折扣集點卡、更健康且時尚的輕食選擇、更活潑有趣的公司網站，以及企業第一波的大型廣告企劃。另一個驚人之舉，便是販售顧客可以帶回家沖泡的維雅（VIA）即溶咖啡（請問：說好的第三個好去處與義大利咖啡館的體驗呢？）同時，蕭茲稍微修改公司標誌（蕭茲堅稱那是希臘神話裡的女海妖，不過大部分的人認為那是美人魚），並且引進合作夥伴，以利星巴克在全球最大的未開發市場印度開疆拓土。至於甜點，蕭茲則併購專門製作天然果汁的新鮮進化（Evolution Fresh）公司。

為了降低風險，星巴克亦進行企業的多元化發展。二〇〇九年，星巴克於發源地西雅圖匿名開設兩家咖啡店，十五大道咖啡（15 Ave Coffee and Tea）以及羅伊街咖啡（Roy Street Coffee and Tea），店鋪裡完全見不到星巴克那位招牌美人魚（或女海妖）。鼓吹飲食在地化運動的狂熱分子，則痛斥星巴克欺騙那些不向大型連鎖店購買咖啡的消費者。不過星巴克則反擊，由於這兩家店也販售啤酒與其他含酒精飲料，因此理應使用有別於星巴克的店名。「我們並沒有打算隱瞞任何事；」雖這辯解不太合邏輯，但蕭茲說，星巴克這麼做只是想要「實驗任何能夠提升我們咖啡銷售量的方法。」

或許最重要的改變，是蕭茲重掌星巴克這件事。即使蕭茲並非賈伯斯，但無可否認，幾乎沒有任何事可以像公司精神領袖回鍋一樣激勵士氣、鼓舞人心。

當然，回任之路並非一切順遂。那甜膩、口感像優格的雪芭（Sorbetto）飲品，在推出一年後宣告失敗；在家用咖啡市場，星巴克則苦苦追趕於綠山咖啡（Green Mountain Coffee Roasters）之後，重新設計過的品牌標誌也招致批評，不過任何傳統標誌經修改後本就時常如此。整體而論，蕭茲進行的改革基本上受到各方的稱讚，維雅即溶咖啡的推出亦被認為是成功之舉，同店銷售額與股價並於二〇〇九年底開始攀升，許多專家人士認為星巴克將能重拾往日的光采。

不過，美好的時光已然逝去。星巴克成功已久，過多類似的咖啡館如雨後春筍般出現，咖啡市場的競爭只會愈來愈激烈。

有什麼動機要這麼做

倘若咖啡是星巴克的主力產品，那麼如何與從何取得這項原料，應該是這家公司是否具有社會良知的關鍵。的確，星巴克總是特別樂意宣揚他們家咖啡豆的來源，而且大多數人似乎有個模糊的印象，認為星巴克所有的咖啡豆均來自公平交易，即使他們並不真確地明白公平交易到底是什麼意思。品牌顧問哈丁說，「人們支持星巴克肯定部分基於這個原因；這為星巴克昂貴的咖啡售價找到了理由。」

嗯，這麼說是對也不對。星巴克的確有許多企業政策，旨在幫助世界各地最貧困地區的咖啡農，但並非所有的星巴克咖啡均來自公平交易，星巴克也不是全球唯一購買公平交易咖啡豆的企業。

公平交易認證是一種認證標章，由非政府組織來審查產品是否符合國際標準，這些標準包括：產品必須由環境永續的方式種植與生產，農夫或工人必須受到人道的對待與尊重、獲得足夠生活的薪資報酬、擁有集會結社自由、在安全的環境下工作，強迫式童工則完全被禁止，農民擁有農產品最低購買價的保障，生產者必須進行改善環境與社會條件的長期投資。此外，該認證對於咖啡這個全球交易量最大的公平交易農產品，還另訂一些規定，用以保護小規模經營的獨立咖啡農。而為了彌補這些咖啡農因配合這些規定而上漲的成本，中盤商必須支付這些咖啡農高於市價一〇至二〇％的價格。

然而星巴克的豆子全來自公平交易嗎？依據星巴克官網的資訊，巴克與備受尊敬的環保團體國際環境保育組織（Conservation International），針對星巴克上游的咖啡農莊，制定一系列環境保護與工作條件的規範，此規範被稱作咖啡與種植者公平規範（CAFE Practices）。在二〇〇九年以前，星巴克約有八一％的咖啡豆（約二億九千九百萬磅）來自符合此規範的農場，而蕭茲也曾公開宣示，星巴克將於二〇一五年前，達成一〇〇％的咖啡豆全部符合該規範的目標。

依據咖啡與種植者公平規範的內容，外部評鑑團體將檢驗這些咖啡農莊是否有具體措施來處理廢棄物、維持灌溉用水品質、節省水與能源用量、保護生物多樣性、減少化肥與農藥的使用。此外，該外部團體也必須確認這些農莊確實創造安全公平且人道的工作環境，更具體地說，也就是農莊必須遵守與最低薪資、童工與強迫勞工或歧視有關的指標。這些規範立意良好，但卻非嚴格定義下的公平交易，畢竟，星巴克並沒有特別明文禁止童工、強迫勞工或是歧視。此外，依賴開發中國家自訂的法定最低薪資，顯然毫無意義，因為這標準往往遠低於公平交易認證中足夠生活的薪資水準，此外，到底什麼是遵守有關的指標？

另一方面，星巴克於哥斯大黎加與盧安達設立培訓中心，教導當地小型咖啡農如何提升咖啡產量與咖啡豆品質。星巴克亦每年撥款二五〇萬美元，作為農民小額貸款的基金，但這些措施的主要目的仍是為提高咖啡豆的品質（在商言商），而非農民的生活水準。

星巴克的確購買部分公平交易認證過的豆子。事實上，它聲稱是全世界最大的公平交易豆採購者（不過綠山咖啡也如此宣稱）。然而，二〇〇九年，星巴克約僅有四千萬磅的豆子（全公司購買量的九分之一）來自公平交易。換句話說，在你購買的焦糖瑪奇朵或拿鐵咖啡裡，僅有很小的一部分來自公平交易認證過的咖啡豆（而且美國的公平交易定義其實更寬鬆）。

也有人認為，全球公平交易豆的數量並不多，不足以滿足星巴克這麼大量的咖啡豆需求。這的確是事實，但卻也是另一個循環論證：星巴克擁有的全球影響力既深且廣，倘若它能夠提出更多的需求，廠商絕對能找出方法配合生產。類似的事件於二〇〇二年也曾發生於班傑瑞冰淇淋公司身上。當時美國人道協會對班傑瑞施加壓力，希望他們在冰淇淋裡使用更多非籠飼雞蛋（也就是由非關在飼養籠裡的雞下的蛋），班傑瑞一開始辯解他們並沒有辦法找到那麼多的非籠飼雞蛋（班傑瑞一年約需七千隻非籠飼雞的蛋量），然而，班傑瑞最後不知怎地還是辦到了；四年後，這家冰淇淋公司所使用的雞蛋全為非籠飼雞蛋。

有些社會運動人士質疑，所謂的公平交易能否確實幫助那些極度貧困的咖啡農？（諷刺的是，由這些貧困咖啡農所種出的豆子，若以液體形式售出，咖啡愛好者將願意以一杯超過三美元的價格啜飲它）。環保顧問皮爾斯（Fred Pearce）為了他二〇〇八年出版的書《一名生態罪人的懺悔錄》（*Confessions of an Eco-Sinner*）前往坦尚尼亞時，種植咖啡的農民告訴他，在每磅一．四六美元的咖啡豆中，其中因符合公平交易認證規定的溢價部分僅約〇．二美元，但是中盤商緊接著可以每磅十二美元的高價，轉手出售同樣的豆子。而每賣出一大袋公平交易的咖啡豆，一個咖啡農僅能得到十美元，等同於一個月的薪資。

「無怪乎這些咖啡農……幾乎無法送他們的孩子上學，」皮爾斯寫道，「無怪乎他們家裡的屋頂漏水、無怪乎他們沒有摩托車可以把豆子運送到農舍。」此外，二〇〇九年《時代雜誌》對中美洲與墨西哥一七九位公平交易咖啡農進行問卷調查，調查中指出，「超過一半的農民表示，他們的家人一年之中仍有好幾個月處於飢餓狀態。」

當然，倘若星巴克購買更多公平交易咖啡豆，或是支付咖啡農更好的批發價格，或許會導致文明世界的咖啡零售價隨之上揚。不過，對於已經支付至少三．二美元購買一杯咖啡的消費者來說，額外多付〇．一元會是個大問題嗎？

社會道德層面亦包含非咖啡的部分。舉例來說，關於可可與茶葉的來源，星巴克的社會道德政策便尚未成形，它也沒有加入其他巧克力大廠如瑪氏食品（Mars Inc.）、吉百利集團

（Cadbury Company）與雀巢公司的陣營，一同制定國際可可協定（ＩＣＩ），為那些惡名昭彰的可可來源國如象牙海岸，訂立勞工的工作標準〔此資訊來自國際可可協定的網站，以及全美消費者聯盟前任總裁古羅德那（Linda Golodner）。古羅德那曾是國際標準化組織（ＩＳＯ）《社會責任指南》委員會裡，擔任美國代表的消費者專家。〕

當然，我們也必須思索，星巴克有什麼動機要這麼做，以一個在商言商的私人企業而言，這幾乎不會全發自於良心。這家公司過去於一九九〇年中期，以及西雅圖世貿會議時，曾因購買童工種植，或農夫遭非人道待遇下種植的咖啡豆，招致外界強烈的批評。雖然星巴克宣稱，它對於咖啡農或中盤商並無控制權或直接的影響力，但它卻出資七萬五千美元，為瓜地馬拉咖啡農成立循環貸款基金，而瓜地馬拉便是以童工種植可可而聲名狼藉的國家。不過自抗議事件之後，對這些國際知名品牌來說，即便是大型連鎖餐飲如麥當勞或唐先生甜甜圈，提供部分來自公平交易的咖啡，便成了一種必要。

作家費爾那與西蒙，分別透過不同的社會道德組織，拜訪星巴克的上游咖啡農，但兩人的觀察卻大異其趣。對於星巴克的說法與作為，費爾那的看法較正面，西蒙卻較持懷疑的態度。費爾那認為，星巴克「藉著與雨林聯盟（Rainforest Alliance）以及一些非政府組織的合作，已經成為咖啡界執行環保最不遺餘力的公司，」而且她讚揚星巴克於二〇〇〇年初咖啡價格慘跌時，支付比市價更高的批發價，以拯救小型咖啡農場。

然而西蒙卻表示，他從未能找到星巴克所宣稱的上游小型咖啡農，相反地，卻有咖啡農告訴他，星巴克事實上均直接與大型中盤商接洽，因此西蒙在書中如此描述：「星巴克幾乎僅向富有的私人企業購買咖啡豆。」不過，我們幾乎無法得知真相為何，舉例來說，巴西與哥倫比亞的阿拉比卡咖啡（coffee arabica）出口量排名全球前三，而巴西以大型機械耕種的咖啡莊園聞名，但是哥倫比亞卻仰賴小型農莊生產咖啡豆，所以星巴克到底是向哪個國家進口阿拉比卡豆呢？此外，二〇一一年物價的飆漲，也使得在地咖啡互助合作機制被連根拔除。

這就合理化嗎？

在二〇〇五年之前，星巴克與任何企業一樣，相當注意維持企業的社會道德形象，尤其在咖啡農的工作條件改革上（先不論星巴克是否值得享有這樣的光環）。因此人們相當難以理解，在二〇〇五年時，為何當討論對象轉換為衣索比亞（一個一千年前即已發掘咖啡這種飲料的貧困國家）時，星巴克會以如此拙劣且彷彿毫無公關經驗般地處理這件事。

就目前我們所知的資訊，衣索比亞曾企圖為它境內知名的咖啡產區，建立專利（品牌）權，這些地區包括耶加雪夫（Yirgacheffe）、哈拉爾（Harar or Harrar）以及西達摩（Sidamo），藉由這個方法，衣索比亞將能以商標形式，販售具有這些地域名稱的咖啡，甚至能因此為這些咖啡制定較高的價格。多米尼社會投資公司的法律顧問坎哲解釋，「由於這些地區的咖啡具有特殊的風味，也有一定的品質，因此這些地名在咖啡市場已擁有特定的知名度與價值。衣索比亞政府於是認為，假如他們能取得這些地名的專利權，那麼衣索比亞將能夠以更有效率的方式，推廣這些地區的知名咖啡。」

全球許多國家給予衣索比亞這些地名的商標權，包括加拿大、日本以及歐盟，但美國專利及商標局（USPTO）卻拒絕哈拉爾以及西達摩的商標申請，只因星巴克已申請註冊名為夥伴日曬西達摩（Shirkina Sun-Dried Sidamo）的商標。坎哲說，「星巴克堅持地理名稱不可以被擁有。」那為什麼星巴克可以？星巴克認為這兩者情況有所不同；星巴克乃是在一個長字中使用了西達摩這個地名，而這長字是用來代表一種處理咖啡的獨特方法。

爭論持續兩年多，也在新聞媒體與輿論間發酵曝光，包括衣索比亞政府、多米尼投資公司、樂施會美國分會（Oxfam America）、延齡草資產管理公司與光年智財權組織（Light Years IP，專門幫助發展中國家透過智慧財產權獲利的非營利機構），均紛紛加入遊說星巴克的行列。

衣索比亞駐美大使寫信給蕭茲，多米尼公司帶了一位衣索比亞的咖啡農出席星巴克的股東會，樂施會廣為散發請願書，並且在報紙上刊登廣告。一部在二〇〇六年日舞影展首映，關於衣索比亞的紀錄片《不公平咖啡》（*Black Gold*），也提到這項爭議。不過另一方面，具有相當大影響力的美國國家咖啡協會（NCA），卻向專利局請願，反對衣索比亞政府對該國地名的專利權申請案，據信，這次請願幕後的主使人即是星巴克。

除了宣稱先到先贏之外，星巴克認為，與衣索比亞政府相比，他們絕對更照顧農民，也願意給予農民更高的抽成。沒錯，即使是坎哲都不得不承認，「衣索比亞政府絕非全世界最誠實公開的政府，而且人們對咖啡營收流向的質疑並非沒有道理；究竟這些錢會進到農民的口袋，還是政府的金庫？」或許這些懷疑並非沒有憑據，但難道這就合理化星巴克獲得獨佔商標權這件事了嗎？不過，費爾那又再度站在星巴克那邊，認為星巴克並無惡意，而且衣索比亞政府無論如何都聲名狼藉。

在真實世界裡，沒有一家企業能夠在阻擋貧困的農民，從這些知名度突然暴漲的地名中獲利之際，又同時宣稱自己具有社會道德，且表示關心這些貧困的農夫。坎哲表示，「對一家公司來說，站在錯誤的那一方絕對不聰明，」他同時也驚訝於這個咖啡巨人採取與輿論相對的立場。最後，星巴克終於明白順應趨勢才是上策，於是在二〇〇七年六月簽署授權合約，同意在西達摩的咖啡名字裡增加「衣索比亞」四個字，此外，也承諾將會廣為促銷衣索比亞的咖啡。

今日，你將可在星巴克裡發現標著商標權標誌的衣索比亞西達摩咖啡，然而那些以世界各地地名命名，但非來自衣索比亞的咖啡，如肯亞或蘇門達臘，則依然沒有商標權標誌。

美好的關係

不管星巴克是否善待提供咖啡豆的農民，對於自身店員所能擁有的員工福利，星巴克可說是相當自豪。的確，這是星巴克故事的開端；回溯至一九六一年蕭茲七歲時，他的父親傷了腳踝，因此失去工作以及醫療保險。多年後，蕭茲透過星巴克，打造一個全體員工均備受尊重的工作場所，成了傳說中的企業模範。舉例來說，自一九八八年以來，星巴克提供每週工時超過二十小時的員工（包括全職與兼職人員）醫療保險，此外，還將保險範圍擴展至預防性疾病、精神疾病、化學成癮性疾病、危機諮詢、視力以及牙醫，公司並幫忙支付七五％的保費。這些福利也適用於同性關係的伴侶。此外，自一九九一年起，即使當時公司尚未上市，每週工時超過二十小時的全職與兼職員工，均可獲得股票認購權。

在星巴克，員工被稱為合夥人（partners），因為他們與蕭茲一樣可同時擔任星巴克股東，而非只是辛勤工作的小螺絲釘而已。公司內的升遷機會相當平等；員工也可開設４０１(k)退休金帳戶，公司將提撥雇主應負擔的比例。對咖啡與茶的專業知識有興趣的員工，公司也會鼓勵他們持續進修。員工福利的內容則持續地進步，舉例來說，在蕭茲回任總裁後，員工可獲得進修學費方面的補助。此外，為了擴大客源，星巴克不分種族、年齡、性別取向地招攬員工，甚至不管你有沒有刺青，不過噴灑香水是被禁止的。「因為咖啡豆會吸取味道，」蕭茲說。

要去嘲弄星巴克所宣稱，咖啡師父與顧客間美好的關係，或是其合夥人的稱謂，其實相當容易。不過人們必須明白，星巴克所提供的員工福利可是相當貨真價實。巴克萊銀行（Barclays Capital）資深分析師伯恩斯坦（Jeffery Bernstein）表示，星巴克的薪資水準至少與同業平均水準相仿，甚至還高一些，而它所提供的健康保險內容則獨冠同業。依據凱瑟家庭基金會（KFF）的數據，全美至少有四四%的員工，在二〇一〇年國會進行健保改革時，連健康保險都沒有；看看國會進行健保改革時，來自政治與商業方面的反對勢力有多龐大，以及當星巴克陷入企業低潮時，蕭茲被要求放棄這些不必要東西的壓力，人們或許由此可以體會，星巴克員工所擁有的福利的確令人驚艷。

自一九九八年至二〇一一年（二〇〇一年除外），星巴克每年均列名《財星》雜誌的最佳企業名單，最高排名為二〇〇八年的第七名。一位詳知雜誌排名內情的人士，引述星巴克員工的問卷回覆：「這個地方（星巴克）實在太獨一無二了，員工之間非常熟稔，不管是工作時還是下班之後，我們都非常享受與其他員工的互動……每位員工在每一家店都是合夥人，」而且顯然有些咖啡師父常與顧客閒聊：「星巴克以其他店所沒有的方式與客戶交流；我們每天見到許多人，得以認識他們，並使他們感受到家的溫暖。」此外，《企業責任》雜誌每年依據環境、員工關係、人權、慈善、公司治理以及財務狀況，評選百大最佳企業公民，名單開列後的前九年，有三家企業每年均上榜，星巴克正是其中一家。

西北大學行銷學教授宏納克是星巴克的仰慕者，他表示，關於星巴克的企業神話肯定是真的，否則星巴克不可能成功。「員工必須全心相信星巴克的文化與價值，而看起來星巴克的員工的確相信……當你走進星巴克，與員工談話，你會發現他們很好，他們喜歡他們的健康保險，喜歡他們的員工訓練，喜歡他們以合夥人的方式加入這家企業。」這與費爾那的發現相若；費爾那不僅為了她的書與數位星巴克員工面談，也加入星巴克的陣營，成為它一週兼職六小時的員工。她獲得這樣的結論：「絕大多數的年輕人認為，星巴克的工作遠比麥當勞、必勝客或肯德基的工作好得太多了。」

「像對待家人一樣對待你的員工，那麼他們將會無比忠誠，而且盡其所能，」蕭茲於第一本書中如此寫道，「這是最古老的企業經營之道，也是許多家族企業成功的精髓。」

假如你想要知道什麼是全心的奉獻，看看身兼作家的咖啡師父基爾吧！在他對星巴克讚揚有佳的回憶錄裡，描述了他與星巴克接觸的緣起。當時的他，心理狀態與財務狀況上都落入谷底；他原是一家全球知名廣告公司的高階主管，公司因故將他解聘，婚外情毀了他的婚姻與家庭，孩子拒絕與他保持親近的關係，他也陷入身無分文的窘境，並且亟需醫療保險以支付他腦瘤手術的費用。就在他踏進星巴克，購買一杯他幾乎負擔不起的拿鐵咖啡之際，他幸運地遇到一位正在招募員工的星巴克店長。星巴克除了給他工作機會與醫療保險之外，還有一個人人互相關心的大家庭。

基爾從中學習到如何去尊重低收入、教育程度不高、年輕的黑人或拉丁裔族群，而這些人都是他過去在他父親的教養下，以及任職廣告公司時，會避開閃躲的對象。﹝因為父親的關係，基爾與賈桂琳、海明威、英國女王相當親近（這是真的，至少他這麼說）。﹞在基爾描述的星巴克世界裡，幾乎每一位咖啡師父都非常友善與支持他，非常樂意幫助他調整與成長，當某位經理獲獎時，也從不嫉妒。他寫道，「我無法忽視那股在我心裡頭日益茁壯的喜悅；這嶄新寧靜的內在幸福，讓我忘卻了我正在星巴克裡趕著服務大排長龍的客人。」（有工作如此，誰還需要賈姬、海老還有女王呢？）

儘管星巴克具有這麼多的優點（不管有沒有被誇大），這仍是一家速食餐飲業。費爾那表示，「這個工作將無法使你有能力購置房子、養一個家庭、租一間公寓或是支付汽車貸款。」

這是一個體能要求高、且情緒管理要好的工作，就像所有的服務業工作都是如此。想像要與陌生人不停歇地交談六至八小時吧！輪班時，費爾那必須做許多粗重的工作，如搬運冰塊、清空垃圾、打掃用餐區，還必須牢記那些鬼義大利咖啡名字。而基爾則是有一個幾不停歇的行程表，每當櫃檯工作有一分鐘的喘息機會，他不是去拖廁所的地板，就是將裝有咖啡殘渣的厚重垃圾袋，拿去垃圾場丟棄。蕭茲自己都在《勇往直前：我如何拯救星巴克》這本書裡承認，「咖啡師父絕不是一個簡單的工作，他們必須連續站著數個鐘頭，並且同時為不同的客人烹煮不同的咖啡。」或許星巴克的員工流動率比同業三位數低，但是仍然介於六〇％至九〇％之間。

此外，也並不是所有的外部評鑑結果都那麼理想。星巴克便從未列名《職業婦女》雜誌的最佳企業名單，而如同前幾章所描述的，該雜誌並不會公開為什麼企業未能列名。在聰明消費指南網站（或許是擁有最廣泛標準的社會責任評價網站）中，星巴克獲得六．一分的中間分數（滿分為十），並且在員工關係以及工作條件等項目中，獲得最低分的評比。

就在星巴克急速擴張的那幾年，情況更是每況愈下。舉例來說，星巴克甚至引進極有效率的新型咖啡機，意圖加快員工的工作速度。紐約市立大學的嘉德堡表示，她班上擔任星巴克咖啡師父的學生亦曾抱怨，在期中期末考時，他們再也不被允許跟人換班。此外，二〇〇八年左右，星巴克試圖將日式節約（lean）的生產方式應用於櫃檯工作。例如，咖啡師父必須計算與記錄每日到底花多少時間進行例行工作。看你要相信這種管理方法是如新聞報導所述，是一種彷彿要員工每日點數咖啡豆的高壓管理方式，還是相信蕭茲，認為這是詢問員工如何改進工作效率的方法。然而就連蕭茲也承認，這個方法在星巴克內部並沒有獲得廣泛的支持。

接下來，於二〇一一年，星巴克的營收與利潤再度起飛；星巴克開始為貧困地區提供小型企業貸款，並創造就業機會；此外，為了抗議華府政界的效率不彰、毫無作用，星巴克暫停所有的政治捐款。再一次地，蕭茲又擦亮星巴克社會良知企業的招牌。

星巴克最出名的勞資對立事件發生於二〇〇四年，當時世界勞工協會（ＩＷＷ）企圖聯合星巴克紐約四家店的員工加入工會。雖然世界勞工協會目前形同解散，但它過去曾是工會運動極為激進的領導組織之一。不過，世界勞工協會針對星巴克的企圖相當令人費解。巴克萊銀行的分析師伯恩斯坦便表示，速食業的工會組織極為少見，原因不外乎速食店的地點通常過於分散、員工多為兼職或短期任職、許多店面為特約店或加盟店。此外，即使是長期從事工會運動的領袖亦百思不解，也不願聲援這項活動。美國總工會的首席經濟學家布萊克維爾，甚至相當讚揚星巴克的企業道德規範與員工福利，又如畢生從事工會運動的作家費爾那，也對世界勞工協會的動機與目的持懷疑的態度，暗示或許有一群知識分子尋找的是訴訟理由，而非真心想維護勞工權益。

星巴克明尼亞波里斯的輪班經理可契兒（Aaron Kocher），同時也是這次活動的領導人之一，他在個人網站上試圖解釋此次活動背後的動機，期望能化解社會大眾的疑慮，但是他在解釋過程中支吾其詞，不知所云。他承認星巴克提供良好的醫療保險、工作氣氛也相當友善，而且星巴克的確支付比其他地方高的薪資。然而他也表示，自從經濟衰退，星巴克關閉一些分店之後，人員的縮編使得留下來的員工人心惶惶、壓力倍增。過去星巴克用來教導咖啡師父學習烹煮咖啡的試飲活動，也因時間不足而取消，而經理也時常在未提前通知的情況下更改班表，這任意更動班表的問題甚至存在已久。

面對如此不成氣候的活動，星巴克大可直接忽略這整件事。但沒想到星巴克以相當不入流的手段強力反擊，導致美國勞工關係委員會的一位法官於二〇〇八年判決星巴克違法。法官發現，管理階層曾解雇三位涉及推動工會的員工，故意給其中一位員工負面工作評鑑，禁止員工討論工會、薪資以及其他相關議題，禁止員工張貼工會公告，禁止員工配戴二個以上支持工會的別針勳章。而在最終的判決裡，星巴克被要求必須支付被解雇員工的薪資、回復他們的工作，並且不得以不公平的方式對待同情工會的員工。

就在這個判決進行的同時，美國勞工關係委員會亦收到來自其他三個州，超過三件關於星巴克的申訴案，其中二件申訴案最後庭外和解。在費爾那的書裡，也描述星巴克曾以拙劣的手段，阻撓國際操作工程師工會（IUOE）替星巴克烘培工廠組織工會的行動，這些手段包括招募新員工時，以他們同情工會與否的態度來決定要不要聘用，蕭茲並親自造訪這家烘陪工廠。倘若員工的確簽署加入工會，星巴克便任意更換這些人的班表，而且故意提攜其他的新進人員，阻撓這些人升遷的機會。可契兒表示，他與工會夥伴造訪的每一家星巴克分店，「我們總是會聽到人們說，『經理警告我們不可以談論跟工會有關的事』。」依據《華爾街日報》的報導，星巴克亦曾阻撓歐洲與紐西蘭的員工組織工會。

星巴克不只阻撓新工會的成立，也試圖剷除蕭茲掌權前就已存在的工會組織。當蕭茲談論一九八七至一九九二年間，部分員工（包括某倉儲、一間非費爾那提到的烘培工廠，以及西雅圖的一些零售店員）自我請求解散工會時，蕭茲聽起來顯得格外開心，「倘若有這麼多的員工支持解散工會，那表示他們開始相信我會完成我所承諾過的事情。」此外，克萊恩於她的書《顛覆品牌全球統治》中提到，一九九七年，就在溫哥華某家配送中心的員工組織工會之後，星巴克便關閉該家配送中心。全球僅有位於智利的星巴克，有相當高比例的員工有工會代表。

若以公司管理階層的角度來看，蕭茲強烈地認為工會只會誤事，他認為管理階層與員工之間應有高度的信任，管理階層也應主動善待員工。費爾那的書也有類似的觀點，舉的例子包括蕭茲親自造訪烘培工廠時，提起大家已滾瓜爛熟、關於他父親的故事。老實說，這樣的態度在那些相當具有社會道德的公司主管裡，並不罕見；此外，這本書選取的六家公司中，其實沒有一家公司有工會代表或組織。因此，倘若我們對工會這個議題窮追猛打，是否顯得沒有意義？沒有工會代表的沃爾瑪，與沒有工會代表的星巴克之間，難道沒有區別嗎？對一家好的企業來說，沒有工會代表是否沒那麼糟？

沒有工會組織、卻有員工健康保險的企業，當然比沒有工會組織、也沒有員工健康保險的企業好，但問題是選項不應只有兩個，這二選一的問題也非關鍵問題。麻州大學公共政策副教授，同時也是華盛頓特區智庫美國進展中心的資深研究員偉勒表示，「（除了爭取員工福利外）工會也能確保一個公平合理的工作環境。要雇用誰？要解雇誰？在什麼情況下誰能獲得晉升？」費爾那也同意，不管管理階層發自內心有多麼地願意照顧員工，員工的福祉不應只取決於管理階層一時主動的興致或隨想（這個主題於前言中有更詳細的討論。）

揮霍紙杯

倘若星巴克想要贏取社會良知企業的美譽，環保議題絕對是最佳的切入點，畢竟與其他行業相較，食品業對環境的影響更為深遠。換句話說，除了一般的環保標準，如碳排放量、回收內容、包裝、汙染程度，以及能源使用效率之外，星巴克也應從其他相關項目著手，例如原料是否為有機、有無施灑農藥、有無添加抗生素與是否為非基因改造。

星巴克為了各式領域的改革付出許多心力，在公司網站中也可看出星巴克對此相當自豪；無可否認，星巴克在社會大眾眼中的確相當綠能與環保。但是在環保專家看來，這些努力一點都不令人印象深刻。「老實說，我相當失望，」氣候為要組織的透納表示，「畢竟這是一家人們會對它有所期待的企業。」

看看氣候為要組織以溫室氣體排放量所做的企業排名，便可明白為什麼會有如此的爭議。星巴克在餐飲業排名的確名列前茅，但那又如何？「在這個產業，標準實在太低，」透納聳聳肩表示。六家被評鑑的餐飲企業，包括星巴克、漢堡王、達登餐飲〔Darden Restaurants，旗下有橄欖園（Olive Garden）與紅龍蝦（Red Lobster）餐廳〕、麥當勞、溫蒂漢堡集團與百勝集團〔Yum! Brands，旗下有肯德基、海滋客（Long John Silver's）餐廳、必勝客與塔可鐘（Taco Bell）墨西哥餐飲〕，均為大型餐飲連鎖店。套句透納的話，「這個產業是個免洗產業」，充斥著數以噸計的免洗外帶容器。在這個免洗產業中名列前茅的星巴克，其實在所有的評鑑項目裡均只獲得一半的分數，而這些評鑑項目包括對氣候變遷的影響、是否設定能源耗用的目標，以及是否公開企業的環保資訊。

透納說，以一個較正面的角度來看，星巴克經理面對評鑑的態度「非常開放，而且不具防衛性。他們對我們的評鑑相當支持，而且也時常提供我們不小心忽略的資訊。」此外，二〇一一年共有二十五家企業，榮獲氣候為要組織封為金星等級企業，原因是這些企業大力支持美國政府針對氣候變遷，對企業做強制的調查與審核，而星巴克即為這二十五家金星企業中的一家。

因此，星巴克在這方面的評價似乎褒貶皆俱。專門進行企業永續性評鑑的喜瑞思機構，亦抱持類似的看法，認為在環保改革上，星巴克僅完成一半的進度。到二〇一一年為止，星巴克一直沒有成為喜瑞思環保企業聯盟的成員，正式支持該機構所鼓吹的環保議題、參與其公開宣傳與遊說活動，並且宣告企業碳排放量的目標與方針。若要成為喜瑞思環保企業聯盟的會員，必須支付二千到二萬五千美元不等的會員費，也須遵守一些簡易的環保規範。相較於星巴克超過一百億美元的年營業額，這筆會員費對星巴克來說實在微不足道，而且依據喜瑞思企業部門副總裁謀法特的說法，星巴克早已符合他們所制定的部分環保規範。

不過，雖然星巴克尚未成為喜瑞思環保企業聯盟的會員，但卻參與喜瑞思的若干活動。例如，蕭茲領導喜瑞思裡頭一個委員會，進行產業排名的研究；星巴克的主管也陪同喜瑞思機構的人與國會議員碰面，協助在報紙上發表環保議題文章，並在各式會議中發聲。於是在氣候為要組織的排名中，在這個不太環保的免洗產業裡，星巴克被列名為最環保的企業。「我非常希望星巴克能成為我們的會員，」謀法特承認，「但是我們目前未能走到那一步。」

另一方面，雖然星巴克尚未加入氣候為要組織，但卻成了社會責任企業組織的會員。該組織共有二五〇位會員，其中包括所有人們能想得到的大企業，如艾克森美孚石油公司與沃爾瑪，而這個組織的環保標準則被認為相當容易達成。

星巴克最大的環保問題，是那無所不在的美人魚（或女海妖）外帶紙杯。在星巴克店裡，店員根本不會詢問你是要內用或外帶，便迅速地將飲料直接裝在紙杯裡。有環保概念的顧客必須特地告訴店員：「請將飲料裝在馬克杯裡，」接下來店員很可能會扮個鬼臉，問同事那見鬼的馬克杯到底放在哪裡。假如你自行帶了杯子，將可獲得〇．一美元的折扣。現在星巴克也販售類似的外帶杯，但是你必須在店員將你的拿鐵倒進紙杯前，眼明手快地將外帶杯放到店員面前。

咖啡師父告訴我，詢問顧客要用哪種杯子，或在忙亂中尋找馬克杯，都會降低製作咖啡的效率。他們也說，在較小的分店或是那些顧客通常外帶的店面，通常沒有空間來存放這些鮮少使用的馬克杯，而且一旦這些紙杯出了店門口，店員根本不可能追著顧客回收這些紙杯。聽起來很有道理，但為什麼溫蒂漢堡、漢堡王或是我家附近的麵包店員，都有辦法在我點餐時，一開口就先詢問，「請問要內用還是外帶？」

星巴克的網站明示一項目標：期望能在二〇一五年前，有二五%的飲料盛裝在可再使用的杯子裡。這是一個有趣的數字，因為在星巴克僅有二〇%的飲料為內用，而內用飲料約有九五%裝在紙杯或塑膠杯裡。因此倘若星巴克真的想要達成目標，必須使所有的內用飲料以及五%的外帶飲料，裝在可重複使用的杯子裡。全美消費者聯盟的格林堡（Sally Greenberg）表示，如同溫蒂漢堡所做的，星巴克有必要好好地訓練自己的員工，而且提供比〇·一美元更好的折扣。

人們可以衡量與估計這些小小的美人魚（或女海妖）帶來的環境傷害。依據過去的報導，**每年約有三十億個星巴克紙杯進入垃圾場**。此外，根據環保團體全球綠能（Global Green）的估計，全美每年約使用五八〇億個各式紙杯，製造約六十四萬五千噸的垃圾量，以及二五〇萬公噸的碳排放。也就是說，一個紙杯約製造三分之一盎司的垃圾量，以及〇·〇〇〇〇四公噸（約一又二分之一盎司）的碳排放。星巴克在紙杯使用上的揮霍，貢獻全美二十分之一的紙杯垃圾量，以三萬二千噸的非必要性垃圾阻塞垃圾場，並且製造十二萬五千噸的碳排放，使得地球暖化問題雪上加霜。

倘若對星巴克來說，改用可重複使用的杯子或回收杯是辦不到的事，那麼是否能有個辦法至少做到紙杯減量？（至少符合環保的第一個精神「減量」吧！）在這方面，星巴克的確採取若干措施試圖改進。蕭茲說，早在一九九五年時，星巴克便成立一個熱飲杯研究團隊，試圖尋求一種更環保的杯子，使得人們可以用它來裝熱騰騰的咖啡或茶。經過一連串的實驗，星巴克於一九九七年開始試用他們找到的終極解決方法：在紙杯外套上紙板製成的「袖子」，如此一來便可將原本（一次使用兩個杯子）的垃圾量減少約一半，杯袖的部分材質亦由回收紙製作。十年後，星巴克的改革並沒有停頓下來，他們進而使用含有一〇％回收纖維的紙杯，以及少一五％塑膠含量的塑膠杯。

二〇〇九年，位於紐約的七家星巴克，與全球綠能組織合作，進行為期八週的實驗，測試這些杯子能否與紙箱一起回收（答案：杯子與杯袖可以，但是蓋子則不行）。問題是，為了利於蒐集杯子，這項實驗僅限於回收內用的飲料杯。雖說這個實驗限制可以理解，但是其實這在改進環保問題上於事無補，甚至可說是毫無意義。這些在店內消費的紙杯，根本不該被使用，本來就應該由馬克杯取代。

而且蕭茲呀！假如你真心想要鼓勵人們使用可重複使用的杯子，為什麼你總是被人拍到拿著紙杯的照片呢？

星巴克瓶裝水

在資源回收與垃圾處理的議題上，外界對星巴克的評語仍褒貶參半。舉例來說，星巴克公司網站宣稱，有高達七〇％的星巴克分店進行資源回收，這個說法相當令人存疑。網站是這麼描述的：星巴克店面是否進行資源回收，取決於該地區是否提供商業回收的服務（注意商業回收僅限於非消費者的部分，例如紙箱），至於租賃而來的店面（佔星巴克店面的大多數），其垃圾處理與回收方式乃由房東或出租公司決定。另一方面，星巴克在回收消費者所製造的垃圾方面（如法布奇諾的玻璃瓶，或留在扶手椅上的報紙），則更慘不忍睹。

二〇一一年，北美僅有少於四百家的分店放置消費者可用的回收桶。「假如一家企業連像放置回收桶這麼基本的事都做不到，對我來說，它做的任何其他事也都不會讓我驚艷，」位於舊金山的非營利組織當你耕耘（As You Sow）企業責任部門主任麥肯榮（Conrad MacKerron）表示。不過，星巴克的確有一項相當成功的環保活動，用咖啡豆灌溉你家花園（Grounds for Your Garden），允許人們可免費從星巴克帶五磅咖啡渣回家堆肥（而每個人似乎都提到這點）。

而星巴克的店可說既環保也不環保。舉例來說，在使用再生能源的進度上，星巴克顯得遲緩且落後；二〇〇九年僅有二五％的自有店面使用再生能源。不過另一方面，星巴克夏季店內的空調溫度卻稍高於一般的商店，用以節省能源。此外，由於星巴克認為市面上並沒有兼具美感與功能的LED省電燈，因此委託奇異公司為星巴克設計新款燈泡。另外在店裡的新裝潢上，星巴克亦試圖使用回收而來的地板磁磚、環境永續性認證的木料，以及工業用回收原料製成的櫥櫃。此外，相當挑剔的社區發展顧問米契爾（Stacy Mitchell），在她二〇〇六年的書《巨型詐騙》（*Big-Box Swindle*）中，罕見地讚美星巴克，稱讚星巴克是少數幾家願意保存與使用古老建築的大型連鎖店之一，而這也是另一種形式的資源回收。

不過，這當中最大的問題，是這些環保措施僅適用於星巴克的自有店面，然而星巴克絕大多數的店其實是租賃而來。星巴克能在租來的店裡做什麼呢？「非常多，」氣候為要組織的透納表示，在全球租賃面積超過數百萬平方英呎的星巴克，絕對具有談判優勢；就如同星巴克絕對有能力（假如它想要的話）使咖啡農種植更多的公平交易豆，同理，也絕對能對房東施加壓力，要求出租的店面或大樓更為綠能與環保。

鑑於殺蟲劑、化學肥料、基因改造，以及動物廢棄物等對環境的影響，食物的來源也是另一項人們關心的環保議題。藉著減少化學農藥的使用，樹蔭栽種法（Shade-grown）與有機栽植法，均能減輕種植咖啡樹對環境的傷害與影響。所以呢？依據星巴克自己的統計數字，星巴克共有一千四百萬磅咖啡豆為有機認證豆，但與星巴克的總採購量相比，這數量實在微不足道。

那麼星巴克提供的各式三明治與點心呢？善待動物組織的雪能雖然嘉許星巴克尋求使用人道動物原料的努力，包括開始使用非籠飼雞蛋、優先向以人道方式屠宰的肉商進貨，以及向使用較大豬籠的豬販進貨（用以製作星巴克起司蛋三明治裡的培根），但他同時也認為這些都僅僅是微幅的改革而已。另一方面，人們在星巴克消費時能夠要求在咖啡裡添加豆漿奶泡，而不是只有牛奶奶泡的選擇，吃素的雪能說，對此他相當感激。

星巴克似乎找到一個創意十足的解決方法，解決了許多餐廳面臨的大問題。過去，員工在清洗餐具時，為了節省時間並不會關上水龍頭，導致水資源嚴重浪費；星巴克說，現在他們以高壓水柱清洗混合式飲料水瓶（最耗費水資源的容器之一），而非使用一般的水龍頭。此外，為了節約用水，星巴克以更新過的清潔系統清洗餐具，並修改咖啡機的設定，使其能清洗小型咖啡杯。但是試圖籌組星巴克工會的可契兒抱怨，星巴克唯一沒做的，就是未能增加員工清洗餐具的時間，以幫助員工減少工作時的忙亂與窘迫。

談到水，星巴克在推出自有品牌的瓶裝水時，到底在想什麼？雖說每賣出一瓶水（售價一・九五美元），星巴克便捐出〇・〇五美元給某特殊基金，而這個基金資助水資源貧乏國家關於水、衛生設備與衛生教育的項目，幫助成千上萬的人。我們先姑且不論〇・〇五美元對星巴克來說有多麼微不足道，任何一位環保人士都會尖叫著告訴你，**在已開發國家販售瓶裝水，只會使這個世界的環保問題更為嚴重，而非更好**。大多數的美國人均可從自家的水龍頭裡，飲用到極為安全且美味的水，不過每年還是有超過一千七百萬桶原油，被浪費於製造美國人所飲用的瓶裝水；那些裝著乾淨湖水與溪水的星巴克瓶裝水，不是應該拿去幫助星巴克宣稱要幫助的那些缺水地區窮人嗎？要記得，沒有一個宣稱具環保意識的環保團體、消費者共同購買組織（food co-op）或校園人士，會與瓶裝水為伍。

「你必須明白你應負起的社會責任，思考其優先次序，才能做好準備，」當你耕耘組織的麥肯榮表示。

勉強及格而已

最後，若要分析星巴克這家企業，不可能不討論它高昂的咖啡售價。

星巴克的咖啡價格不斐，從星巴克創立之始便是如此。蕭茲開宗明義便不打算賣便宜咖啡，而且非常樂意將星巴克比擬為耐吉。耐吉是一家設定打造世界等級跑步鞋的運動品牌，在一雙品質不錯的布鞋售價僅二十美元的時代，竟然為自己的布鞋訂價一四〇美元。

讓我們比價一下。二〇一〇年在我所居住的紐約市社區，一杯十二盎司（tall，小杯）拿鐵或卡布奇諾在麥當勞的售價為二．四九美元，唐先生甜甜圈的售價為二．六九美元，星巴克的售價則為三．二美元。《消費者報導》於二〇〇九年八月的報導中亦發現類似趨勢：十盎司咖啡在唐先生甜甜圈的售價為二．一九美元，十二盎司咖啡在麥當勞售價為二．二九美元，在星巴克則為二．八八美元。不過在那些特立獨行的小咖啡館，定價則更貴了：壞脾氣咖啡的十二盎司拿鐵定價三．七五美元，在金剛咖啡則要價四美元。而在一般的餐廳，普通的咖啡只要一．二五美元。

二〇一一年的頭幾個月，由於氣候環境變遷，導致全球氣溫上升、降雨異常，哥倫比亞的咖啡產量驟減，終於致使大杯的拿鐵跨越四美元門檻，至少在我家附近的星巴克是如此。

那麼你花三．二美元或四美元獲得什麼？答案：一種對於生活的想像。

會計人員、為生活痛苦掙扎的演員、學生、家庭主婦、蕭茲口中的警察與建築工人，均透過星巴克的咖啡，品嚐富足的滋味，也認為自己比之前更有品味與智慧。西蒙寫道，「星巴克賦予雅痞、波波（bobo）以及他們的模仿者，一個炫富（或是崇富）與展露個人教養和歐洲品味的方法。」（其中「或是崇富」為我所添加）。（波波指的是既特立獨行、又有時庸俗的一群人）。

此外，深具品味的星巴克消費者甚至還學義大利文，或是一些假義大利咖啡名字。「你可以說，這是星巴克的菁英主義作祟，」西北大學副教授宏納克承認，雖然他傾向視這些奇怪難懂的咖啡名或企業文化有個性。但這語言並不容易精通，即使是那快樂的咖啡師父基爾都承認，他也時常因這些晦澀難懂的咖啡名字感到慌張。

先不論那樣的想像是否正確。星巴克用來形容中杯（Grande）咖啡的量詞，在義大利文的意思為大，那為什麼星巴克用它來指中杯咖啡呢？拿鐵（Latte）在義大利文中指的是牛奶。所以倘若你去任一家蕭茲宣稱，他非常熱愛的義大利咖啡館點一杯拿鐵，你將得到一杯牛奶。那咖啡拿鐵（caffee latte）呢？我那出生於波隆那、成長於米蘭的朋友寶拉說，咖啡拿鐵（caffelatte）在義大利指的是一種早餐，裝在碗裡，由濃縮咖啡與大量的牛奶混合而成，而且這道像湯的料理，是供麵包、餅乾或點心沾取所用。因此，你不會在義大利飲用咖啡拿鐵，而是食用它。即使是星巴克裡所謂的義式濃縮咖啡（espresso）都不是正確的義式濃縮咖啡，寶拉說，它「缺乏最關鍵的成分咖啡脂（crema），這是高壓熱水通過咖啡時製造的泡沫，千萬別和奶泡搞混。」

你也須記得，咖啡，特別是星巴克的咖啡，絕非健康食品。一杯簡單的小杯拿鐵即已含有一五〇卡熱量，而這在星巴克大概是熱量最少的飲品。舉例來說，大杯的拿鐵含有二四〇卡熱量，中杯的焦糖瑪奇朵則有三百卡，大杯的摩卡可可碎片星冰樂則有六百卡；就這麼一杯飲料，便接近美國政府建議成年人每日所需熱量的三分之一。

而且別忘了咖啡裡最基本的元素：咖啡因。美國梅約診所（Mayo Clinic）（只是舉例）便曾警告，一天超過五百毫克的咖啡因（約三杯星巴克中杯香草拿鐵的咖啡因的含量），將導致失眠、焦躁、心神不寧、易怒、心悸、不規律心跳、肌肉顫抖、頭痛、焦慮、頭暈或其他腸胃問題。而且，即使是低因或無咖啡因咖啡都未必能躲過一劫；《消費者報導》於二〇〇七年十一月派出祕密消費者，測試三十六家店無因咖啡的咖啡因含量，受試店家包括紐約市郊公司總部附近的漢堡王、唐先生甜甜圈、麥當勞、西雅圖極品咖啡、美國的7-Eleven、星巴克，（所有受試咖啡均介於十至十二盎司）。調查結果發現，星巴克的無咖啡因咖啡，含有二十一毫克的咖啡因，為所有受試店家中咖啡因含量最高者之一。

當然，一杯熱飲，以及那份想像，並不是消費者在星巴克獲得的所有東西；他們所花的錢還花在扶手椅、桌子、廁所，以及數小時免費的無線網路。假如顧客有意願的話，星巴克店員也非常樂意教導顧客複雜的煮咖啡技巧，或分辨咖啡種類，對此星巴克相當自豪。不過，花三．二美元得到這些東西，是否過於昂貴？若你有一份穩定的工作，即使只是位建築工人或警察，並不會；假如你是位律師或投資銀行家，那就更不用說了。在那些來自各行各業的星巴克顧客群中，無疑地，其中許多人相當富有；依據摩根史坦利公司（Morgan Stanley）的調查，二〇一一年星巴克顧客的平均年薪為七萬五千美元。不過另一方面，相當諷刺的是，就在基爾受雇於星巴克前，「一杯拿鐵變成我再也無法負擔的奢侈品。」而且在任何一本關於退休計畫與退休後投資建議的文章或書裡，一杯四美元的拿鐵絕對是不必要的支出。倘若你每天暫停購買一杯拿鐵，一個月可省下一二〇美元，若你二十二歲開始這麼做，並將每個月的一二〇美元存於退休金帳戶裡，而退休金投資比例為八五%的股票與一五%的債券，那麼在六十五歲之前，你將擁有三十萬美元。那麼，現在值得花三．二美元買一杯拿鐵嗎？

問題：星巴克是否是一家引領潮流，又具社會道德的企業模範？

判決：好吧！算是吧！

關於星巴克，有兩個關鍵事實：

（一）它的存在依賴於一個高價的日常飲料，其售價甚至高到令人咋舌的地步，並且似乎間接鼓勵人們注重表面、愛慕虛榮。

（二）然而，人們前往星巴克並不只是為了咖啡而已。政府並未能提供民眾一個安全、吸引人、全天候的公共場所（還有廁所），但是星巴克辦到了。

我認為第二項事實的確使星巴克符合社會道德企業的標準，但是第一項顯然是反社會企業道德。

蕭茲或許認為這兩部分的事實都符合社會道德。依他的看法，星巴克不僅提供社會大眾高品質的咖啡，還為這個社會帶來一些浪漫的氛圍、一點點的義大利風味，或至少打造一個人們可以休憩的絕佳場所。相較於親身前往義大利度假，去星巴克便宜多了。而且也別忘了，那令人驚艷的員工健康保險與公平交易的豆子。

或許有人認為，提供高價咖啡（或耐吉的球鞋）給願意掏錢的人，何錯之有？即便是只光顧獨立小咖啡館的咖啡愛好者都告訴我，他們其實非常感謝星巴克，能夠將精品咖啡的概念介紹給美國這個文化沙漠，並且身先士卒，成為這些小咖啡館在精品咖啡市場的開路先鋒。儘管如此，我仍舊認為，倘若稱這樣的成就為具有社會道德，那就太廣義延伸社會道德的概念了。若指的是文化層次的提升，我或許能接受。難道你會認為高價精品普拉達（Prada）具有社會道德，只因它製作品質極佳的進口鞋，給那些名流商賈穿嗎？

事實上，我認為星巴克戴著社會道德的面具，卻以價格區別買不起這些咖啡的人，更有甚者，如同理財專員所警告的，這是把應運用在更重要用途的錢，擺在錯誤的地方。對我來說，這就是不道德。若堅持凡夫走卒可以透過一杯尊貴的咖啡，想像自己與上流階級一樣有品味，那是否自視過高了些？即使是蕭茲都從造作的義大利風格中退了一步。在他的第二本書中，蕭茲宣稱，「對某些顧客來說，星巴克是個夢寐以求的品牌，甚至是自尊的象徵，但這並非是我們原先追求的目標。」不過，回頭看看他創立第一家咖啡店義式每日咖啡的理由：「我們將使顧客著迷於我們為他們帶來的精緻氣氛、個人風格與咖啡知識。」在那個時候，創造一個社會大眾夢寐以求的品牌，明顯地已是蕭茲的目標。

當然，價格並不是唯一使我認為星巴克戴著社會道德面具的原因，星巴克在其他方面的評價也褒貶參半。從好的一面來看，星巴克的員工福利內容的確領先同業，而且似乎大家也都同意，星巴克的工作條件比同業為佳。此外，這家企業在環境議題、員工福利、公平交易豆等方面的改革企圖，似乎相當真誠，而且很早便已開始著手進行，甚至或可追溯至小甘迺迪總統、和平隊，以及蕭茲父親早年的遭遇。至於次佳的部分，雖然星巴克的確購買公平交易豆，也幫助窮困的咖啡農，然而這其中似乎隱含一部分誇大不實的宣傳與欺騙，意圖使消費者認為星巴克購買遠比真實購買量多的公平交易豆。接下來該扣分的部分，則為連萬惡的沃爾瑪都願意改用再生能源，並且對上游廠商就環保議題施壓，但星巴克在減少能源耗用以及水資源使用上所採行的改革，僅能說是勉強及格而已。

趕快更正：在環境保育方面，星巴克不僅未能及格，甚至還使情況更糟。

由於星巴克的高市場佔有率，它販售瓶裝水以及自動自發以紙杯盛裝咖啡之舉，在在均對環境帶來極大的傷害。難道將馬克杯置於櫃檯下，或要求咖啡師父開口詢問內用還是外帶，是如此困難？咖啡師父甚至不需要學任何古怪新潮的新字。

總而言之，星巴克是一間得分略高於平均的企業，販售著已改變世界的高品質產品。它將不會有太糟的墓誌文。然而，我仍舊想將我的錢花在如家常咖啡、金剛咖啡、壞脾氣咖啡，這種辛苦獨立經營的小咖啡館，假如它們使用馬克杯的話。

第四章

蘋果：全球最酷炫的企業

問題：蘋果是否是一家引領潮流，
又具社會道德的企業模範？
判決：不，但相當接近。

在這個世界上，有哪一家公司比蘋果在結合科技與設計上更酷、更新潮、更時尚、更走在時代尖端？有那一種電腦看起來更像是件藝術品傑作？除了蘋果的賈伯斯，還有哪一家企業高層主管曾穿著黑色套頭毛衣和牛仔褲亮相？

公司主管或許都拿黑莓機，然而藝術家、學生、教授、科技界人士，以及其他所有你想認識的人，都拿著iPhone。世界上幾乎人手一台iPod，甚至是兩台、三台或六台；蘋果的使用者崇拜他們的蘋果產品，然而其他電腦使用者卻痛恨戴爾或惠普的爛機器。

因此，假如蘋果代表時尚新潮，而我購買蘋果的產品，那麼我肯定也非常時尚。同理，因為我有社會道德良知，我進行資源回收、我吃有機食物、我關心動物權利，而且我使用蘋果的產品，那麼，顯然蘋果也具有企業社會道德。

這個嘛……

「蘋果是個新潮前衛的現代化品牌，具有非常強烈的企圖心去創新與引領風潮，」氣候為要組織的透納表示，「這家企業以非常別出心裁的方法，重新定義人們與音樂、媒體、電影交流的方式，消費者因此認為這家企業必定也相當注重環保，以及具有社會道德。但這可未必，它甚至還未達到其他電子同業過去已達成的企業道德標準。」多米尼社會投資公司的法律顧問坎哲也說，「這家企業長期以來『總是做了對的事』的形象深植消費者心中，而蘋果似乎就是能擁有那樣的光環。但假如你深入了解，我相信你的心中將浮現許多疑問。」

事實上，這片蘋果園不只是沒那麼具有社會道德，與其他電子同業相較，甚至更不環保、對員工更不友善、資訊也更不透明，而它海外代工廠的工作環境，也只是跟同業一樣差勁而已，然而卻被社會大眾如此迷戀與喜愛。雖然賈伯斯已離世，但是社運人士並不認為蘋果的文化與政策將因此大幅度改弦易轍。不過，或許有件事值得我們期待：從二〇〇五年開始（即便當時賈伯斯仍在世），相當介意社會形象走下坡的蘋果，轉而開始關注環保與血汗工廠的問題；畢竟，倘若有一件事是蘋果真正在乎的，那便是形象。

英雄神話的元素

雖然蘋果的歷史眾所周知，然而為了探究這家企業神話的真假，簡短的摘要說明仍為必要。

首先，蘋果的起源地並非賈伯斯家的車庫，而是一九七六年他矽谷家中的臥室，後來才搬至車庫。而且賈伯斯也不是這家企業背後的科技推手，最早期負責蘋果科技的奇才，其實是另一個史蒂夫，也就是蘋果的共同創辦人史蒂夫．沃茲尼克（Steve Wozniak）。

賈伯斯與沃茲尼克兩人都是怪胎，均喜愛獨來獨往。他們由共同的朋友介紹認識，當時賈伯斯十三歲，沃茲尼克十八歲。兩人都沒有完成大學學位，後來均在矽谷最早期的幾家科技公司任職，包括雅達利電玩公司（Atari，賈伯斯曾在此待過），以及惠普公司（兩者均在此工作過）。

賈伯斯認為沃茲尼克製作的電話與原型電腦相當具有未來性，因此促成這家企業的誕生。他們的第一筆訂單來自當地的一家個人電腦零售店位元商店（Byte Shop）。賈伯斯以沃茲（沃茲尼克的綽號）設計的硬體與這家商店交涉，並完成這筆交易。或許是為了紀念某位朋友在奧瑞崗州的蘋果園，賈伯斯為這家公司取了蘋果這個名字。（不過這個名字到底是否從披頭四的專輯剽竊而來，所引起的訴訟爭議自一九七八年來從未間歇。）而這正是蘋果自創立以來不變的模式：有個人開發核心技術，賈伯斯成功地（不過有時也會搞砸）負責處理商業談判、為更長遠的夢想企劃藍圖、並且打造形象，直到最後他自己成為那個形象。

史卡力（John Sculley）於二〇一〇年十月美國《商業週刊》的訪談中回憶，賈伯斯「相信電腦最終會變成個人消費產品，這於一九八〇年代可是非常瘋狂的想法，」畢竟當時電腦多半是公司行號或是電腦狂熱分子才使用。（史卡力原為百事可樂的執行長，於一九七三年被蘋果挖角，轉任蘋果的執行長與總裁。）即便賈伯斯的想法在當時顯得相當瘋狂，但是這家奇怪的小公司仍然開始成長，接下來的第二代個人電腦蘋果二號（Apple II）並獲得廣大的成功。蘋果因此導入企業營運模式，從銀行與創投業者處獲得資金，發表正式的營運計畫書，聘用專業的總裁，並於一九八〇年上市。

不過這顆蘋果隨後陷入麻煩。原以法人客戶為主的ＩＢＭ公司決定改變企業方針，傾全力進軍個人電腦市場；接續蘋果二號的下一代個人電腦「麗莎」，則演變成一場災難，蘋果三號（Apple III）也是。數十位員工因此被解雇，前衛具風險性的專案紛紛被取消。就在沃茲因一場飛機墜毀意外無限期向蘋果請假之際，許多人紛紛懷疑蘋果能否起死回生。

打開輕巧又易於上手的麥金塔電腦，人們或許會拾起對蘋果的信心，認為蘋果應能觸底反彈。一九八四年，蘋果於美式足球超級盃的黃金時段中，播出一則麥金塔電腦的廣告，廣告內容以歐威爾（George Orwell）《一九八四》的故事為架構，描述化身為金髮女郎的麥金塔電腦挑戰ＩＢＭ老大哥的故事，該廣告曾被喻為史上最經典的廣告之一。

不過儘管廣告大獲好評，蘋果的銷售量依然一蹶不振。賈伯斯沒有想到由於蘋果的軟體配備不足，市場反應不如預期，因此聘用過多工程師，也致使公司倉庫堆積像山一樣高的存貨。廣告播出後一年，也就是一九八五年，賈伯斯基本上被自己所創立的公司解雇。一九八五年第二季，蘋果首嚐虧損，管理階層間的嫌隙也愈益擴大。雖然賈伯斯一直期望能升任總裁，然而董事會（早在一九八三年）卻相當遲疑將公司交給這一位看起來有點瘋癲古怪的二十八歲青年（即使這個瘋癲古怪的二十八歲青年可是公司的創辦人之一），最後董事會決定挖角百事可樂的史卡力擔任蘋果的總裁。此舉導致賈伯斯一方面是史卡力的下屬，必須向其報告電腦的研發進度，另一方面，仍擔任董事長的賈伯斯卻又同時是史卡力的上司。而蘋果在經歷慘不忍睹的銷售成績後，董事會拔除賈伯斯所有與公司營運有關的職位，僅給賈伯斯一個虛有其名的全球架構師（product visionary）頭銜（姑且不論這職位內容到底是什麼）。

賈伯斯用盡各種手段想要重回蘋果的決策圈，然而卻無功而返；最後他拿了數百萬美元離開蘋果，隨後創立另一家電腦公司「NeXT」（又是另一個有奇怪名字的矽谷公司）。

自一九八〇年中期至一九九〇年中期，在IBM與微軟對個人電腦市場蠶食鯨吞之下，失去了兩位史蒂夫的蘋果，銷售量不但沒有起色，甚至一路下滑，市場佔有率從原本的二〇%慘跌至八%，沒有一項產品能獲得消費者的共鳴或迎合市場需求，執行長一位換過一位，銷售量持續紅字遍野，申請破產成了公司考慮的選項之一。另一方面，賈伯斯所創的新公司NeXT景況也不佳；此外，賈伯斯也將一大部分蘋果所給的離職金投資於另一家經營不善的動畫製作公司皮克斯（Pixar）。

於是神話有了續集：天才賈伯斯一個人拯救三家公司。首先，由於賈伯斯看好皮克斯的潛力，於是大力挹注資金助其存活，直到皮克斯利用自身的高科技技術，推出第一部動畫電影《玩具總動員》（*Toy Story*），這部電影引起廣大的迴響，並且好評不斷，成為風靡一時的電影佳作。其次，蘋果董事會於一九九七年懇求賈伯斯回任蘋果，並繼而購買NeXT公司；他稍嫌作態地以「代」執行長回任，最後才於二〇〇〇年承認正式接任蘋果的執行長。

在接下來的十年間，所有被賈伯斯親手點過的東西，皆能成金，更重要的是，蘋果與賈伯斯的聯手合作，改變了這個世界。

蘋果推出劃時代的第一項產物是iMac（螢幕與主機一體化的個人電腦），這款不像電腦的電腦是賈伯斯剛回任蘋果執行長的代表作。它是一個有圓弧造型、可愛，又帶點透明的藍色玩意兒；不像一般個人電腦，它並沒有外接式硬碟，也沒有磁碟機。相反地，它將所有的線路、數據機、插頭、螢幕等所有的配備，裝進那可愛的藍色塑膠殼裡，成為蘋果風格的先驅者，既時尚簡約、又大膽創新，同時又充滿趣味，而且僅需一千三百美元即可擁有一台。

李茲梅爾（Owen W. Linzmayer）在《蘋果機密2.0》（*Apple Confidential 2.0*）這本書中提到，審核與問卷市調公司（Audits and Surveys）所做的調查顯示，二九・四%的iMac購買者過去從未擁有過個人電腦，顯見蘋果確實將電腦轉型為一般消費者會使用的產品，而不再只是電腦怪客才會擁有的東西。

不過，即便iMac多麼與眾不同，依舊只是一台電腦。蘋果所引發的革命事實上起源於iTunes與iPod；這兩項非電腦的產品使得這家公司的科技充斥在每個人（即使不使用電腦）的生活之中。

當然，賈伯斯並不是發明從CD中下載音樂至電腦或行動裝置播放的人，MP3與線上音樂服務網站耐普斯特（Napster）才是（雖然是以非法形式），但卻是蘋果讓這樣的音樂流通形式變得簡單時尚、廣為流行而且合法。更重要的是，當時的蘋果與市場上的五家主要唱片公司協調後達成協議，藉由蘋果線上的iTunes商店，以合理的價格銷售這些唱片公司的音樂產品。那麼要怎麼播放音樂呢？透過賈伯斯追求完美（也可說是吹毛求疵）的個性，以及對美的敏銳覺察力，蘋果設計既輕巧又雅緻的iPod，並且創造後來成為蘋果代表色的經典白，隨後蘋果更提供線上音樂儲存空間與同步服務。在iPod上市（二〇〇一年）的十年後，市場上仍然沒有任何一項同類產品能與iPod競爭。

第三項劃時代產品則為iPhone。同樣地，第一支具備超越電話功能的智慧型手機也非蘋果所創；當時的黑莓機早已在市場上流通，同時還有來自諾基亞（Nokia）、奔邁（Palm）、索尼易利信（Sony Ericsson）的競爭。即使在二〇〇七年iPhone問世之後，黑莓機依舊是市場佔有率最高的手機，然而，那是因為黑莓機通常是企業的配備手機，員工非用不可；相反地，

iPhone則是那些更年輕、更有創意、更大膽創新、更酷的人，為自己所選擇的手機。

人們一開始對於蘋果下一代的革命性產品iPad投以懷疑的眼光：這台機器有什麼功能是iPhone、iPod touch，或筆記型電腦做不到的？而且它的前身牛頓（Newton，蘋果的第一代觸控式掌上電腦）在一九九〇年代推出時，簡直就是場大災難。因此，當二〇一〇年二月iPad首次亮相時，《新聞週刊》（*Newsweek*）科技專欄作家萊恩斯（Daniel Lyons）寫道，「賈伯斯與他的研發團隊不斷地以像是『具突破性』、『有魔力般』的字眼形容這個新玩意兒，但我認為iPad兩者都不是，至少絕不是現在。」而且更糟的是，這玩意的名字聽起來像是某種個人衛生用品（譯註：pad亦有衛生棉之意）。

然而就在iPad上市開賣，也就是萊恩斯專欄刊出的兩個月後，蘋果粉絲一如以往展現對這項新產品的崇拜與熱愛。二〇一〇年四月，同時為小說家、劇作家與演員的弗萊（Stephen Fry），在他為《時代雜誌》撰寫的封面專題報導中，對這項產品讚譽有佳（口水都要流下來了），將這台觸控式平板電腦形容成「能與人有浪漫關係的情人或寵物」，或將其比喻成「擁槍分子所珍愛的來福槍：你唯一能讓它離開我的方式，只有等我死了。」

在iPad正式上市銷售的前一天晚上，蘋果粉絲徹夜在紐約與舊金山門市外露營排隊，只為了確保即時將熱騰騰的iPad裝進袋裡。上市的第一天，共有三十萬台iPad從架上被一掃而空；當年十一月，《時代雜誌》也冊封iPad為當年度五十個最棒的發明之一。蘋果的競爭對手，如黑莓機、宏碁、亞馬遜書店、邦諾書店（Barnes & Noble）、惠普與三星，均被遠遠拋在其後，研發進度至少落後好幾個月，甚至在其他品牌開始販售類似產品之前，蘋果早已推出第二代iPad，並在上市後數小時內於主要城市與網路上被搶購一空。

就在賈伯斯翩然駕臨拯救蘋果的十多年後，這家一度墊底的科技公司，毫無疑問，搖身一變成為科技界與流行文化的霸主，除了總市值超越微軟之外，每年賺取的利潤也比ＩＢＭ多，更是石油業以外全球規模最大的公司。由於規模實在太大，二〇一一年那斯達克（NASDAQ）一百指數甚至必須降低它在指數中的權數，否則銷售量或盈餘的些微變動便會使指數波動過於劇烈。

依據《時代雜誌》的說法，英國首相卡麥隆（David Cameron）離不開他的iPad，俄羅斯總統梅德維傑夫（Dmitri A Medvedev）則喜愛向人炫耀他的iPhone與iPad。除了微軟創辦人比爾・蓋茲與其家人之外，全世界恐怕每個人都有一台iPod（至少在二〇一〇年十月的《紐約時報雜誌》的訪談中，蓋茲的妻子梅琳達宣稱他們家沒人擁有iPod）。

然而，要在每一個領域永遠引領風騷不是件容易的事。谷歌的安卓（Android）作業系統佔有率在二〇一〇年便超越iPhone，第二年以一二五億美元併購摩托羅拉（Motorola）手機部門之後，更是將其智慧型手機市場的霸權地位推上高峰。而微軟電腦也開始明白行銷的力量（終於！），於二〇〇九年推出Window 7作業系統，並以優異的廣告企圖顛覆一直由蘋果所定義的新潮概念。另一方面，蘋果持續將觸角延伸至嶄新的領域，也不斷更新產品的軟硬體；就在谷歌與微軟急起直追之際，蘋果推出改良版的電視裝置，阻擋安卓作業系統的攻勢，暫時贏得客廳影視設備的這場戰役。

此外，即使強敵環伺，蘋果仍是智慧型手機裡擁有最多應用程式的廠商，遙遙領先其他的競爭對手。每一代的iPhone幾乎在推出時即銷售一空，因為從來沒有一家電腦公司能製作出這麼美麗、易於上手，且廣受愛戴的產品。

總而言之，蘋果的故事蘊含人們想像中英雄神話的所有元素：大衛與歌利亞史詩般的對抗、主角瀕臨死亡與重生、美麗女主角（也就是蘋果產品）的存在、才氣縱橫但被俗世人們所誤解的英雄少年，勇於挑戰現況，最後全劇當然有著美好的結局。

直到這位英雄在掌權之際從雲端摔落。

實在不能理解

假如世上有神話的存在，那麼必定有忠實的信徒；這裡所指的信徒並不單指廣大的消費群眾。蘋果的確擁有廣大的消費市場，從克林姆林宮到唐寧街十號的主人，人手一台蘋果產品便足以證明，但是沃爾瑪超市、豐田汽車以及微軟電腦同樣也有。然而蘋果的信徒卻與其他品牌的消費者迥然不同；蘋果粉絲擁有這個品牌每樣產品的每個版本，不間斷地追隨與閱讀專門報導蘋果的部落格與雜誌，並且在新產品推出之際徹夜排隊，僅為了在第一時間入手最新產品。

二〇一〇年七月的《快速企業雜誌》（*Fast Company*）冊封蘋果為全球最酷炫的企業，並且使得追隨者對其充滿宗教式的崇拜。iPod也成為二〇〇九年菲利浦（Arthur Phillips）小說《這首歌是你》（*This Song Is You*）中的一個角色。顧問瑞格斯與布埃諾在他們談論品牌崇拜的書籍中，條列九項獲得人們崇拜的神聖事物，蘋果即為其一〔其餘八項事物為哈雷機車、流行樂手吉米．巴菲特（Jimmy Buffett）、Linux電腦作業系統、主持人歐普拉（Oprah Winfrey）、星艦奇航記（Star Trek）電視影集、帆斯鞋（Vans shoes）、福斯汽車與美國職業摔角運動（WWE）〕。

普信投資集團的全球科技基金經理人艾斯沃特（David Eiswert）說，「忠誠的蘋果信徒彷彿散發著我能與宇宙接觸或者我的電腦有靈性的形而上氣質。」（我曾於二〇〇九年十月訪問他，當時在他管理總值達三億五千萬的基金中，有五．五%投資於蘋果，是該基金中最高的單一個股持有比例。）也有品牌顧問利用功能性核磁共振影像（fMRI）研究蘋果使用者的腦部活動，驚訝發現蘋果使用者見到蘋果產品的反應，竟然與見到基督教玫瑰念珠、教宗，或是女友的腦部反應極為相似。

如果你想要會會這些蘋果粉絲，去參加一年一度的蘋果媒體大展吧！這是蘋果使用者與零售商齊聚一堂的聖殿場合。即使二〇一〇年賈伯斯（雖然還在世）沒有與會，然而仍有超過三萬名群眾擠進舊金山的莫斯康展覽中心（Moscone Center），他們當中許多人甚至向公司請假，自掏腰包來共襄盛舉。這項展覽光是註冊費便從一九五美元到一五九五美元不等，費用端視你參與多少活動而定，除了註冊費之外，人們尚需支付飯店、飲食與交通等費用。我與來自芝加哥、賭城、亞利桑那州、明尼蘇達州，以及加州各地的粉絲碰面聊天，他們幾乎全是白人，年齡層含括老中青三代，外貌從整形到穿鼻洞的都有。

也有帶著新生嬰兒來的新手父母、當地的高中生、iPhone的潛在應用程式開發商、科技怪咖、老師與圖像設計師與一位瑜伽老師、一位建築系教授、一位美國海軍焊工與一位希臘東正教牧師。不過，在我訪談過的十幾位人士當中，只有一位表達可能會參加其他科技公司的類似聚會。在他們當中：

李瑪麗（Mary Lee）與她先生在他們芝加哥的家中，有一台蘋果筆記型電腦（PowerBook G4）、一支iPhone、一台蘋果桌上型電腦（Mac Pro）、兩台蘋果電視，以及各式的蘋果配備。「蘋果不只是一家我會向它購買產品的公司，」四十一歲的科技助理瑪麗說，「我感到與這家公司有部分的連結，我很高興看到它的營運蒸蒸日上。」

六十二歲的范休頓（George Van Houton）是從賭城來的電子技術員，這是他第十次參加蘋果的媒體大展。「你可以見到你從未注意過的產品，」他表示。雖然在他的家裡已經有三台iPod、一台蘋果桌上型電腦（Mac Pro）、兩台蘋果主機（Mac Mini），以及無數的蘋果產品，他仍舊四處搜尋，打算要再購買一台iPod touch，並為他的桌上型電腦添購記憶體。「想想為什麼粉絲一定要去搖滾音樂會朝聖？蘋果的媒體大展，就是我的搖滾音樂會。」

四十一歲的史威茲（John Swayze），曾任美國的海軍焊接部門主管，他喜愛蘋果產品的主因是他認為蘋果的產品非常易於上手。他對這部分的評論不容懷疑，因為他與家人共有七台iPod、一台iMac，以及兩台筆記型電腦（包括一台PowerBook）。自從二〇〇一年以來，他每年從聖地牙哥開五百哩路來到舊金山，參加每年的蘋果大展，並把它規劃成一個家族旅行，與孩子、兄弟、侄子、姪女及其他親戚一同出遊。

四十六歲的凱斯代（Leo Gesday）經營一家電子用品商店，自一九八五年以來，除了某一年因故缺席之外，每年均參與蘋果的媒體大展。「我想我的生命中再也沒有其他品牌像蘋果一樣，充斥於我的生活之中。」他有一台蘋果筆記型電腦、一台蘋果主機、一台iMac、一支iPhone與四台iPod。

在iPad上市的前一晚，紐約的蘋果門市前諸多人徹夜排隊，而我在這些人身上也見到同樣的熱情。晚上九點，也就是iPad正式開賣的十二小時前，已有二十多人帶著睡袋與摺疊椅在排隊，其中甚至有六位已經預購產品。對這些人來說，不管多晚才抵達，無論如何都能拿到產品，但是他們仍舊願意徹夜等待，只為了購買相關配件，或是與其他排隊的人分享他們的蘋果經驗。二十七歲來自長島的電腦系統工程師瓦薩羅（Dean Vassallo）便是屬於後者。他那天特地請假，並在中午時分抵達。但這可不算什麼，他曾為了早點拿到iPhone，在門市外露營兩天兩夜。「在賈伯斯尚未回任蘋果之際，我便擁有蘋果的每一樣產品，至今仍是如此，」他表示，「蘋果的產品獨一無二、品味獨具，對我來說是個具有魔力的產品。」

是的，具有魔力。你能想像花二十四小時、站在隊伍中等待，就只是為了拿到你已預購的產品嗎？當你家的洗衣機品牌營運蒸蒸日上時，你會感到無上的喜悅嗎？

專家用了許多跟珠寶有關的比喻來形容蘋果的產品。舉例來說，紐約州北部的行銷老手邁爾曾說過，蘋果的iPod就像是精品錶與項鍊墜子一樣。創立專業雜誌《蘋果週刊》（*MacWeek*），並從一九八七年至一九九一年擔任該雜誌主要負責人的科技趨勢顧問鍾麥可（Michael Tchong）也表示，「（當人們看到蘋果的產品時）會聯想到蒂芬妮（Tiffany）珠寶。iPhone裡其實隱含許多精雕細琢的細節，譬如像是字體旁的小小陰影。」

話說回來，**即使蘋果搞砸了，粉絲也永遠不會責怪蘋果，他們反而會怪罪自己、零售商店、優比速快遞、微軟電腦，或者是壞天氣。**舉例來說，二〇〇九年末，由於iPhone過於暢銷，數以百萬計的iPhone使用者同時講電話、傳送簡訊、下載影片、瀏覽網路，癱瘓當時iPhone唯一合作的電信業者AT&T（美國電話電報公司）的電話網路系統，特別是在紐約市與舊金山，電話與其他電信服務不是斷訊便是延遲。

然後呢？AT&T承受所有的責難，而人們則繼續購買iPhone，普信投資集團的艾斯沃特在這場大混亂時表示，「消費者並不喜歡AT&T，」許多人其實都在等待二〇一一年初與AT&T的合約到期。然而就在蘋果與另一家電信業者威訊通信（Verizon）合作之後，威訊也警告消費者該公司的系統乘載量或許會不足。

不過，就在二〇一〇年六月，發生另一起手機（iPhone 4）斷訊或收訊不良的事件，此回蘋果可就難辭其咎。一開始，蘋果將這個問題歸咎於軟體的設計不良，導致螢幕出現錯誤的收訊顯示，後來甚至怪罪消費者在講電話時以不當的方式拿取手機，才致使收訊不良。直到同年七月《消費者報導》在專文中指出，由於該款手機的天線設計不良，他們並不推薦消費者購買iPhone 4，蘋果此時才（算是）正式承認產品的硬體有瑕疵。

接下來，賈伯斯於企業總部召開罕見的媒體記者會，承認iPhone 4的天線設計的確有些問題，並提供免費的貼條，消費者可將此貼條黏貼於手機邊緣，以提高收訊品質。「人非聖賢，孰能無過，」賈伯斯說。接著，他旋即宣稱其他的智慧型手機也有類似問題、真正來自iPhone 4持有者的客訴其實不多、媒體對這個議題過於渲染誇大，iPhone無論如何都是全世界最棒的手機云云。

然後呢？只見到消費者蜂擁著去購買更多的iPhone。就在這場認錯記者會之後，iPhone訂單甚至排到三星期後，也就是說，蘋果根本已經「打造一個死忠團體，沒有人會在乎蘋果是不是犯了錯，」品牌顧問帕斯可夫表示，「這就是總是先行偏袒（benefit of doubt）的典型例子。」即使是蘋果另一個創辦人沃茲也參詳不透，他表示，「數以百萬計的人組成這個共同體，不分老少地集體崇拜著蘋果，但老實說，我實在不能理解這樣的熱愛打哪兒來。」

現代達文西

蘋果粉絲迷戀的不只是蘋果的產品，還包括賈伯斯這個人。這毫不令人意外。這可是一個在二〇一〇年被《時代雜誌》評選為全球最有影響力人物的傢伙，此外，賈伯斯亦於二〇〇九年被《大西洋月刊》（*Atlantic*）評選為全球二十七位無畏的思想家之一（也是二〇一一年的二十一位之一），而在二〇〇九年《財星》雜誌的全美最富有的四百位富豪排行榜中，他則是被歸類為革命家，而不只屬於億萬富翁而已，此外，他也曾在二〇〇九年被《財星》雜誌冊封為十年來最出色的執行長。《蘋果機密2.0》這本書也曾提到，在二〇〇〇年的媒體大展期間，當賈伯斯宣布他將擔任蘋果永遠的執行長時，「全場忠誠的蘋果教徒不約而同地起立歡呼著：賈伯斯！賈伯斯！賈伯斯！」

同樣的場景在一九八四年賈伯斯將蘋果介紹給社會大眾，以及一九九七年當他從放逐中重回蘋果時，也曾發生過。同時為作家與演員的弗萊（就是在《時代雜誌》的封面專題報導裡毫不掩飾對iPad喜愛的那位）曾表示，「我見過五位英國首相、兩位美國總統、南非前總統曼德拉、麥可傑克森與英國女皇，我必須承認，與賈伯斯的會面讓我最期待也最緊張。」

因此當二〇〇四年賈伯斯發現他得了某種少見的胰腺癌，於二〇〇九年日益削瘦並神祕地請了病假，接下來接受肝臟移植，於二〇一一年初宣布因為健康因素，他將無限期向公司告假時，恐懼瀰漫整個蘋果世界。「假如他……？」不不不，這個過於駭人的想法，根本不該存在。於是蘋果的股價隨著每份醫療報告內容來回震盪，在肝臟移植成功後上揚，在二〇一一年宣告無限期病假時下跌，然而又在賈伯斯意外現身介紹新版本的iPad時又上漲。在他完成移植手術，返回蘋果後的第一場新聞記者會裡，在場群眾包括蘋果員工，甚至是新聞記者（竟包括新聞記者？）不約而同地全體起立給予賈伯斯熱烈掌聲。

二〇一一年八月，第一件意想不到之事發生了，賈伯斯宣布將卸任蘋果的執行長，並由營運長庫克（Timothy D. Cook）接任，不過當時外界普遍認為仍任董事長的賈伯斯只是隱居幕後，蘋果的決策大權應該還是掌握在他手中。

不過這則消息仍然震撼全世界，《華爾街日報》與其他報紙紛紛以頭條報導這則新聞，在推特（Twitter）與其他即時通訊軟體裡，成千上萬的相關訊息以倍數新增，粉絲群聚蘋果門市，以此表達他們對這則消息的震驚，蘋果股價亦在收盤後交易市場下跌超過五％，《紐約時報》甚至稱呼賈伯斯為：現代達文西。

此番引起的波濤在幾天後沉靜下來。蘋果的股價漸漸回穩，畢竟這家公司的產品依舊犀利，七百六十億美元的現金部位仍綽綽有餘。同時，專家也認為賈伯斯事實上還是名義上的董事長，他的創意與想法，應可使蘋果延續至少二至三年的風光，但關鍵問題是，（萬一賈伯斯離世）蘋果會有多少人才因此離開。而這個喧騰一時的新聞話題最後終於冷卻下來，被一場襲擊美國東岸的颶風，以及利比亞狂人格達費下台的新聞所取代。

不過蘋果粉絲仍舊戰戰兢兢地屏息以待。西北大學教授宏納克表示，「一旦華爾街人士表示，失去賈伯斯的蘋果將無以為繼，那麼蘋果或許的確會走向末路，」然而普信投資集團的艾斯沃特卻對蘋果相當有信心，他以相當專業的口吻表示，「蘋果已經打造特有的企業風格，也奠定極為厚實的企業文化基礎；這些風格與文化遠比賈伯斯這個人對蘋果來說還要重要，」不過「無可否認，蘋果股價勢必會下跌，但這是加碼的好時機。」

接下來，在不到兩個月的時間裡，另一個令蘋果迷更為心碎的消息傳出：賈伯斯因胰腺癌所引發的併發症離世了。那些曾企盼賈伯斯能幕後指導蘋果營運的幻想，此時已飄然遠去。

另一方面，就在這位傳奇人物離開之際，人們對他的稱頌與崇拜更形滿溢；他的照片出現在幾乎每一份雜誌的封面，包括《紐約客》、《時人》（*People*）、《經濟學人》與《滾石》（*Rolling Stone*）雜誌。此外，美國《商業週刊》、《財星》、《新聞週刊》甚至出版專刊紀念他，連歐巴馬總統也讚譽他為美國史上最偉大的發明家之一，加州州政府甚至明定賈伯斯日。

雖然我前往蘋果媒體大展時，賈伯斯仍擔任執行長，我仍大膽詢問與會人士一個冒進的問題：萬一賈伯斯離世，你會怎麼做？這些蘋果迷表示，他們不會捨棄蘋果的產品，除非「蘋果的產品變得糟糕不像話，或者是微軟忽然改頭換面，推出令人驚艷的作品，」退休的圖像設計師法福多斯（Ann Pfaff-Doss）表示。但蘋果迷絕對會有些焦慮不安，「當賈伯斯還在的時候，我會比較心安，也覺得事情會在正確的發展軌道上，」愛荷華大學數學系學生玻爾那（Jeffery Boerner）表示，他同時也撰寫過幾個iPhone的應用程式，並和妻子與母親一同參加蘋果的媒體大展。

不能明說之事

當然，企業販售人們瘋狂喜愛的產品，在道德上有什麼瑕疵？消費者運動與政治改革甚至需要廣大的群眾基礎才能推動，就像是消費者共同購買組織，以及政策推動網站「堅持下去」（MoveOn.org）一樣。然而，為什麼蘋果粉絲的狂熱卻令社會運動人士如此惴惴不安？

或許他們擔心這樣的集體迷戀與狂熱，將轉化成盲目的奉獻與消費行為，也就是說，**單純的社群行為將演變成另一種形式的宗教崇拜**。這樣的跡象已處處可見，舉例來說，從沒有人在二〇〇九年與二〇一〇年時將手機天線問題歸咎給這家公司，瘋狂的粉絲集體盲目地崇拜賈伯斯，媒體與大眾紛紛將這個品牌比喻成蒂芬妮與精品珠寶，以及（或許是最令人擔憂的部分）這家公司不可侵犯的高度神祕性。

賈伯斯與他的發言人並不願向外界坦白他第二次從蘋果告假的原因，他們甚至遊走於說謊邊緣。當再也無法隱瞞賈伯斯體重遽降的事實時，他們對外宣稱告假緣由是賈伯斯的賀爾蒙失調，隨後賈伯斯才承認休假乃因「健康問題比我一開始想像的嚴重」。第三次的休假也是如此；就在體重驟降數月後，賈伯斯再度請假，並於馬丁路德節當天，藉由短短的六句電子郵件通知蘋果的員工，當天許多員工與新聞記者甚至沒有上班。

此外，賈伯斯也從不回記者的電話，當然他絕對有權維護個人健康狀況的隱私，但並不表示他可以說謊，尤其在許多人認為他的健康情形與公司營運（以及手中的蘋果股票價值、員工的薪水與股票選擇權）具有高度關連時。

我在二〇〇九年為《投資組合雜誌》網站Portfolio.com撰寫一篇關於蘋果的文章（文章細節於後討論），以及在本書的撰寫過程中，蘋果從不答允讓賈伯斯接受我的訪問。沒關係，這對新聞記者來說乃家常便飯。然而，就在那篇討論蘋果到底環不環保的文章刊登上網之後，我便接到一位自稱是蘋果公關人員的電話，向我抱怨報導不公，指控我在文章中沒有提及蘋果在環保方面已做的努力。無妨，這樣的抱怨對新聞記者來說也時常發生。但是接下來的這件事卻令我百思不解：這位公關人員告誡我不可以引用她的話，但她也不允許我與公司其他人員討論這個議題。那麼，假如你根本不想要社會大眾知道你的想法，那你打電話來抱怨做什麼？

隨著時間過去，蘋果的神祕性有增無減。鍾麥可於一九八七年至一九九一年職掌《蘋果週刊》期間，賈伯斯尚未回任蘋果；麥可告訴我，「當時在商展中總會有人來到我們的攤位表示：倘若沒有我們，他們根本搞不清楚蘋果內部的狀況。更離譜的是，萬一蘋果的員工與我們交談，便會立即丟了工作。此外，蘋果的管理階層也會查閱員工的通話記錄，以檢查他們是否與我們在舊金山的公司聯絡。」不過當時的麥可與他的編輯仍能間接搜集內部資訊，「畢竟過去的蘋果沒有像現在一樣瘋狂。現在我是無法搜集足夠資訊出版《蘋果週刊》。」

此外，楊（Jeffrey S. Young）與賽門（William L. Simon）在合著的《i狂人賈伯斯》中提到，在賈伯斯回任蘋果後，立下「絕對禁止與文字工作者談論蘋果內部情形」的嚴格規定（僅有少許例外）。令人驚訝的是，就在這本書問世之後，出版該書的約翰威立出版社（John Wiley & Sons）所有出版品均慘遭蘋果商店下架，即便《i狂人賈伯斯》這本書實質上對賈伯斯多所讚譽。

老實說，蘋果如此離譜的反擊，只反過頭來證明書中所言為真，而且對公司內部資訊的保護遠比書中所描述的還要執著與瘋狂。（利益衝突警告：我想我的四本書也名列蘋果的禁書名單中，因為他們全由約翰威立或其子公司所出版。）

二〇一〇年春季，一位蘋果的員工不幸地誤將尚未發表的iPhone 4原形手機遺留在矽谷的某家酒吧。依據後來的新聞報導，另一位酒吧顧客發現這隻手機，並將它賣給流行科技網誌Gizmodo.com，這家網站隨後刊登手機的照片並報導取得緣由。雖然該網站在蘋果的要求下隨即歸還手機，但蘋果馬上提起刑事訴訟，警方並全面搜索該文作者的房子。這件事過了一年多以後，地區檢察官才發表聲明，宣布不會以任何罪名起訴該部落客。

蘋果不僅對外保持高度的神祕感，另一方面，也處處嚴防公司內部員工取得或洩漏機密。新聞媒體均曾多所報導蘋果內部所採行的監控系統、身分辨識證件、數字門鎖，以及隱藏式攝影機等防護措施。此外，蘋果對新產品研發部門防洩密的監控，簡直就像伊朗在祕密發展核武一樣；二〇〇九年六月《紐約時報》便曾報導，「某些最高機密產品測試室裡的工作人員，在測試機器時必須以黑布遮蔽該機器；倘若員工必須將黑布拿下，則須啟動紅色警報燈，以為警示。」

依據《i狂人賈伯斯》那本書的說法，在iPod尚處於研發階段時，「為了保持機密，賈伯斯簡直像瘋了似的，每台研發中的iPod必須密封在一個加密的塑膠盒裡，該塑膠盒遠比產品尺寸大，約為一般鞋盒的大小。測試產品的電線隨機纏繞於盒子外部，舉例來說，有些操控板位於盒子側邊，螢幕則安裝於盒子上部。任何看到盒子的人絕對無法猜想，這些裝置在iPod上的真正位置。」

沒有一家公司喜歡壞名聲，也沒有一家企業會應允所有的訪問邀請，而且甚至有許多公司堅持公關人員必須陪同受訪者接受訪問，這都可以理解，畢竟保持一點神祕性有時是標準的商業操作；部分企業的高階主管甚至認為，在產品亮相之前維持一點神祕感，反而可以營造亮相時的戲劇效果，進而引發消費者的好奇與需求。然而從許多方面來看，蘋果保持神祕的程度，似乎過於離譜了。

過度的神祕性可被視為最沒有社會責任的企業特質。倘若無法獲得足夠的資訊，那麼我們如何得知這家企業是否提供合理的工作環境、是否節約能源、是否採行可被稱為具有社會道德的公司政策？這也正是為什麼，氣候為要組織的四大企業評鑑項目之一即為企業的公開報告（report），以企業是否對外揭示公司的溫室氣體排放量、風險與行動，來評量公司是否負起社會責任；這也是為什麼，如烈文森那樣的工會領袖會堅持，必須由外部評鑑機構監督海外代工廠，並出具公開報告。有時候，我們甚至可以見到有些消費者運動，源起於消費者要求企業揭露更多內部資訊，如地方廠商的空氣或水汙染程度等等。而且平心而論，**以對待間諜一樣的方式對待你的員工，老實說一點也不道德**。

對一般投資大眾（不只是道德基金公司）來說，企業是否公開資訊更是一項影響投資決策極為關鍵的因素。現代金融業的基礎，便是公司資訊能夠完整且合理地揭露。也就是說，每位投資者都應該能於同一時間，有同等的機會取得同樣的資訊，特別像是在這樣一家領導人擁有舉足輕重地位的企業裡，在這位領導人生病之際，投資大眾應該有充分的權力獲得更多資訊，而不是僅有個印象：「喔！原來目前賈伯斯仍是蘋果的執行長。」舉例來說，賈伯斯雖仍能視事，但仍事必躬親嗎？他目前參與公司營運與研發決策的程度有多深？誰有可能加冕成為賈伯斯的繼任者？

耶魯大學商學院副院長索諾菲（Jeffrey Sonnenfeld），於二〇一一年賈伯斯告假之後、卸任執行長之前，在《新聞週刊》發表文章表示，「賈伯斯若能將鎂光燈焦點分給公司裡其他的奇才，蘋果絕對能因此受益。」依據《華爾街日報》的報導，即使是蘋果的董事約克（Jerome B. York，過去IBM與克萊斯勒汽車的高階金融主管，於二〇一〇年過世），都曾於二〇〇九年批評蘋果對賈伯斯健康狀況閉口不談的情形。而另一篇《華爾街日報》的報導則引述某位加州公務員退休基金（CalPERS）主管的話，主張美國證券交易委員會應要求所有企業揭露更多（萬一執行長重病）的資訊，隨後美國證交會對蘋果進行短暫的調查，但並沒有更進一步的動作。

蘋果管理階層除了漠視上述公開資訊的要求，甚至於二〇一一年初否絕一項要求揭露後賈伯斯計畫的股東提案，並宣稱倘若蘋果真的這麼做的話，將會讓競爭對手有機可乘。不過，值得注意的是，該股東提案獲得高達三〇%的同意票；在考量到非管理階層的提案往往被忽視的情形下，這樣的同意比例其實極為驚人。

跨信仰企業責任中心的蓓瑞也表示，「一家自視先進的公司不應該拒絕資訊的透明化……蘋果似乎相當抗拒蘋果以外的人告訴他們該怎麼做。」蓓瑞領導的投資小組，於二〇〇九年提出一項股東提案，要求蘋果在企業環境永續性方面做更大幅度的揭露，雖然該提案最後仍舊被管理階層否決，然而卻獲得令人印象深刻的八%同意票。當你耕耘組織的麥肯榮，也以那些已頒布海外代工廠行為規範的企業為例，「沒錯，你的確頒布了企業行為規範，但是除非你讓大眾徹底了解這些規範如何被執行或實踐，否則我們永遠無法得知這些規範是否有名無實，畢竟許多不能明說之事，其實都隱藏在細節裡。」

在綠色和平組織的綠能電子業排名（Guide to Greener Electronics）中，缺乏公開資訊揭露一直是蘋果被扣分的項目，在氣候為要組織的排名也是。綠色和平組織負責電子業活動的海若（Casey Harrell）表示，「跟蘋果的競爭對手相比，或許揭露並非他們的強項。」麥肯榮也說，戴爾與惠普在公開企業的工傷率、能源效率、溫室氣體排放目標與慈善活動資訊，態度一直相當大方而且願意提供非常詳盡的資料，然而蘋果在這方面卻一直保持沉默。反血汗工廠運動人士寶林格則引述香港大學師生監督無良企業行動組織的報導，認為在對待外部監督團體的態度上，惠普友善與開放多了。

而蘋果唯一不在乎的隱私權，便是顧客的隱私。二〇一一年春季爆發一起蘋果的iPhone、iPad與谷歌的產品祕密蒐集使用者所在位置的新聞，這件事引發許多消費者的憤怒，並在西方各國引發不小的抗議浪潮。雖然據這些企業所稱，這些資料乃是匿名蒐集，而且僅使用於廣告與地區性服務，然而所引發的爭議仍迫使賈伯斯得離開病榻，承認這件事確有不當之處。

令人窒息的保密措施

除了時時得掌控外界與內部員工所能獲得資訊之外，蘋果欲於掌控一切的習慣也反應在公司的經營策略。就在微軟將個人電腦的使用推向高峰，且網際網路愈益發達之際，「分享」已使得現代科技方興未艾，同時也將最先進的科技傳送至每個人手中；現在每一台電腦均可安裝微軟的作業系統，任一台備有瀏覽器的電腦也讓人們可以在網路上任意遨遊。但是自古至今，蘋果卻從不與人分享。

基本上，蘋果提供電腦使用者一系列的套裝服務，從硬體、軟體，以及各項影音多媒體服務一應俱全。既然蘋果為這些服務的提供者，它同時也能扮演門神的角色，可以盡情地管制消費者所能獲得的資訊內容。過去，它曾毫無理由地拒絕放行一些提供政治與情色圖片內容的應用程式，包括一則以老虎伍茲為主角的卡通、取笑美國總統歐巴馬的應用程式，還有共和黨加州議員參選者諷刺現任議員瓦克士門（Henry A. Waxman）的應用程式（不過後兩者最終為蘋果所放行）。

雖然蘋果於二〇一〇年九月公布各項影音服務的上架管制標準，然而部分標準仍讓人丈二摸不著金剛，或者是有著模擬兩可的定義，例如：「沒有功用或無法提供長期娛樂效果的應用程式，也許不會通過我們的篩選，」或「看起來只花了幾天設計的應用程式，也無法通過我們的管制。」因此為了避免突然遭下架，《花花公子》（*Playboy*）雜誌乾脆在iPad版本裡移除絕大多數的圖片（不過，你會要一本沒有中間彩色摺頁的《花花公子》嗎？）

商業顧問可以長時間爭論這樣的管制策略能否奏效，然而蘋果卻認為，倘若不在每個階段介入篩選服務內容，那麼它便不能確保外部廠商提供的服務是否符合蘋果的高標準，畢竟蘋果可是以至高無上的品質聞名。但站在社會道德的立場，管制他人能接受何種資訊的策略根本錯得離譜、極為不該。事實上，這世界上還有另一個詞彙形容這樣的資訊管制，那就是審查制度

（censorship）。

管理來自教堂、非營利組織，以及個人資產約九億美元的延齡草資產管理公司，曾於二〇〇九年末致函蘋果，詢問蘋果如何在管制資訊時避免以政治角度思量。該公司的股東權益促進部門副主管克隆（Jonas Kron）表示，「蘋果的審查就像暗箱作業，過程一點都不透明，」他在訪談中提到，「他們（蘋果）企圖扮演門神的角色，但這樣的角色也迫使他們站上言論自由、集會結社自由，與隱私權爭議的最前線。」

「假如你接受賈伯斯訂下的遊戲規則，那麼你就像與魔鬼交易的浮士德，」長期批評蘋果的審查模式、同時也是《新聞週刊》科技專欄作家萊恩斯說，「你將為了作品能出現在那小巧可愛的玩意兒上，犧牲了產品裡最棒或最有用的部分。」

即使是蘋果迷亦紛紛開始抱怨；雖然他們崇拜蘋果的品質、創新、時尚、易於上手的便利性以及前任執行長，但無可否認，無法瀏覽《花花公子》圖片或是老虎伍茲卡通的人，也是這群人。「在應用程式的管制上，蘋果最好具備能夠說服人的理由，」部落格大膽火球（Daring Fireball）格主克魯柏（John Gruber）表示（該部落格專門報導蘋果的消息，克魯柏本身也是蘋果的愛用者），他同時也在蘋果的媒體大展中表示，「蘋果只能做品質的管制，不應該做內容的管制；他們已跨越一道人們會感到不舒服的界線。」

無論如何，蘋果的審查制度似乎開始有瓦解的趨勢。新聞報導曾指出，美國司法部與聯邦貿易委員會（FTC）在二〇〇九年夏天至二〇一〇年夏天左右，開始著手調查蘋果是否管制資訊。此外，美國國會圖書館在另一件管制案例中，做出不利蘋果的判決。此外，二〇一一年時，歐洲與美國的立法單位均開始審查自二〇一〇年九月起，蘋果iPad版本的書籍與音樂訂閱規定，是否違反反托拉斯法案。就在這些調查與爭議事件發生之後不久，蘋果終於做出些許的讓步，除了公布前述的上架管制標準外，也放寬iPhone與iPad應用程式的管制，甚至開放長期被蘋果抵制的奧多比系統（Adobe）部分的權限。也就是說，當谷歌、微軟以及摩托羅拉這些科技大廠，推出與蘋果iPhone與iPad價格與配備不相上下的手機與平板電腦時，未來蘋果對應用程式內容的管制，可預期只會越來越寬鬆。

不只是領薪水的工作

除了得面對那令人窒息的保密措施與黑布之外，在蘋果工作多多少少就像是在矽谷任何一家科技公司工作一樣：充滿衝勁與熱情，以亢奮的心情全心投入，還有乒乓球與股票選擇權為伴，不過，當然你得超時工作；此外，你通常必須創意十足，同時擁有相當的獨立性（在賈伯斯不干預的情況下）。這樣的熱情與投入，在過去默克（Merck）藥廠輝煌時代的員工身上也可以見到。（為了撰寫另一本書《製藥世家默克》（*The Merck Druggernaut*），我訪問了默克的老員工，他們曾描述在一九八〇年中期至一九九〇年中期，當默克藥廠發明一種又一種革命性新藥時，員工對工作也有著無比的熱情與投入。）

「這可不只是一份領薪水的工作而已，」資深工程師伍爾思（Kristina Woolsey）表示，她同時也是蘋果的媒體實驗室主任，並於一九八五年至一九九八年間擔任人力資源主管，「這就像是一份天職、一種想像或一份熱情。它是一種生活方式，在這裡工作的人均有志一同地想要改變電腦世界。」在德州奧思汀蘋果分部工作已超過二十年的資深工程師羅黎（Kris Lawley）也同意上述看法。「你將日以繼夜為某項專案打拼，專案結束後得以放自己幾天大假，不過收假之後又得回來繼續埋頭苦幹。」二〇一二年，《財星》雜誌有機會得以一窺蘋果的內部環境，並於報導中引述某位工程師的話：「假如你是一個為了興趣可以不眠不休的電腦怪胎，那麼在蘋果工作將使你如魚得水，但不得不承認，這實在不是輕鬆的工作。」

彈性工時也是蘋果員工的另一項福利。「你可以放自己一個下午的假，悠閒地去看場電影，只要你在重要時段（上午十一點至下午四點）待在公司即可，」剛從杜桑（Tucson）辦公室以品管經理職位退休的蓋兒說道（她同時也是羅黎的母親）。所有矽谷辦公室擁有的設施，杜桑辦公室也有，包括乒乓球、玩具槍以及休息室。伍爾思也說，加州庫比蒂諾（Cupertino）總部員工餐廳的食物應有盡有，從健康養生食品到比薩一應俱全，此外，伍爾思甚至曾在公司辦公室餵女兒母乳。

然而《財星》雜誌也認為，「蘋果的工作氣氛，與谷歌那種輕鬆自在的氛圍恰恰相反（想想谷歌那愉快的睡衣日與吃到飽的員工餐廳）。」倘若報導為真，或許是那保密到家的神祕性與嚴密的上對下操控管理，致使這樣的情形發生。據《華爾街日報》的描述，在蘋果的實體商店裡，店員均被傳授一套與顧客制式應答的流程。

不過，與顧客應答是一回事，與賈伯斯應對又是另一回事；他可能隨時會突擊檢查你的實驗室，當場將你的設計撕毀或要求你拿掉一片（根本不可能拿掉的）晶片。蓋兒便曾有同事在賈伯斯一九九七年回任蘋果執行長後選擇離開蘋果，她說，「因為他們壓根兒一點也不想與他一起工作。」在楊與賽門合著的《i狂人賈伯斯》中，也曾描述蘋果的員工有多麼不希望與賈伯斯在辦公室相遇，「你一點都不想在走廊上碰到他，因為他可能不會喜歡你給他的答案……你也絕對不希望跟他搭乘同一部電梯，因為很有可能電梯門一開啟的時候，你已經丟了工作。」

葛雷・海絲（Janet Gray Hayes）並非賈伯斯的下屬，但她在一九七五年至一九八三年間擔任聖荷西市（San Jose，蘋果總部附近最大的城市）市長時，有時因公事得與他交涉。有一次賈伯斯前往她的辦公室，「他整個人斜躺在我的桌子上，彷彿世界圍繞著他旋轉一樣，」海絲在數年後的一場訪問中相當嗤之以鼻地描述。另一方面，伍爾思則以較婉轉的方式表示，「賈伯斯願意花心思在產品設計上，但他並不願意費心力使自己成為人們眼中隨和的傢伙，」不過伍爾思從來不覺得她工作時，賈伯斯曾嚴密監督她的一舉一動。

然而，並非每位員工都能獲得同樣優渥的福利。眾所周知，直屬於賈伯斯的蘋果研發團隊是福利最優渥的一群，他們擁有公司配車、電玩遊戲、專屬的籃球場、保母津貼，以及免費的按摩服務。雖然其他部門的員工對這樣的福利相當眼紅，然而這群福利優渥的研發團隊卻也看不慣其他部門員工坐擁高薪。依據《i狂人賈伯斯》以及《蘋果機密2.0》的說法，在蘋果與皮克斯公開上市時，部分資深員工不知為何無法參與配股，或是僅獲得極低的配股比例。

勞工專家偉勒對於蘋果員工真正能獲得的福利則相當遲疑，同時也相當憐憫蘋果整體工作環境的氣氛。他認為像乒乓球桌那樣的設施根本是詐騙，他略帶嘲諷地說，「對三十多歲的人而言，能不能在公司打乒乓球已經沒那麼重要；相反地，健康保險與彈性工時才是他們關心的福利，」他繼續說道，「不過，矽谷的科技公司一向給予員工非常彈性的工時。」

此外，蘋果也沒有捲入科技業有史以來最大的勞資爭議：某些科技業者的長期約雇人員，其工時與工作內容與一般正職員工無異，但是公司卻拒絕提供這些永久的臨時人員（permatemps）公司福利。微軟電腦便曾於二〇〇五年的集體訴訟案件中，為此賠償九千七百萬美元。

然而從另一方面來看，蘋果卻比矽谷其他科技公司差勁得多。微軟、谷歌、ＩＢＭ以及惠普等公司，均時常入選《財星》雜誌的最佳雇主名單，然而蘋果卻從來沒有入榜過。（雖然編輯《財星》雜誌該份名單的記者，在他一九八四年的書曾將蘋果納入他的名單。）所以，蘋果究竟哪裡出了問題？這有幾個可能：由於企業必須經過繁複的申請程序才有可能入選，因此或許蘋果從未遞出申請書，當然也有可能蘋果的員工就是不喜歡蘋果的工作環境。處理該份排名的編輯並不願透漏企業無法入榜的原因，因此我們永遠也無法得知為什麼。

多米尼投資公司的林登柏格則認為蘋果沒有入榜有其歷史因素。他說，在公司發展初期，「蘋果曾以絕佳的工作環境著稱，比矽谷的其他公司都好。當時公司內部提供免費的愛滋病防治課程、大規模的社區義工服務，同時也非常注重公司員工種族背景的多元化。」但隨著營收減少、股價大跌，「他們順理成章地將這些社會責任方案擱在一旁，而專注於建立新的企業模式，以重回正軌。」（多米尼投資公司十億美元的資產，有三％的比例投資於蘋果。）

蘋果在新任執行長庫克的帶領下，走向會如何還言之過早。媒體對於庫克的描述通常著重於其在營運與生產效率方面的長才，但是這些特質聽起來比發明iPod無趣多了。對蘋果的員工來說，擁有這樣特質的領導人可能同時意味著，更高壓嚴峻的工作環境，以及更少的乒乓球時間。庫克也被視為是情感強烈的工作狂，這一點與賈伯斯相去不遠，不過另一方面，與賈伯斯相比，人們認為庫克是較冷靜沉著、且較不會當眾給人難堪的領導者。無論如何，這都意味著這位由賈伯斯欽點的蘋果繼任者，絕非柔弱的溫室花朵。

陷入同樣的醜聞

無論蘋果總部的工作多麼忙碌與高壓，它的工作環境絕對沒有海外代工廠的環境惡劣。話說回來，蘋果也不是全世界唯一將工程外包的公司；環顧四周，我們今日所使用的各樣物品，不是中國製，就是由其他貧困國家所生產製造，譬如孟加拉、薩爾瓦多、宏都拉斯以及越南。不過由於電腦與iPhone的原料含鉛、鈹與其他有毒物質，因此在科技公司的代工廠工作有時特別危險。而整個電子業「在處理海外代工廠工作環境問題時，反應總是慢半拍，」多米尼的法律顧問坎哲說。

儘管受到來自各方團體的壓力與警告，蘋果的改革進度依然遠遠落後電子同業。舉例來說，二〇〇四年戴爾、惠普與ＩＢＭ成立「電子產業公民聯盟」（ＥＩＣＣ），並共同制定電子業行為準則，確保代工廠提供員工安全的工作環境，以及勞工受到合理的對待，但是蘋果卻拖延至二〇〇六年才加入這個聯盟。

坎哲說，自二〇〇四年起，多米尼投資公司便就這些代工廠問題致函賈伯斯，並刻意以賈伯斯可能會有興趣的觀點陳述此問題，期盼能引起他的興趣，畢竟賈伯斯是個極為在意形象的人。坎哲說，「蘋果的使用者多為年輕族群，而這群人或許同時也是最關心血汗工廠議題的人；我們認為，他們的觀感將有機會影響蘋果的決策。譬如，假如人們發現原來手上的iPod由童工所製造，那他們會怎麼想？」

多米尼公司在致函賈伯斯之後，緊接著提出一項股東提案，要求蘋果制定上游代工廠的行為規範，並建立一套監督與報告系統。或許是擔心自己成為人們眼中萬惡的資本主義分子，也或許是在乎多米尼手中二一五〇萬美元的蘋果持股，無論如何，蘋果表示會考慮多米尼的建議。多米尼與蘋果的溝通與協調進行約一年半，最終多米尼同意，假如蘋果願意制定行為規範，那麼多米尼便撤銷股東提案。蘋果並沒有在約定期限內完成這件事，於是多米尼再次提出股東提案。行為規範的草案經過來來回回地修正，終於在二〇〇五年十一月，蘋果正式頒布約束上游廠商的行為規範。

蘋果一出手，便知有沒有。依據過去的經驗，一旦蘋果推出產品，必定是檯面上最優秀的作品，而這次的行為規範也不例外。該行為規範最令人驚艷的部分，在於對海外代工廠員工集會結社自由與工會活動的規定，這部分在許多公司的行為規範中往往被忽略。

舉例來說，電子產業公民聯盟規定，「科技業者必須尊重當地法律所規範的勞工權益，如集會結社自由、尋求勞工代表的自由、加入勞工委員會的自由，以及加入工會或集體談判的自由。」不過，蘋果版本的規範主體更直指上游廠商，而不僅是科技業者自己，例如，蘋果的行為規範明文禁止上游廠商解雇或拒絕聘用加入工會的勞工。此外，在接下來四年內，蘋果審核了它二八八間的上游工廠，並與三間使用非法童工的工廠解約。更令人驚喜的是，蘋果甚至每年對外公開上游代工廠的審核報告。「老實說，蘋果在這件事的處理速度之快，著實令我驚艷，」坎哲說。

不過蘋果很快面臨現實的考驗。就在採用行為規範後約六個月，一家英國報紙報導他們對於生產iPod的鴻海工廠之調查結果，指控這家位於中國的工廠員工每天工時超過十五小時，所領月薪卻低於五十美元，並且居住在擁擠不堪的公司宿舍，除了被迫加班之外，還遭到武裝警衛的戒備與監視，倘若不小心犯錯的話，則將被嚴厲處罰。

蘋果僅花了兩個月的時間調查這家上游廠商，並且在公司網站上刊登鉅細靡遺的報告。依據這份報告，蘋果的審查小組隨機面試超過一百位員工，並且詳加視察工廠內部、公司宿舍、員工餐廳與娛樂設備，也檢閱上千份文件。這起事件最終以相當平和的方式落幕；蘋果宣稱，「鴻海公司在主要的審核項目中，均符合我們的行為規範，」包括「沒有任何證據顯示使用童工，或是任何形式的強迫勞工。」然而，這家從不道歉的公司也承認鴻海的確在某些領域，「違反我們的行為規範，」其中最為人所知的例子便是，「員工的工作時數的確超過行為規範的規定。」這份報告同時指出有三棟宿舍的居住條件，不夠人道且過於擁擠，而且公司的薪資結構無端地極為複雜。為了解決這些問題，蘋果決定雇用知名的外部審核公司維泰組織，來監督鴻海。

四年後，鴻海與蘋果又再次陷入同樣的醜聞。二〇一〇年初，鴻海旗下的兩家工廠共有十二位年輕員工自殺身亡，他們選擇的方式多數由公司宿舍一躍而下。鴻海的員工控訴他們所受的非人道待遇，包括過長工時、低薪、軍事化管理、強迫加班、言語暴力、嚴厲的懲罰，成千上萬的員工因此集體辭職。不過這一次蘋果並非唯一的箭靶，因為鴻海同時也是戴爾、惠普，以及其他科技大廠的代工廠。同年夏天，正當這幾起事件無可避免地佔據大量新聞版面時，其中幾家科技業者允諾將會深入調查。蘋果派出由（當時尚未就任執行長的）庫克領軍的調查小組，私下訪談了上千名員工。雖然鴻海否認這幾起自殺事件與工作環境有關，然而最終鴻海以調薪兩倍、設置二十四小時的心理諮詢中心，以及架起自殺防護網作為回應。

遺憾的是，這起事件並未終結中國血汗工廠的惡劣工作環境。鴻海員工自殺事件的六個月後，正當這幾起新聞逐漸退燒之際，又爆發另一起蘋果海外代工廠的工安事故。蘋果另一家上游廠商勝華科技（Wintek）的一三七名員工，在二〇〇九年製造iPhone螢幕的過程中，因吸入有毒化合物導致神經受損，出現虛弱、頭痛、頭暈以及其他症狀。蘋果表示，他們已要求勝華停止使用該化合物，並改進工作環境的安全，同時蘋果也允諾會加強監督這家出問題的廠商。

雖然後來勝華宣稱所有的員工均已康復，但是也有內部員工告訴《紐約時報》，他們從未在這起事件中獲得來自蘋果的慰問或訪談，而勝華則強迫這些人領了賠償金後離職，並要他們永遠閉嘴。位於香港的大學師生監督無良企業行動，同樣也指控蘋果在這起事件中並非真心想解決問題，只是使用拖延戰術來轉移媒體的焦點。

事實背後的真相

環境議題照理說應該是蘋果表現最為優異的地方，但遺憾的是，這卻也是蘋果最令人失望的一環。一般來說，科技業通常相當綠能與環保。氣候為要組織的前任執行長透納表示，「電子產業打從第一天開始，便在我們大型企業碳排放量的評鑑中遙遙領先，是獲得最高分的產業……很早便開始接觸高科技產品的人，通常對各項事務均有自己獨到的看法，包括產品的選擇，或是企業應如何達到環境永續的目標。」

同樣地，綠色和平組織的海若也表示，「這是一個相對而言非常年輕的產業，你可以運用許多創新的方式來追求綠能；與其他產業相較之下，科技業的確比較環保。」在非營利組織喜瑞思為環境永續性所做的企業排名中，前四名有三名為科技業者。此外，在二〇一〇年《新聞週刊》的全美百大環保企業的排名中，前三名均為科技業者，前九名也有六名為科技業；該雜誌二〇一一年同樣的排名中，前五名也有三名為科技業。

可惜的是，其中並不包括蘋果。

蘋果根本無法進入《新聞週刊》二〇〇九年與二〇一一年的全美百大環保企業排行榜，而在二〇一〇年的名單中僅排名第六十五，並持續列名氣候為要組織的十二名墊底企業。當IBM、諾基亞以及索尼，於二〇〇八年成立討論環保新概念的環保專利論壇（Eco-Patent Commons）時，蘋果依舊缺席。此外，儘管蘋果與喜瑞思組織進行長年的溝通與協調，它仍不願意加入喜瑞思的環保企業聯盟，以接受評鑑。跨信仰企業責任中心的執行董事蓓瑞表示，「有些電腦公司在回收舊電腦的進度上顯得落後，蘋果即為其中之一。」當你耕耘組織的麥肯榮也表示，戴爾與惠普在揭示環保目標上的態度非常開放，這些目標包括：降低碳排放量、提高能源使用效率、節約包裝材料，而這更突顯蘋果相當不環保的一面，導致二〇〇六年綠色和平組織特別針對蘋果發起一項消費者環保運動：綠化我的蘋果（Green My Apple）。

然而這並不是人們所預期的蘋果，也不像是有美國前副總統高爾（Al Gore）坐鎮董事會的企業。（高爾因喚起全球環保意識而獲得諾貝爾和平獎；他因參與製作環保影片《不願面對的真相》榮獲奧斯卡金像獎。）想想「蘋果」這個字最原始的意義，與它所帶來的聯想吧：大自然、大樹、有機水果，以及賈伯斯朋友擁有的農場，然而蘋果是否真的宛如其名？「許多人視蘋果為環保先驅，只因它是蘋果，一家非常酷的公司，」麥肯榮嘆了口氣道，「若有機會得知事實背後真相的話，我不會稱這家公司為環保先鋒。」

此外，麥肯榮也與其他社運人士一樣，認為是蘋果的企業文化從中作梗，導致人們對蘋果恍如霧裡看花，也就是說，**蘋果的高度神祕性與凡事不求於人的態度，使得環保界根本無法得知蘋果到底為環保做過什麼努力**。「許多公司願意就此議題向股東解釋：我們非常樂意與我們的合作夥伴一同解決環保問題，」延齡草資產管理公司的克隆說，「但問題是蘋果並不將股東視為合作夥伴。」

另一方面，氣候為要組織的透納也擔心，由於蘋果太汲汲營營於成為產業中最新潮時尚的傢伙，總想推出市面上最酷炫的產品，導致它不可能成為產業中最具社會道德的企業。「他們必須是永遠的第一名；倘若無法獨佔鰲頭，那麼他們再怎麼樣也不肯去做那件事。」換句話說，假如其他科技公司已著手回收舊電腦，或要求上游廠商減少包裝使用材料，那麼不論這些措施對於環境有多大的助益，固執的蘋果絕對不會跟從。

當然，或許真相並非如此；也許蘋果的努力遠比這些環保人士所知的多，但神祕的蘋果並不會讓我們知道。

從環境保護的角度來看，蘋果的企業文化是優點也是缺點。極簡的設計代表著較少量的原料、包裝與垃圾量，並在製造與運送過程中耗用較少的能源，這絕對是極大的優點。然而另一方面，蘋果似乎對持續推出新款產品有種非做不可的強迫感，導致企業文化的優點在環保上效果被抵消；也就是說，每回只要蘋果推出新款的iPod，忠誠的蘋果粉絲便一定要擁有它，那麼那些定期被淘汰的舊產品所耗用的能源與資源，是否被平白浪費？舊款產品又該何去何從？

不過，也許強勢的蘋果仍然在乎股東的意見、差勁的企業排名，或是被與對手做比較，因此二〇〇六年之後，我們可以見到蘋果在這方面開始進行改革；舉例來說，麥肯榮領導的環保小組終於能與高爾和賈伯斯（但多花了一年去安排）面談。二〇〇九年十月，蘋果與其他少數較不知名的企業如太平洋煤電（PG & E），戲劇性地退出美國最大商業遊說組織美國商會（USCC），只因美國商會在氣候變遷議題處理上顯得拖延不濟事。此外，二〇一一年共有二十五家企業榮獲氣候為要組織封為金星等級企業，原因是這些企業大力支持美國政府（針對氣候變遷）對企業做強制的調查與審核，而蘋果即為這二十五家金星企業中的其中一家。

環保團體也注意到，蘋果越來越願意公開企業的內部資訊，甚至在某些領域成為產業的先驅，不再只是墊底的後段生。例如，現在的官方網站提供蘋果每項產品的環保數據，包括溫室氣體排放量，以及不同模式下的產品耗電量。綠色和平組織的海若，也特別稱許蘋果提供上游廠商的課程，這些課程乃教育這些廠商如何選擇較不具毒性的原料。「蘋果投資可觀的成本於環保新科技與新方法上，」海若表示，「他們目前正帶頭進行改革。」舉例來說，蘋果是第一家停止使用含鉛螢幕與含砷玻璃的公司，也比惠普與戴爾早一年禁用有毒的PVC塑膠原料。同時，由於庫克與賈伯斯的環保理念相去不遠，因此海若與其他的環保人士並不認為，繼任的庫克會改變目前蘋果的環保政策。

那位不肯讓我引述她的話的公關人員（所以我只好改寫她的話）表示，我在Portfolio.com上的文章忽略蘋果極為綠能的三大領域：一、提供鉅細靡遺的產品環保資訊；二、禁止使用含溴防燃劑、PVC塑膠、水銀以及其他有毒原料；三、公開消費者使用產品時的碳排放量，以及製造過程與公司總部的碳排放量。此外，她堅稱這些環保措施在蘋果已行之有年，也因為這些努力，使得蘋果在二〇〇八年到二〇〇九年氣候為要組織的企業排名中，評比分數巨幅增加四十一分。此外，在二〇一〇年一月綠色和平組織的排名，在十七家企業當中，蘋果從原本的第十一名躍升至（與其他五家企業並列）第五名，接下來在十月的評比中降了四名，並在二〇一一年十一月回升至第四名。

不過，由於蘋果一開始的表現太糟，因此就算有大幅的進步，最後的表現仍然與其他公司有段差距，導致這家企業目前仍舊是氣候為要組織環保企業排名中墊底的電子公司。

此外，蘋果的神祕性也導致它在綠色和平組織環保企業的排名持續下跌。該組織在二〇一一年十一月的報告指出，「若蘋果能更公開上游廠商的碳排放量與危險化合物的使用程度，那麼將會在此份排名中獲得更高的分數。」在氣候為要組織的評比中，蘋果拿最低分（但其實也是最重要）的項目為：企業是否設定環保目標並具體執行；這遠比口頭要求美國政府對企業做調查與審核重要多了。此外，如蓓瑞與透納所提過的，蘋果在回收舊電腦的進度上，實在遠遠落後於其他同業。

（回收舊電腦與如何取得鉭、鈳鉭鐵礦、錫、鎢等原料是兩回事。這些製作電腦的稀有礦藏往往蘊藏於稀有動物保護區、軍事獨裁者控制的戰區，或者是以汙染環境的方式開採，因而導致許多爭議。在這方面，蘋果與其他科技大廠的表現同等不佳，不過蘋果已許下承諾，表示將會尋求以不侵害人權的方式，或從非戰區取得這些礦藏。）

另一項爭議，則聚焦於如何衡量產品的碳排放量。蘋果堅持使用者製造的汙染也應納入考量，因為這些蘋果產品離開商店後所排放的溫室氣體，可高達總排放量的四六％，其中包括將其帶回家、耗用電力，以及最終如何棄置這項產品。二〇〇九年十月在賈伯斯與美國《商業週刊》的訪談中指出（多麼罕見的訪談機會，而且由所談主題可看出蘋果非常關心此議題），倘若不將使用者製造的汙染納入考量，那麼就像是「詢問菸草公司它的辦公室有多綠能一樣，」他接著說，「許多企業宣稱他們的辦公室有多環保，但是假如你送入消費者手中的是有毒的耗電產品，那麼你的辦公室多環保則一點意義也沒有。」誠如蘋果網站的聲明，他們販售的可是世界上最節能的科技產品，於是蘋果堅持得將消費者端的碳足跡納入計算；那位不可引述她的話的發言人說，蘋果甚至分析消費者每一次按鍵的耗電量。

不過，像是麥肯榮與透納等環保人士，卻對蘋果這番將消費端汙染納入計算的論點抱持懷疑的態度。首先，我們無法確切估計消費端的汙染到底佔總汙染量的比例有多少。依據蘋果自己的估計，製造端與運送端的汙染約佔產品總汙染量的五四％。「想想原料萃取、設計、製造、配送，以及零售的過程會耗用掉多少的能源……因此這些科技大廠應該捫心自問，你是否曾對上游廠商施加壓力，要求他們節約能源？」透納說。

其次，電子書到底有沒有比紙本書環保仍充滿爭議；就算電子書比較環保，環保人士也未必認為蘋果的產品最環保；即使蘋果的產品的確最環保，消費者要以何種方式使用產品也非蘋果所能掌控。是不是也有另一個可能：由於蘋果的使用者太愛戴蘋果，於是更頻繁地使用其電腦或手機，如此一來，蘋果的碳排放量豈不是不減反增？

倘若蘋果能夠利用消費者對它的熱愛，來改變整個產業生態，豈不甚佳？綠色和平組織便曾基於這個理由，於二〇〇六年推動綠化蘋果的運動；這個活動期盼藉著邀請粉絲替蘋果設計環保廣告，來綠化蘋果以及電子業；活動中環保團體分別透過蘋果媒體大展以及網路論壇，指引蘋果的粉絲連結到特別架設的宣傳網站。

由於考量蘋果粉絲的感受，綠色和平組織在宣傳過程中極為小心處理活動的調性與主軸。「我們活動的訴求並非『蘋果，你差勁透了』，而是『蘋果，你的產品很棒，但我們希望你能再環保一點』，」海若回憶道。此外，該網站也直述，「我們都熱愛蘋果，這麼棒的蘋果應該比任何企業都知道該如何設計綠能產品，對不對？那麼為什麼蘋果仍繼續使用，其他公司早已捨棄的原料來製造產品呢？」消費者對於能為自己崇拜的公司設計廣告感到不可思議，於是該網站最後收到上千份的廣告參選作品（不過海若也承認，活動引發另一部分反對的聲音，吶喊著像是『滾開！惹人厭的綠色和平組織！蘋果永遠都不會錯』的話。）

那麼綠色和平組織綠化蘋果的活動，到底成功了沒有？海若的答案當然是肯定的，不過賈伯斯於美國《商業週刊》的訪談（在說服粉絲相信蘋果其實非常環保方面）也是。無論如何，蘋果（的環保政策）大約就是在那個時候開始出現轉變。

為什麼綠色和平組織選擇蘋果，而非戴爾、摩托羅拉或索尼？一部分原因乃相中它廣大的粉絲群，另一部分則因蘋果在環保進度上的確落後同業許多，而且海若表示，「我們非常希望蘋果的改革具有領頭的效果，期盼這個效果能在電子業引發良好的骨牌效應。」

強大的遊說勢力

不過，也許我們這些批評者對社會責任的定義太狹隘了。

我們可以從多米尼投資公司總投資主管林登柏格的話略窺一二；當他以傳統企業社會道德（如是否有血汗工廠、是否綠能環保）評論蘋果時，他非常小心地斟酌所使用的詞彙，如「漸進地」、「令人滿意地」，以及「以有秩序的方式逐步改進」，不過他同時也表示，「我未必會說這家企業是環保領導先驅。」那麼，既然林登柏格並不認為蘋果是一家環保企業，那麼為什麼多米尼公司仍購買總值達二一五〇萬美元的蘋果股票？蘋果到底符合哪一項企業社會道德，值得這家道德基金公司花大錢投資？

林登柏格說，「我們看重的是創新能力與顧客服務，而蘋果顯然在這兩個領域一直遙遙領先於其他同業，」此外，「通信服務的創新能力尤其被我們重視。」林登柏格特別以手機、網路以及電腦為例，認為這些科技將能大力幫助發展中國家民眾取得對外溝通管道、獲取最新資訊，從而獲得人民應有的權利與經濟力量。

記者費蘭德（Chrystia Freeland）在二〇一一年《大西洋月刊》的封面報導中也提出類似的觀點。被她譽為全球頂級菁英（global superelite）的科技鉅亨如賈伯斯（與比爾．蓋茲），以各式創新的高科技產品造福這個世界，同時創造他們可觀的財富，他們顯然與那些受到政府紓困的華爾街人士有顯著的不同。〔這些華爾街人士指的是，在二〇〇八年受到聯邦問題資產救助計畫（TARP）紓困企業的白領員工。〕

誠然，我們現在的確可以見到許多亞洲、非洲、拉丁美洲地區的學校，擁有以太陽能發電的筆記型電腦配備，而且隨著電信網路的普及，這些地區的貧農也能自行主導產品與手工品的行銷。此外，某些美國學校甚至發現iPad形式的作業能使學生更加專注，也有一個iPad應用程式以幫助腦性麻痺的孩童學習為目標。另外，於二〇〇九年六月抗議總統大選不公的伊朗人民，便是透過手機動員示威民眾，並用之與外界聯繫，抗議民眾當中想必不少人使用iPhone。於二〇一一年推翻突尼西亞與埃及獨裁政權的抗議群眾，也是利用網路社群如臉書

（Facebook）與推特的力量，成功地達成目的。倘若這些事蹟都能算是企業社會道德的話，那麼蘋果的確相當道德。

不只是示威抗議者或貧農能從蘋果的科技產品獲益，在這個資訊集結與網路瀏覽愈發快速便捷的時代，許多專家如《紐約時報》媒體專欄作家卡爾（David Carr）、聯合利華公司的行銷總主管、到賈伯斯授權自傳的作者艾薩克森（Walter Isaacson），均有志一同地預期iPad或許是能夠使書籍、雜誌，以及報紙得以繼續存活的劃時代發明（想想這對作者與專欄作家有多麼重要！）

綜觀而論，iPad版本的雜誌訂閱價算是居中，比紙本定價便宜，卻又比免費的網路版貴；舉例來說，透過iPad訂閱《紐約客》雜誌需花費四．九九美元，紙本雜誌則為五．九九美元，當然你也可以透過電腦或手機看免費的網路版本。因此，消費者若訂閱iPad版本的雜誌，既能享受網路閱讀的便利，也能夠讓出版社及作者賺取微薄的報酬。（不過，假如消費者認為平板電腦的雜誌訂購價過高，或出版商不滿意蘋果的訂閱條款，那麼就讓更多的科技公司進入這個市場吧。事實上，過去便曾發生出版社對蘋果的施壓，使得蘋果不得不修正訂閱條款。）另外，與手機相比，在iPad上閱讀文字方便多了，它的圖像品質比電腦佳，內容也與紙本一模一樣。總而言之，對出版社來說，平板電腦最重要的意義或許是能夠透過互動式廣告、多媒體連結，以及廣告的瀏覽次數，估計來自網路世界的多種需求。

譬如，康泰納仕（Condé Nast）集團便因iPad的興起，重新出版原已停刊的《老饕》（*Gourmet*）雜誌（儘管只有iPad版本）；媒體大亨梅鐸（Rupert Murdoch）甚至特地為平板電腦用戶出版新報紙《每日報紙》（*Daily*）。至於電子書，出版業者均盼望蘋果能夠打破亞馬遜電子書Kindle的獨佔勢力，使他們獲得更多的議價空間（即便出版業者與作者的權利金可能會降低）。事實上，就在iPad上市後的第一天，麥克米蘭（Macmillan）出版社便威脅亞馬遜書店，若不提高電子書價格，便讓麥克米蘭的出版品全面在亞馬遜書店下架（我假設是全轉換到蘋果），最後迫使亞馬遜書店提高電子書的價格。當然，麥克米蘭出版社若利用谷歌與邦諾書店，或許也能達到相同目標，然而不可否認，蘋果卻是第一家促成此事的業者。

然而，過去人們所享有的閑情逸致又到哪兒去了呢？在這些科技產品出現之前，你能夠悠閒地漫步街頭，在公園閒逛，觀察周遭的人們、聞取花香，聆聽鳥鳴、讓你的心思自由，甚至大作白日夢，或時而深層思考。但是現在呢？恐怕再也沒時間做這些事了，因為二十四小時掛在耳上的iPod阻隔你與外面的世界。我想，這方面傳統社會道德價值的消失殆盡，蘋果與賈伯斯恐怕得負起相當大的責任。

先不論這麼高調的社會道德，我們看看世俗的社會服務部分吧！諷刺的是，這方面的蘋果似乎表現更糟。除了一般的慈善活動（如捐獻iPod與iTunes的部分銷售額援助非洲國家防治愛滋病）之外，蘋果並不特別以從事慈善活動聞名。依據《紐約時報》作者羅斯・索爾金（Andrew Ross Sorkin）長期以來對蘋果的分析（該作者是稱賈伯斯「現代達文西」同一人），蘋果甚至根本不願意跟從多數公司的慈善之舉，例如同額加碼員工的慈善捐款。在二〇〇七年賈伯斯回任蘋果時，他甚至暫停公司所有的慈善活動。另外，賈伯斯也不願意加入比爾・蓋茲與巴菲特所提出的贈與誓言（Giving Pledge）（此誓言內容為允諾死前將捐獻至少一半的財產）；賈伯斯的病況也沒有使他成為健康醫療議題的代言人或倡議者。當然話說回來，或許他與蘋果不為人知地從事大筆慈善捐獻也說不定。

不過蘋果對政治活動可是相當投入。依據互動政治中心的前發言人烈文投（Dave Levinthal）的說法，自一九九八年起，蘋果的政治影響力與日俱增，現在已是一方強大的遊說勢力。（互動政治中心為無黨無派的政治研究中心，為政治資料與分析的權威。）截至二〇〇八年為止，蘋果已在十九位說客（或遊說團體）身上投入一七一萬美元，包括某些非常具政治影響力的公司，不過蘋果卻不怎麼資助選舉活動，選舉總捐款金額在二〇〇八年科技公司中僅排名第十六（對蘋果來說，這真是相當忙碌的一年！）其中，將近九成的獻金流向民主黨候選人。另一方面，賈伯斯與他的妻子羅倫則長期捐助民主黨，羅倫甚至是二〇〇〇年民主黨代表大會的黨代表之一，而人權運動組織的布洛以姆，則稱讚蘋果是少數幾家願意捐款協助反對二〇〇八年加州第八號憲法提案的企業。（該草案目的為禁止同性婚姻，該法案最終還是通過了。）

蘋果在股東治理方面的表現也不盡理想，或許治理本身的意義便有開放外部人士管理與施壓的意思，只是此處所謂的外部人士乃指公司股東。一般而言，股東會的標準流程是，管理階層將董事會提案與董事提名名單交由股東進行表決，而股東此時也有機會對管理階層表達對特定議題的關心。（記得前述那些關於環保與上游廠商的提案與潛在提案嗎？）而另一個社運人士相當關心的股東會議題，乃是公司董事的當選資格以及票選過程，畢竟董事最為人所詬病的便是對公司管理階層過於放任。

因此，期望能改變蘋果董事遴選標準的加州公務員退休基金，曾於二〇一一年八月主導一項提案，期望使蘋果的董事當選標準改為候選人每次需獲多數票才能當選，而非原本沒有遭到反對便主動連任的制度，不過此舉當然遭到蘋果管理階層的反對。另一方面，董事會裡的性別與種族多元化對社運人士來說也是平權的象徵性指標，然而蘋果在這兩方面表現均不理想，使得如跨信仰企業責任中心與多米尼投資公司的社會道德基金對蘋果相當不滿意。直到二〇〇八年，蘋果提名雅芳（AVON）董事長與執行長鍾彬嫻（Andrea Jung）擔任蘋果董事，才打破董事會原本全由白人男性組成的局勢。

而價格始終是蘋果為人所非議的一部分，畢竟高昂的價格對窮人彷彿是種歧視。「蘋果產品的使用者不是社會的菁英階層，就是就讀於常春藤聯盟的天之驕子，畢竟他們才負擔得起蘋果的產品，」全國消費者聯盟的格林堡表示。

但我們也應將林登柏格所稱的產品品質與服務納入考量。《消費者報導》於二〇〇五年至二〇〇九年期間，對六萬二千五百位電腦使用者進行問卷調查後發現，在七家電腦品牌中，蘋果所需維修的頻率最低，而且除了iPhone 4的天線問題之外，蘋果的產品品質一直穩居龍頭寶座。普信投資集團的基金經理人艾斯沃特則在比較十二吋的蘋果高階筆記型電腦（MacBook Pro，訪談時價格為一千二百美元）與同規格的PC電腦（約七百五十美元）後表示，「蘋果的電腦配備了許多軟體，如iMovie與iPhoto，以及具有七小時續航力的電池，這些正恰恰為消費者所需……相反地，你得花上一個小時才能在PC電腦上把軟體給裝好。」另外，與安裝微軟作業系統的電腦相較，蘋果也較不易受電腦病毒的威脅，這並不是蘋果作業系統有特別的反病毒魔法，而是病毒駭客並不認為蘋果的市場大到值得寫病毒程式攻擊。

此外，不管你是不是蘋果的消費者，超過三百家既氣派又漂亮、由玻璃與鋼骨裝潢而成的蘋果門市，均敞開大門歡迎你；在門市內，人們可以自由地使用洗手間、把玩蘋果電腦以及使用無線網路；最棒的是店內的蘋果天才吧（Genius Bars），在那兒，蘋果的技術人員會回答你所有的問題，而且近乎免費地維修你的電腦。話說回來，那麼其他電腦同業的顧客服務呢？你所撥的洽詢電話多半轉接到一個位於孟買或孟加拉的電話中心，或根本完全是語音系統；一切都是硬梆梆的電字化回覆，以及從不會收到回信的網路服務信箱。

不過，或許蘋果已意識到自身產品價格的不友善。二〇一一年，蘋果認真考慮推出便宜版本的iPhone，同年並第一次以低於同業的價格販售iPad。不過，這也有可能是來自谷歌的競爭迫使蘋果推出低價iPhone，而不是蘋果良心發現，而且iPad的降價無疑將由其他高價產品的利潤來補貼。

對蘋果的粉絲來說，上述所有的分析皆非重點。他們堅信蘋果的確具有社會道德，為什麼？因為高爾是蘋果的董事，因為甘地出現在蘋果一九九七年不同凡想（Think Different）的廣告裡，因為他們所有非常新潮的朋友都使用蘋果的產品。「蘋果讓人聯想到加州，而加州則滿是有機食品與豐田知名的節能油電車，（所以蘋果應該相當具有企業道德吧！）」《蘋果週刊》的創辦人、同時也是前加州居民鍾麥可笑著說。

我在蘋果媒體大展遇到的人並不怎麼在乎蘋果的社會道德責任。愛荷華大學的研究生玻爾那，便沒留心蘋果是否採行回收舊電腦的政策；而他的妻子諾拉，則全面接受蘋果在各項爭議的說辭，她表示，「我相信蘋果，畢竟他們在各個領域都是佼佼者。」

「對我來說，前述的論點都不怎麼能說服我，」五十九歲的密西根州立大學建築學教授戈登史丹（Lynn Goldstein）說，「對我來說，蘋果的產品是不是易於使用，讓我能輕易地完成工作，這才重要。」

問題：蘋果是否是一家引領潮流，又具社會道德的企業模範？

判決：不，但相當接近。

由於蘋果享有的社會道德光環遠多於它所應得的，因此我差點一開始便給予它大大的負評。沒錯，十多年前的蘋果的確只值負面判決，然而現今的我則無法那麼篤定，或許正中有負，負中有正。

舉例來說，在改進公司環保政策與改善血汗工廠工作條件方面，蘋果的確值得嘉獎，它與同業間社會責任的比較也互有領先。這些都無可非議，然而一家只盡了部分社會責任的企業，卻被誤認為是善盡社會道德的模範企業，合理嗎？倘若它所進行的改革均源起於公眾的施壓，那我們該給它多少掌聲？對一家非常具有社會道德的公司來說，企業道德應深植於企業文化之中；採購經理應該根本不需請示上級，便知道該採買回收紙還是潔白的新紙。

蘋果另一項正負評價參半的企業道德則是工作環境。這家企業絕對不是一個有心栽培或願意訓練員工的雇主，你不是得接受它那處處考驗創意的高壓環境，就是根本毋需遞出履歷、申請它的職缺。當然，倘若你感覺到在蘋果工作的你正在改變這個世界，那麼一週工作九十個小時或許是件相當振奮人心的事。然而，假如員工必須戒慎恐懼地與極度聰穎但極為吹毛求疵的執行長共事，導致承受龐大的心理壓力，那麼這家企業能否被視為具有社會道德？或許這個答案在新任執行長上台後不久，會有所不同。

然而，林登柏格、弗利藍，以及艾斯沃特卻認為，不管以哪種形式，只要能幫助社會大眾的企業即具有社會道德。蘋果的產品的確幫助民眾建立發聲管道，而且易於使用，並提供即使的協助，而或許這正是蘋果產品最不為人所知的價值所在。然而我們捫心自問，這是企業社會道德嗎？或者只是在商言商？

或許左右答案最關鍵的因素是，蘋果文化裡那極度神祕、自滿，以及充滿過度控制慾的特質。倘若一家企業神祕到我們無從得知它所宣稱的社會道德作為是否為真，那麼我們能稱這家企業具有社會道德嗎？再者，蘋果依舊任意地依內容（不管是政治、情色或是其他）管制 iPad 與 iPod 的應用程式，更是往反社會道德的方向走。或許，政府的介入、來自同業的競爭，以及大眾的施壓促成了些許的轉變，但這些所謂的變革根本沒有命中核心，更糟的是，其實這些改革均非自願；因此，或許這顆人人崇敬的蘋果實質上一點也不想改變。

賈伯斯離開了，失去了這位獨特偏執、總是隨意狂想的執行長，蘋果的文化會有所不同嗎？有件事或許值得我們期許：粉絲對賈伯斯的崇拜與迷戀並沒有移轉至庫克身上，因此庫克（若想要的話）必須從零開始，親自打造這樣的聲譽、熱愛、尊敬與崇拜，我想或許親自與記者、投資者、社運人士，或是消費者談談能有顯著的效果吧。此外，賓州大學華頓商學院法學與商業道德教授麥特維辛（Andrea Matwyshyn）則以過去許多例子為例，表示一家企業在強而有力的創辦人離開之後，往往轉型為團隊領導，而團隊領導則首重溝通協調。的確，就在賈伯斯過世的前一天，一群蘋果高階主管一同出現在記者面前宣布iPhone 4的問市。

然而也有令人不怎麼期待的一面：《紐約時報》、《新聞週刊》，以及其他新聞媒體均以類似「極度注重隱私」的描述形容庫克，而且在賈伯斯每回請病假時，庫克與蘋果均一致保持沉默，相當有賈伯斯風格。在賈伯斯宣告卸任執行長時，蘋果也拒絕讓庫克受訪，而且，蘋果有什麼動機要去改變原有的企業文化？在賈伯斯一九九七年回任蘋果之後，一切不是都相安無事、運作完美嗎？

只要魔法小精靈還在的話。

第五章

喬氏超市：我們玩夠了沒有？

問題：喬氏超市是否是一家引領潮流，
又具社會道德的企業模範？
判決：不是，但誰在乎呢？

一位穿著藍白花襯衫的店員，告訴隊伍中排在我前面的顧客：假如你攜帶自己的環保購物袋，那麼便可以參加抽獎。

「獎品是什麼？」我加入他們的對話。

「一台冷凍櫃，」店員面無表情地說。

我對他投以懷疑的眼神，他不禁笑了出來。他是一位二十多歲的金髮男孩，看起相當健美。「其實是二十五元的禮券，以及一只喬氏超市的購物袋，」他表示。

「但是我並不需要購物袋，因為我自己帶了一個，所以我才能參加抽獎不是嗎？」

「沒錯，喬忽略了這點，但他是個好人。」

在喬氏超市購物就是這麼回事。員工會在幫你結帳有機香蕉時，突如其來地跟你有段輕鬆的對話；若你買的不是有機香蕉，那麼或許便是台灣木瓜、萵苣、六種中東麵包、九種不同的蘑菇、七種希臘軟乳酪、非籠飼有機雞肉、無抗生素雞肉、素雞或土雞等等。店裡牆上各式各樣的裝飾則包含充滿海洋風與南洋風的衝浪板、假竹子製成的相框、玻里尼西亞面具，以及寫著勵志話語的木製板子，而生菜區旁則張貼一張廣告：「喬氏超市的羅曼生菜全面大特價！買些萵苣當作沙拉原料吧！」

沒人特別喜愛在超市購物，至少絕對不是以芭黎絲・希爾頓（Paris Hilton）去西德妮蜜雪兒（Sydney Michelle）精品店血拼的方式。不過有趣的是，大家都喜歡喬氏超市。

在二〇〇六年喬氏超市進駐紐約之前，六十多歲的信用貸款專員愛德華茲（Willa Edwards），願意每週從她曼哈頓的家出發，花一個小時搭乘巴士前往位於紐約郊區威斯特徹斯特郡（Westchester）的喬氏超市。此外，《紐約時報》也曾報導另一位對喬氏超市極為熱愛的布魯克林區居民，他願意花五個小時，搭乘火車與巴士往返家裡與喬氏超市，只為了它的蛋捲與義大利蔬菜濃湯。

住家周圍沒有喬氏超市的人，通常則萬分渴望喬氏超市能夠進駐鄰近的商圈。紐約州艾爾巴尼市（Albany）的《時代聯盟》報紙（*Times Union*）於二〇〇八年曾報導，該市有個團體發起「我們希望喬氏超市能進駐州首都區（Capital District，圍繞紐約州首都艾爾巴尼的四個區域）」的活動，當地居民表示，「假如健全食品超市、喬氏超市，或諾德斯特精品百貨（Nordstrom）一直不進駐州首都區，那麼這個區域永遠都無法成為科技重鎮，為當地居民提供充足的就業機會。」

如同喬氏超市提供種類繁多的羊奶起司與蘑菇一樣，各行各業的人也因種種不同的原因光顧喬氏超市。以我身邊的人為例，我的母親是喬氏超市的常客，食素的表弟也是，而依據二〇一〇年《財星》雜誌的封面報導，「年輕的好萊塢明星如潔西卡・艾爾芭（Jessica Alba）時常被拍攝到拎著喬氏超市的購物袋；據聞美國聯邦最高法院大法官索托梅爾（Sonia Sotomayor）也是喬氏超市的常客。」

每週願意通車一小時前往喬氏超市購物的愛德華茲也說，她相中的是喬氏超市如蜜汁香蕉乾的精品美食，以及其他標榜天然、無味精或化合物添加的食物。二十多歲的舞蹈系學生波瑞奧（Tatiana Boureau）則喜愛喬氏超市平易近人的價格；四十九歲來自布魯克林區的獄警沃申（Ronnie Worthen）則說堅果、莓類、有機麵包與蔬果是他前往喬氏超市消費的動力。我還認識一對情侶，他們的最愛是喬氏超市的低鹽煙漬鮭魚，而杜克大學商學院副教授洽特吉，則相當開心能夠在喬氏超市購得印度風味的酸乳酪烤雞。放眼望去，似乎沒有人不喜愛喬氏超市。但顧客喜愛的是哪一種喬氏超市呢？讓我們來看看以下的說法：

「他們從不以社會道德企業自誇，僅認為自己是一家經營得當的食品公司，為消費者提供天然與精品美食。我認為他們做得相當好，而且事實上也相當具有社會道德。」——緬因湯姆的柴培爾（緬因湯姆的牙膏為喬氏超市的上架商品）。

「喬氏超市就像是你家附近雜貨店的連鎖店版本。」——賓州大學健康政策與生命倫理系系主任開普林。

「這是個充滿提基像（Tiki）與大量折扣的超市。」——《紐約時報雜誌》在喬氏超市入駐紐約時所下的標題。（譯註：提基像為玻里尼西亞的人型木雕或石雕像。）

「這家公司的文化有些俏皮可愛。」——另一篇《紐約時報雜誌》的文章，於紐約第一家門市開幕前十天，由另一個作者所寫。

「他們是倉儲業者與小型雜貨店的綜合體，某種程度上讓人感到既新潮又環保，並提供別處買不到的獨特商品。」——帕理歐廣告公司總裁邁爾。

「總是能從店裡獲得樂趣的新奇體驗。」——二〇一〇年《財星》雜誌封面故事。

「他們不是大型連鎖超市，他們是專賣店。」——消費品牌顧問帕斯可夫。

「喬氏超市就是你家附近的雜貨店。」——喬氏超市的公司網頁。

不過《良心購物指引》這本書基本上已放棄解釋人們到底為什麼喜愛喬氏超市，它說，「資料來源的不同，將使你對喬氏超市的看法也不同。」

然而某些事實是無庸置疑的。比如說，喬氏超市專門販售一般超市不提供的冷凍熟食，這些特殊食物不是由國外進口，就是有個充滿異國風味的名字，人們只需微波加熱這些食品，即可擁有一頓熱騰騰的豐盛晚餐。此外，喬氏公司內部也特別設置一個品嚐小組，小組人員專門負責到世界各地搜尋具有異國風味的特殊美食。另外，雖然喬氏超市架上仍能見到零星的知名大廠商品，但它自己品牌的產品其實才是店內的銷售主力，因此比起其他超市，喬式超市的成本實在低廉了不少。

此外，喬氏超市也不販售一般超市會提供的典型商品，例如尿布、嬰兒食品或低糖可樂便永遠不會出現在它的架上。另一方面，一般超市的典型庫存量約三萬至五萬項商品，而喬氏超市的庫存量約僅四千項而已。它的門市面積以同業的標準，也算是相當迷你，雖然門市面積不大，它每一家店的裝潢風格均有些許的不同，這些風格包括：夏威夷風、玻里尼西亞風、大溪地風、熱帶南洋風、海洋風，而且每家店不約而同地都有非常友善的店員。

話說回來，既然我們無從得知人們到底為何喜愛喬氏超市，那麼就讓我們逐一分析人們對它的印象與評價。

一點都不足為奇

印象一：喬氏超市是一家經營得當的食品企業，提供天然與精品美食，某種程度上讓人們感到既新潮又環保。

喬氏超市提供三千種自有品牌商品，約有八〇%在店內陳設上架。在這些商品中，喬氏超市的確嚴格遵守天然與環保的標準，包括絕不含反式脂肪、基因改造成分、防腐劑、人工色素或香料，其中許多商品甚至完全有機，如將近一半的蔬果均是。而且，自從二〇〇五年起，所有喬氏超市的雞蛋一律來自非籠飼農場，而不是像主流養雞場一樣，雞群得被迫待在擁擠的雞籠裡。此外，依據善待動物組織的資料，喬氏超市亦沒有進行動物實驗。

然而，只有喬氏超市自有品牌的商品才符合這些環保標準，其他的產品仍可能添加人工化合物，或是以非人道方式製造。例如希伯來牌（Hebrew National）的熱狗便含有致癌的硝酸納，以及大量的脂肪、飽和脂肪與高鹽份，部分外來品牌的雞蛋甚至來自非人道待遇的農場。「喬氏超市在這方面絕對還有很大的進步空間，他們應該向健全食品超市看齊，」美國人道協會營運長馬克瑞恩表示。舉例來說，馬克瑞恩便希望喬氏超市能以更大的豬圈飼養肉豬，來改善傳統肉豬的飼養方式。而且老實說，當喬氏超市的品嚐小組在義大利海邊尋覓那完美的提拉米蘇時，他們根本不在意提拉米蘇是否為有機產品，或是否由非基因改造原料所製成，他們只盼望能將那無比美味的食物引進美國而已。

（對了，或許許多消費者沒有意識到，其實喬氏超市提供美國本土品牌的商品遠多於國際品牌；譬如，喬氏超市的許多商品乃是由知名大廠如親親臉蛋以及可口滋味（Tasty Bite）所

製造，只是販售時貼上喬氏超市的品牌標籤而已。〕

而且喬氏超市最為人所讚譽的某些環保規範，如食物中不含基因改造成分，或店內一律供應非籠飼雞蛋，實際上，均是在綠色和平組織與人道協會的施壓下才被迫採行。在這些爭議中，或許最引人非議的是過去一起關於魚類的銷售事件。綠色和平組織專精於海產生態的專家川諾（Casson Trenor）表示，過去喬氏超市提供的海鮮食品種類一度非常駭人，大西洋胸棘鯛、格陵蘭大比目魚、阿拉斯加狹鱈、大西洋鱈魚、南大西洋青花魚，以及黃鰭鮪魚均曾出現在喬氏超市的魚類銷售櫃上，然而這些魚類不是瀕臨絕種，就是以相當破壞生態的方式捕殺。〔不過美國知名的蒙特利灣水族館附設海洋研究機構卻有較為寬鬆的規定，僅敦促消費者避免購買大西洋胸棘鯛、部分的大西洋鱈魚以及黃鰭鮪魚，卻允許（或不予置評）綠色和平組織名單上的其他魚類。〕

不知為何，消費者總是認為喬氏超市的鮪魚並非以圍網的方式捕殺，因此大批的海豚將可倖免於難，然而川諾卻表示，雖然喬氏超市以延繩釣法（long-line network）補釣鮪魚，但是這種補釣法的魚線含有上千副魚鉤，仍然比不上較少見、且含有較少魚鉤的支釣釣法（pole and line system）來得不具破壞性。此外，喬氏超市曾在擺滿成堆大西洋胸棘鯛魚的展示櫃上，標示「我們所有海鮮的捕捉方式皆非常永續且環保」，川諾對此非常不以為然，認為這個標示惡意地誤導消費者。（喬氏超市鮮少與媒體打交道，也不願對本書的說法發表評論。）

為了對喬氏超市施壓，在二〇〇八至二〇〇九年間的十八個月內，綠色和平組織以電子郵件、電話、問卷不斷地疲勞轟炸喬氏超市，要求他們提出改進的方法。不過川諾說，喬氏超市一開始「完全不理會我們，」因此綠色和平組織決定讓此事在媒體曝光，並督促消費者對位於蒙羅維亞郡（Monrovia，於洛杉磯近郊）的喬氏超市總公司施壓，此外，還架設名為叛徒喬氏超市（Traitor Joe's，取traitor與trader相近的諧音）的網站。川諾表示，在該事件曝光後，「不論在美國東岸或西岸，大批人群聚於喬氏超市的門口，不斷地與消費者及店員進行溝通協調。」

顯然綠色和平組織利用公眾施壓的方法奏效了。二〇一〇年三月，喬氏超市於官方網站中宣布，「自二〇一二年十二月三十一日之後，我們所有的海鮮產品將一律以永續環保的方式捕撈，」同時喬氏超市也表示，事實上他們早已不販售大西洋胸棘鯛、智利海鱸魚以及紅鯛魚，公告中也承諾喬氏超市將與外部專業機構一同制定公司追求環境永續性的目標與內容，並且在公司政策中明定各類海鮮的取得方式或生產方法。

好吧！或許我們無法讓每項食物都極其環保。不過喬氏超市能因舉辦攜帶購物袋便可參加抽獎的活動，就贏得極為環保企業的美譽嗎？其實不論超商提供的是紙袋或是塑膠袋，環保人士均極其詬病，畢竟人們得砍伐樹木才能製造紙袋，必須鑽油才能製造塑膠袋，然而多數商店的店員，包括喬氏超市，總是毫不猶豫地在結帳時大方供給顧客紙袋或塑膠袋。不過在以下事件中，喬氏超市似乎又再次在公眾壓力下做了一點小讓步。二〇〇四年，惠好紙業公司（Weyerhaeuser Company）遭到雨林聯盟與森林管理委員會（FSC）指控，使用極為破壞生態的方式砍伐樹木，而喬氏超市部分門市竟使用這家公司製造的紙袋，因此雨林聯盟發起對喬氏超市的示威抗議活動，最後喬氏超市不得不再次妥協，不過它宣稱這是因為它打算統一全國紙袋的採購。

事實上，喬氏超市也沒有好市多環保，除了運貨用紙箱之外，好市多並不提供消費者任何包裝材料。此外，在舊金山、西雅圖等城市，絕大多數的超商根本禁用塑膠袋，而且全美許多大型超市也獎勵自行攜帶購物袋消費者，例如只要攜帶購物袋便可獲得每只袋子兩分美元的折扣。由此看來，喬氏超市的攜帶購物袋便可參加抽獎的活動，一點都不足為奇。最後，如果你想知道喬氏超市有多「環保」，看看聰明消費指南網站給它的評分吧！在滿分十分的環保評比項目裡，喬氏超市僅僅獲得非常差勁的五．八分而已。

一點幻想也沒有

印象二：喬氏超市就是你家附近的雜貨店。

在一九五八年喬氏超市剛開幕時，這說法或許為真。當時有個叫做克隆比（Joe Coulombe）的生意人，在從商學院畢業的四年後，購買了洛杉磯附近的連鎖超商迅捷超市（Pronto Markets），當時這家超商僅擁有三家門市。那是一個極佳的購買時機，因為當時南加州正處於戰後的繁榮景況，好萊塢電影工業與航空業的蓬勃發展，再加上風光明媚的陽光景致、錯綜複雜的高速公路系統，在在帶動了當地的商業景氣，於是迅捷超市生意蒸蒸日上，迅速擴張。

不過在一九六〇年代，另一家更大的連鎖超市7-Eleven入駐加州，為了與之對抗，迅捷超市得想辦法走出自己的一條路。一九六七年，克隆比決心將他的小超市轉型成具自我風格、價格低廉卻又精緻的商店。他先將所有的庫存以及停產的產品，以跳樓大拍賣的價格全數出售，接下來重新裝潢所有的門市，其中大多數以玻里尼西亞的風格裝潢，並將超市重新取名為喬氏超市。

「喬氏」顯然來自於他自己的名字，但是為什麼是玻里尼西亞風格的裝潢呢？資深商業記者路易斯（Len Lewis）在他那相當奉承這家公司的書《喬商歷險記》（*Trader Joe's Adventure*）

中列出許多可能，「傳說克隆比是在前往加勒比海的海灘度假時，思索如何面對來自7-Eleven的競爭，」另一個說法則是，「他從一九二七年宏恩（Alfred Aloysius Horn）的小說《宏恩商人》（*Trader Horn*）書名取得靈感，而這本書描述的是一位十九世紀的商人，前往赤道非洲旅遊的歷險故事。」

往後數年間，克隆比不斷地修正喬氏超市的產品線，除了引進更多有機食品，也在一九七二年創立自有品牌。然而超商的基調仍在，例如，喬氏超市創造一系列名稱相似的品牌，如中式產品的明氏商人（Trader Ming's）、西班牙式產品的荷西商人（Trader José's），以及義式產品的喬托商人（Trader Giotto's），一切看起來都步上軌道，但是一九七九年克隆比卻將這家公司賣給一位隱居德國的億萬富翁阿爾布雷西特（Theo Albrecht），此人與他的哥哥卡爾共同擁有一家歐洲連鎖折扣超市阿爾迪（Aldi）。

為什麼克隆比將喬氏超市出售仍是個謎。或許是買價令克隆比心動，但當初的交易價格並沒有公開，而且克隆比並不願接受訪問，所以我們或許永遠也不會知道是否是高價打動了克隆比。也或許是克隆比對經營超市感到厭倦，不過他在接下來的十年間仍從事超市零售業。當然也有可能是阿爾布雷西特鍥而不捨的出價（據聞花了兩年的時間），使克隆比煩不勝煩，只好將公司拱手讓人。

當時喬氏超市約有二十多家門市，全都位於南加州，以這樣的規模，是相當難以符合你家附近雜貨店的標準。或許以小型連鎖超市來形容喬氏超市才更符合當時的情況，不過就在它逐漸展店至北加州、亞利桑那州、奧瑞崗州、華盛頓州、內華達州，並於一九九六年來到波士頓開設門市之後，小型連鎖超市也不再適合形容喬氏超市。截至二〇一一年底，全美喬氏超市總計超過三五〇家門市，分布於三十個州以及華盛頓特區，從緬因州到新墨西哥州，從明尼蘇達州到南卡羅萊納州，都可見它的蹤跡，甚至仍不斷地在擴張中。當然它的連鎖規模並沒有大到像克羅格食品公司（Kroger Company）、喜互惠連鎖超市（Safeway Inc.）或沃爾瑪超市，或許僅約略比健全食品超市的規模再大一些。

不過事實上，喬氏超市隸屬於全球第八大零售集團，此集團資產規模高達六百八十億美元，而且極為保守神祕。這個集團的負責人阿爾布雷西特兄弟於一九六〇年將阿爾迪公司分家，然而兩人卻仍能分別列名《財星》雜誌的億萬富翁榜，直到阿爾布雷西特於二〇一〇年以八十八歲高齡過世。當時美國《商業週刊》證實，在阿爾布雷西特的一生中，僅發表過三篇公開言論，而且兩兄弟最後一張的公開相片乃攝於一九八〇年代。（阿爾布雷西特曾於一九七一年被綁票十七天，因此他的低調行徑完全可以理解。）但這家公司以及子公司的所有主管，也一致拒絕受訪。

為了保護兩兄弟的隱私，這家公司也不願意公開上市。當然對一家企業來說，上市與否有諸多的考量，通常往往利弊參半（細節將於第七章討論），然而過度的神祕性絕對是反社會道德的關鍵指標。資訊的不透明將使消費者無法獲知紙袋、鮪魚、雞蛋、雞肉及各式產品的來源，除非管理階層為了利益願意揭露部分資訊。沒錯，喬氏超市的確在海鮮食品的永續議題上對綠色和平組織讓步，但是倘若喬氏超市是個上市公司，那麼它就得先在股東會上面對這個議題，而社運團體或許因此就能以更快的速度處理這個問題。而在喬氏超市的網站上，你可以得知它於一九九二年處理紙袋來源的問題，然而你並不會知道它曾被阿爾布雷西特買下。

那麼為什麼這家連鎖超市可以一直維持古老雜貨小店的形象？有一些真實的因素，如有限的商品選擇以及迷你的商店面積，也有一些不真實的部分，如海鮮販售櫃旁的公告內容。綠色和平組織的川諾表示，「這個大型連鎖集團能創造一個這樣的品牌實在令人稱奇，它讓人誤以為這家小型超市彷彿是由聖地牙哥的衝浪人士所擁有，但事實上，它真正的老闆卻是兩位八十多歲的德國億萬富翁。」（持平報導：川諾的這些評論是他仍與喬氏超市在海鮮議題上角力時發表的，那正是他最惱怒這家企業的時候。）

就在《時代聯盟》報紙報導，地方團體要求喬氏超市進駐艾爾巴尼市時，有位在地化消費運動人士在該報紙的部落格上表示，雖然她非常喜愛喬氏超市的堅果、咖啡以及橄欖油，但是

「我對這家國際連鎖企業成為我家附近的雜貨店一點幻想也沒有，你得記住這是一家國際連鎖超市集團，它所做的就是為德國的母公司賺錢罷了。」

只想做生意賺錢

印象三：喬氏超市是一家充滿提基像（Tiki）與大量折扣的超市。

依序中所述，對廠商來說，社會道德產品的生產成本總是比較高昂，因為這些產品多半小規模手工製造；若是非籠飼或是草原飼養的動物，則需要較多的畜養空間與更高的養殖成本，此外，公平交易條件下的勞工薪資也絕對比血汗工廠的薪水為高。

然而令人訝異的是，這些定律在喬氏超市身上似乎不成立。人們喜愛前往喬氏超市購物的最主要原因之一，便是它低廉的商品價格，特別是知名的兩塊錢恰克葡萄酒（Two-Buck Chuck）。（這是一款在部分喬氏超市門市販售的得獎葡萄酒，一瓶僅需一．九九美元。）事實上，以折扣價應戰正是克隆比當時抵抗7-Eleven入駐加州的主要策略之一。

二〇〇八年，《消費者報導》在問卷調查中發現，喬氏超市是八家最讓人省錢的全國連鎖商店之一（二〇〇九年為六家中的一家），因此喬氏超市這個價格低廉的形象的確名符其實。

在二〇〇九年十月與二〇一〇年十二月，我試著分別花三天與六天的時間做超市售價的比較。在半徑三哩半的距離內我造訪六家超市，包括：健全食品超市、喬氏超市、我加入的消費者共同購買組織、好市多，以及兩家地區連鎖超市關鍵食品超市（Key Food，主要位於紐約地區）與路徑標誌超市（Pathmark，主要位於德拉瓦州、紐澤西州、紐約州與賓州。）當然，要在每家超市找到一模一樣的產品何其困難，尤其喬氏超市又特別標榜它專門販售別家超市沒有的產品。因此我放棄罐裝蔬菜湯，那要不要買喬氏超市的低鈉義大利蔬菜濃湯呢？有機蔬菜與扁豆呢？而且千萬別要我比較雞蛋，這些超市提供的雞蛋種類之多實在令人無法消化：非籠飼且添加omega-1脂肪酸雞蛋、非籠飼且有機且添加omega-3脂肪酸雞蛋、有機非籠飼大型蛋、非籠飼大型蛋、非籠飼超大型蛋、褐色非籠飼大型蛋、褐色大型有機蛋。此外，喬氏超市的水果通常以數量或整袋計價，而其他超市則通常以重量計價。

不過，最後我仍選取十五種相近的食物做比較。在其中的六種食物當中，喬氏超市的確價格最低廉；在第七種食物中，喬氏超市與健全食品超市則一樣便宜。總結來說，喬氏超市的確是六家超商中價格表現最優異的超市。（這七種食物分別為：一磅的非有機胡蘿蔔、一條葡萄乾吐司、六盎司的優格、十一盎司的希伯來牌熱狗、烤肉醬口味洋芋片、有機富士蘋果、非有機澳洲青蘋果，但在喬氏超市你必須購買二磅的富士蘋果以及五磅的青蘋果，才有這麼低廉的價格。）而所有用來比較的價格均是最後價格，也就是扣除所有可能的折扣（如雙重折價券或特殊折扣）後的價格，不過值得注意的是，喬氏超市並不願意提供如競爭對手提供的雙重折價券這種常見的促銷折扣。

因此喬氏超市到底如何將價格控制在這麼低廉？這有許多的可能：首先，喬氏超市的產品並不僅限於價格昂貴的有機、無農藥、非籠飼，以及其他符合社會道德的產品，而且喬氏超市的門市通常不位於繁榮的大商圈裡（尤其是早期的店面），如此一來，店面成本可降低許多。再者，喬氏超市不販售知名且昂貴的品牌產品也應是原因之一。

產品選擇不多的經營模式或許是另一個原因。僅僅販售兩種牙膏或三種肥皂（其中之一甚至還可能是自有品牌），表示喬氏超市僅需向二或三位供應商進貨，而不像傳統大型超市可能得同時與十數位品牌供應商交涉。（雖然品牌數目與供應商數目並不會完全一致，因為許多大廠會同時推出多種同類型產品，然而應仍有正向關係。）對於喬氏超市的供貨商來說，雖然大型超市看似所有牙膏的總銷售量較大，但或許這只是因為大型超市提供的牙膏種類繁多，相較之下，僅販售兩三種牙膏的喬氏超市或許反而能賣出更多你的產品。換句話說，這家奇特的小店在與供貨商談判時，也許能因此擁有更大的議價能力，進而壓低進貨價格。而且，喬氏超市也不透過中盤商進貨，如此一來更可節省一筆費用。

另一方面，喬氏超市並不願意花費大筆預算鼓吹消費者購買不需要的產品，因此幾乎不進行廣告宣傳；另外依據互動政治中心的資料，喬氏超市也不熱衷於政治捐款或遊說活動。（所以顯然喬氏超市的公關費用也相當少。）

這或許同時意味著，喬氏超市根本不願意花任何費用在社會道德之舉上。路易斯在《喬商歷險記》這本書中提到，「喬氏超市明確表示，將不贊助任何廣告或慈善活動……也不願認捐任何慈善團體……或是捐助禮券……喬氏超市只想做生意賺錢，並且規避所有可能的花費。」

讓我們回頭看看兩塊錢恰克葡萄酒吧！這瓶酒的名稱來自於投資銀行家查爾斯．蕭（Charles F. Shaw，恰克為查爾斯的暱稱）；蕭過去擁有一座葡萄園，後來將其轉手出脫，目前他則是喬氏超市的酒類供應商。依據《喬商歷險記》這本書的說法，蕭曾公開抗議喬氏超市以這款廉價酒與他朋友販售的高級酒競爭，甚至還以他的名字命名這款酒。而這款酒也曾招致一些批評，包括喬氏超市竟將擁有豐富藝術內涵的美酒，降格為區區兩塊錢的廉價品。

他們看起來相當滿意

印象四：對員工而言，總是能從店裡獲得樂趣的新奇體驗。

基於種種客觀的理由，喬氏超市看起來一點也不像是個有趣的工作場所。路易斯在書中曾提到，「為了精簡人事成本，喬氏超市每家門市均以銷售額為基準，刻意維持最少的員工數目。」這樣的描述聽起來像是一個迫使員工得加快工作速度，或是聘用少量員工來做超過他們負荷（而且還沒有加薪）的工作場所，換言之，就是一個差勁透頂的工作環境。

可想而知，喬氏超市從來沒有登上任何最佳雇主的排行榜。雖然路易斯在他的書中宣稱，「喬氏超市時常榮登《財星》雜誌的百大最佳工作環境排行榜，」然而我透過特殊管道搜尋《財星》雜誌的資料庫，卻完全尋不著證據。正如同大多數的零售商店一樣，喬氏超市並不容易在工作條件或環境的評比上取得高分，畢竟零售商店大多聘用兼職員工，而兼職員工往往無法享有公司的福利。

由此之故，《職業婦女》雜誌於二〇一〇年為兼職員工列了一份兼職員工的最佳雇主名單，在榜單中，我們可以看到即使是聘用大量兼職員工的旅館業者萬豪國際旅館（Marriott International）都能上榜，但是喬氏超市依舊榜上無名。此外，聰明消費指南網站僅給喬氏超市整體企業評比平均五．二的中庸分數（滿分為十），並且在勞工項目只獲得差勁的四．四分，其中員工人權與員工種族多元性為獲得最低分的項目，工作條件與福利項目則獲得較高的六．七分。或許喬氏超市獲得低分的最主要原因來自於沒有工會組織，畢竟在美國，超市的工會力量極為強大，光是食品與商業工人聯合工會就代表全美七〇%的超市員工，但可惜的是，其中並不包括喬氏超市。

為什麼？也許是食品與商業工人聯合工會不夠努力，雖然該組織於一九九八年與二〇〇三年在加州喬氏超市的門市進行零星的組織活動，但最後卻未能克盡全功。食品與商業工人聯合工會的發言人帕皮恩（Jim Papian）表示，「對於喬氏超市，我們並沒有進行全國性的串連活動，畢竟我們還有像沃爾瑪等其他大型連鎖超市得對抗。」沒錯，沃爾瑪超市是個更明顯、更大型的目標，而且對其非人道待遇的指控多如繁星，如性別歧視、拒付員工薪資、不允許員工獲得休息時間、不提供健康保險。帕皮恩表示，組織全國性工會有其困難度，因此他一點也不意外喬氏超市至今仍欠缺工會代表。此外，二〇一一年，喬氏超市因拒絕簽訂改進番茄農夫工作條件與報酬的協議，成了許多農夫組織要求改進的對象。

當然，也有可能是喬氏超市的勞工根本相當滿意現況。舉例來說，喬氏超市的薪資與福利並不比有工會組織的超市差。路易斯表示，二〇〇五年時，喬氏超市的平均薪資高於工會薪資水準的一五%。五年後，依據《財星》雜誌的報導，「全職人員（該公司定義為每週工作四十到四十七．五小時的店長）約可獲得每月四萬至六萬美元的薪資，」高於美國勞工統計局（BLS）的同類數據。依據美國官方資料，同類型雇員的中位數薪資為三萬五千一百五十美元（若每週工時四十小時），以及四萬一千七百五十元（倘若工時更長）。

（美國勞工統計局僅公布時薪數據，因此我必須將此數值先乘以喬氏超市的最高與最低每週工作時數，再乘以五十二週。這樣的計算有兩項缺點：美國勞工統計局的數據計入全國大大小小的超市，包括有工會組織與沒有工會組織的超市，不過，由於超市產業的高工會代表率，因此美國勞工統計局的數據幾可等同於工會薪資水準。此外，美國勞工統計局最新的數據為二〇〇八年五月，早於《財星》雜誌二〇一〇年的報導兩年，不過由於通貨膨脹率在這兩年幾近於零，因此不同年度的比較應所差不遠。）

不過《大西洋月刊》在二〇一一年關於喬氏超市的薪資報導便語意不清，報導中指出，「喬氏超市的薪資高於同類型員工的中位數薪資，」然而，並沒有清楚說明這是工會薪資還是非工會薪資。（畢竟非工會薪資通常非常微薄。）

除了員工薪資之外，讓我們回過頭來看看喬氏超市的員工福利。喬氏超市在401(k)的退休金計畫裡提撥一五．四%的雇主比例，這與一般公司三%的雇主提撥比例相比，簡直慷慨至極，更遑論一般公司通常要求員工必須先行提撥。此外，喬氏超市的網站也表明，符合資格的全職與兼職員工可獲得醫療、牙齒與視力的保險，不過網站上並無明確定義何謂符合資格，僅說絕大多數的員工在工作數月後將符合資格。

來自於員工的親身工作經驗似乎也都相當正面。全美消費者聯盟的格林堡表示，她的一位侄子與朋友的妻子均曾在喬氏超市工作，他們看起來相當滿意他們的工作與薪資。「假如你詢問現場的工作人員，」維吉尼亞大學的資深研究員偉漢表示，「他們通常會告訴你，他們相當喜愛在喬氏超市工作。他們能自由交談，他們可以做任何想要做的事，看起來並沒有什麼特殊的規定規範他們。」當我與一位結帳店員熟稔後，她唯一向我抱怨過的事情，竟是在感恩節期間店員得戴上火雞帽這件事而已。

以我個人來說，我並不認為節慶期間戴上特殊帽子、穿上花襯衫，或者是店裡頭那些充滿海洋風的員工稱呼，意味著這家公司提供良好的工作環境。喬氏超市稱呼店員為船長、大副、船員，除了有一致的海洋風格之外，這與星巴克的「合夥人」或是塔吉特超市的「隊員」有什麼區別？都是一些可愛有趣的綽號，只為了掩飾這些人其實從事低階勞碌的工作，領著微薄的薪水。那麼，那些夏威夷花襯衫呢？麥當勞、星巴克、塔吉特，與其他許多零售商也都提供制服、圍裙，或對員工有服裝儀容的規定（不管它取什麼名字）。當然，喬氏超市的花襯衫有趣好玩多了，但其實喬氏超市的服裝設計也越來越不花俏，而且嚴格來說，喬氏超市的花襯衫並不能稱為夏威夷衫，因為真正的夏威夷衫用色鮮豔大膽多了。

而且，假如快活地工作是在喬氏超市工作的義務，那麼員工是否的確享受著他們的工作，則仍有討論的空間。我便曾見過喬氏超市的員工顯然並不快活地工作，像是枯坐在試吃區看起來窮極無聊的某個女店員，從來不提供顧客試吃品。但我想，或許這是少數例子，不過也有可能，最沉悶最不快樂的店員躲在倉庫內點數物品也說不定。

有需要幫忙嗎？

印象五：對消費者而言，總是能從店裡獲得樂趣的新奇體驗。

是的，門市裝潢就僅僅是一場展示而已。或許你跟我一樣，相當不喜歡太過俏皮可愛的店內裝潢，或者也有可能你早已習慣牆上那些偽龍蝦與竹飾，不過，並不是這些店內可愛的裝潢塑造喬氏超市的愉快購物氣氛，那親切的服務，以及店員與顧客間溫馨的互動才是，而這就是喬氏超市與古老雜貨店最大的差別。

喬氏超市店內總是有免費咖啡與異國食物的試飲或試吃活動。我曾見過紐約某家門市的店員花了好幾分鐘僅為了向顧客講解不同維他命的區別，另一家店的店員則主動四處詢問「有需要幫忙嗎？」加州門市的某店員與我母親熟稔到稱呼她為奶奶，並在耶誕節時送她一盆植物。店內的洗手間也可以自由使用，並有明顯的標誌指示洗手間的位置，而且店內的顧客似乎也感受到店裡頭氣氛的友善，而變得熱情主動起來，譬如有一次，我在紐約市雀兒喜區的門市裡，有位陌生人在我選購肥皂時，突然告訴我她喜歡哪種香味的肥皂，以及她有多麼喜歡店內的擺設。

假如琳瑯滿目、種類繁多的雞蛋讓你不知從何下手，那麼紐約聯合廣場的喬氏超市旗艦店，則有清楚的標示告訴你有機蛋、非籠飼蛋、白色蛋、褐色蛋的區別。布魯克林區的門市，也以海報回答消費者什麼是非籠飼雞？雖然喬氏超市的官方傳單無懼（Fearless Flyer）並不提供折價券，然而它卻解釋了為什麼北加州的氣候非常適合種植蘭花，或是告訴你富士蘋果打哪兒來。因此《消費者報導》於二〇〇九年的問卷調查報告中指出，除了產品價格低廉之外，消費者對喬氏超市另一個極為稱許的項目便是店內服務，該雜誌並將喬氏超市與華格曼有機超市並列為全美最令人滿意的連鎖店。

來自消費者最普遍的抱怨是那冗長的結帳隊伍。或許這是這家連鎖店受到熱烈歡迎的證據，也或許是為了精簡成本而雇用過少結帳店員的結果。

這年頭誰還買整顆萵苣呢？

喬氏超市最大的問題，並不在於它的形象名不符實，而是這些形象本身所具有的問題，在人們心目中什麼是喬氏超市的形象？那就是選擇有限的異國風味食物，從世界各地精挑細選而來，多為預煮且可即食的熟食。讓我們一一解析這些形象所帶來的問題：

（一）選擇有限：雖然對多數消費者來說，這些異國食物的確美味可口，但除了低鹽煙漬鮭魚以及蜜汁香蕉乾之外，我們仍然需要一些日常生活用品，像是牙膏（並非所有喬氏門市均販售牙膏），以及菜瓜布（也並非所有喬氏門市均販售菜瓜布）。或許我們當中有些人（包括我）也喝健怡可樂，也或許我們需要多於兩種的蛋糕粉（而不是只有檸檬或巧克力口味）。因此，消費者可能得多跑好幾家其他真正的超市，才能完成日常用品的採購，而這在所有喬氏超市所在的城市裡（特別是加州），意味著消費者得多開好幾趟車（等同於能源的浪費以及碳排放量的增加），才能買齊購物清單上的所有物品，如此一來，使用購物袋對環境的益處將會無可避免地被抵消。

（二）異國食物：路易斯的書中指出，依據市調研究單位尼爾森（ACNielsen）的調查，喬氏超市的顧客多為沒有小孩的年輕夫妻、年輕單身者、中年單身者，以及中年沒有小孩的夫妻。該書也引用另一家研究購物與生活型態公司思卡柏若機構（Scarborough Research）的研究，指出「在美國西北沿岸，喬氏超市的典型消費者為大學畢業、擁有自己房子的白人、約四十四歲，家戶收入（二十一世紀初期）為六萬四千美元……約三分之二沒有下一代。」

這樣的消費者並非美國大型超市的典型消費者類型，最顯著的差異即為「沒有下一代」。還記得嗎？喬氏超市並不販售尿布或嬰兒食品，而且三歲小孩會想要吃雙倍奶油香檳乳酪嗎？另一方面，倘若你的孩子非得要小包裝的巧克力脆片餅乾（因為在學校大家都有），但是喬氏超市並不販售該種餅乾時，你該怎麼辦？

紐約大學的奇庫爾則指出，喬氏超市另一項與地理位置有關的展店趨勢，「喬氏超市通常不會選擇在低收入地區設立門市。」雖然在發展初期，喬氏超市刻意選擇在非繁榮商圈，或較便宜的地點開設門市，但是當它二〇〇六年進駐紐約時，可是將那充滿假竹飾的門市開設在高級的曼哈頓上西城與布魯克林高地區。

換言之，假如你只是個平民老百姓，有一家老小要餵養，那麼坦白說，喬氏超市對你沒有興趣，也就是說，喬氏超市是個以菁英主義為導向的連鎖超市。**一個菁英主義導向的企業會具有企業社會道德嗎？**

另一個讓我對熱衷於販售異國風味食物相當反感的原因在於，喬氏超市為人們創造許多不必要的需求，例如在我走進喬氏超市或翻閱喬氏超市新聞傳單之前，我根本不會知道什麼是墨西哥式雞肉佐玉米片料理，或是胡蘿蔔起司夾心餅乾，更別提我會想要嘗試這些我根本不知道原來它們存在的食物。這樣的行為豈不是違反社會道德？

不過消費者運動人士並不以此為憂。相反地，他們之中許多人甚至視此為喬氏超市的優點之一，認為這家超市能使與外隔絕的美國人得以認識更多的文化，並且提供比星巴克還要道地的異國產品。「消費者喜愛多樣化的選擇，此外，喬氏超市不僅能使消費者增廣見聞，也能讓他們體驗從未品嚐過的異國美食，」全美消費者聯盟的格林堡表示。

（三）從世界各地精挑細選而來：二〇〇六年，《紐約時報》以此形容喬氏超市的十五位品嚐小組人員：「一群馬不停蹄造訪世界各地食品業者（如餐廳、農夫市場、義大利麵團師父、路邊攤與超市），並且將他們的發現帶回喬氏超市的人。」時至今日，他們從紐西蘭帶回草飼的巧達起司、從法國帶回羊奶奶油起司、從泰國帶回辣酸橙花生，然而如此頻繁的旅遊探訪，意味著不只是喬氏超市的消費者得耗用大量能源與增加碳排放量，品嚐小組也是。換句話說，喬氏超市完全違反在地化飲食運動的教條，此運動鼓勵人們就近選擇土生土長的食材，就近的定義則為方圓一百英哩或二百英哩內，用以支持在地商家，並降低因運送食物所導致的碳排放量。因此，喬氏超市的這項特質實在難以證明它是一家環保企業。

（四）預煮且可即食的熟食：食品加工的過程越繁複，越多的能源與包裝材料將被耗用。新鮮蔬果的最佳運送方式，應是直接在農場以紙箱裝載於貨車，緊接著馬上運送至商店的展示櫃。令人遺憾，氣候為要組織的透納表示，喬氏超市花費太多包裝來運送清洗過、去殼過、切塊過、切片過、嫩煎過、混合過，以及以其他方式處理過的食物，不過，他同時也承認自己喜歡購買不含防腐劑的產品，最好是有機食品，若價格低廉更好。

「我並不認為喬氏超市是一家對環境友善的企業，」紐約大學商學院企管系主任外諾（Russell Winer）表示，「因為他們以塑膠製品包裝許多食物，特別是那些冷凍或真空包裝的預煮食物。」

不過老實說，即使是未預煮的食物都過度包裝。為了讓消費者易於處理與食用，喬氏超市販售許多預切或洗好的沙拉與其他蔬菜，全數以塑膠袋包裝，而非散置在展示櫃上。套句某位品嚐小組成員告訴《紐約時報》的話（這實在是相當難得的機會能與喬氏超市內部人員談上話），「這年頭誰還買整顆萵苣呢？」

我明白對忙碌的消費者來說，這些預煮的熟食的確比速食健康，也比餐館的外帶食物便宜，然而我卻不免擔心，過去美好的烹煮藝術是否會逐漸由這類食物所取代？

問題：喬氏超市是否是一家引領潮流，又具社會道德的企業模範？

判決：不是，但誰在乎呢？

嘿，我很喜歡去喬氏超市，總是對那些罕見的特殊食物與起司大流口水，而且店員總是讓我的購物經驗非常愉快。倘若一家企業能夠帶給人們非常親切友善的服務，那麼它絕對提供極高的社會價值。如同格林堡曾提到的，喬氏超市提升了美國人對世界其他文化的認識，這的確也是社會價值的一部分。倘若現在的人不再開伙，喬氏超市也絕不是罪魁禍首，雙薪家庭結構與速食文化才是，而且，若非得外食，那麼喬氏超市的雞尾酒醃漬鮭魚也遠比大麥克漢堡加薯條健康多了。而且老實說，即使整家店的氣氛過於強調俏皮可愛，但讓超市購物經驗變得新鮮有趣，何錯之有？

所以，這顯然是一家看起來具備很多優點的超市，儘管這些優點與企業的社會道德沒多大關係。

喬氏超市所推動的環保措施實在對環境沒多大助益，碳排放量也糟得令人搖頭。舉例來說，其他超市為了鼓勵消費者攜帶環保袋，所採行的方法都比喬氏超市多而且有效。雖然比起一般超市，喬氏超市提供更多的有機、非籠飼天然產品，然而事實上，整體超市產業本來就正在往更環保有機的方向轉型，基本上每一家大型連鎖超市均販售知名有機品牌的商品，如地平線（Horizon）的牛奶、前往地球農場（Earthbound Farm）的胡蘿蔔與非籠飼雞蛋。此外，雖然喬氏超市的店員熱情友善的服務態度令人激賞，不過喬氏超市在其他方面依舊維持高度的神祕感，尤其是所有跟企業道德有關的公司政策。

最重要的是，若想要購買環保有機的產品，消費者其實有許多其他的選擇，如消費者共同購買組織、農夫市場、健康食品市場、社區支援農夫活動、地區專賣店，以及最便利（且有工會組織的）大型連鎖超市。從這些選擇中，我想已足夠找到我們想要的商品。

第六章

美國服飾：性與T恤

問題：美國服飾是否是一家引領潮流，
又具社會道德的企業模範？
判決：不是，但仍有希望。

一棟珊瑚色的七層樓工廠，聳立於洛杉磯市中心的工業區，睥睨著周圍的廠房，並為洛杉磯食品批發市場（LA Wholesale Produce Market）、萬歲食品（Bravo Brand Food）、坎頓食品（Canton Food Company）、天使玩具公司（Angel Toy Corporation）以及《洛杉磯時報》的印刷工廠所圍繞；廢棄已久的鐵道沿著阿拉米達街從旁穿越而過。這裡的環境，與風光明媚的聖塔莫妮卡（Santa Monica）海邊截然不同，也與比佛利山莊以東、販售這家工廠服飾的百貨區天差地遠，雖然工廠與百貨區相距不到十五英哩。

工廠的外頭則懸掛一幅巨型看板，上面寫著「讓洛杉磯合法化！」、「馬上進行移民改革！」以及（以英文與西班牙文寫著）「美國服飾正是另一波的工業革命」，而工廠內部寬敞明亮，數百名中年拉丁婦女正忙碌於縫紉布料少得不能再少的短褲與T恤，廠房的牆上則掛著巨幅照片，照片裡的女人四肢跪趴於地板上，拉扯著衣服領口，露出明顯的乳溝，並且暗示性地把手擺在牛仔褲的低腰部位。

成衣工業的汙穢製造過程、行銷廣告的俏皮可愛、對移民群眾的友善、直接露骨的性暗示、新潮時尚的風格、符合社會道德的部分、不符合社會道德的部分，均形塑著美國服飾對外的形象，也成了這個品牌最為人所知的特質。

理論上，社會道德運動人士理應相當讚許美國服飾廠留美國的決定，畢竟成衣工業將工廠移至開發中國家已蔚為潮流（這些海外工廠的員工多數領低薪、且遭受非人道待遇），而美國服飾的每一樣產品，從衣服原料到廣告圖片，均實實在在地在美國本地生產製造。此外，雖然美國服飾沒有工會代表，一般卻認為這家公司提供了與工會水準相當的員工薪資與福利。再者，或許你認為它的廣告過於腥羶情色，但這不就是時尚產業的行銷之道嗎？

除了積極擁護移民人權之外，美國服飾亦補助員工午餐與公車票券費用，並在廠區內提供免費的英文課程與自行車。這麼「道德」的美國服飾，居然使自由派人士相當坐立難安。為什麼？

當我對朋友細數本書所挑選的六家公司，我通常得到這樣的回應：（並且以非常驚恐的音調說）「美國服飾？你確定嗎？」「它根本就是軟調色情業！」除了情色形象讓人觀感不佳以外，二〇一一年之前，它所遭遇的財務危機甚至幾度讓它面臨倒閉的可能。而且人們並不確定這是來自於過度擴張或經濟蕭條，還是該歸咎於那位被員工控訴性騷擾、顯然不怎麼守法的創辦人多夫·查尼（Dov Charney）。

無疑地，美國服飾將是本書最具爭議性的入選企業。

依然未能上榜

「在洛杉磯市中心生產製造，堅決向血汗工廠說不，」不僅是美國服飾的廣告基調，也是千真萬確的事實，而且意義非凡。靠著珊瑚色工廠裡的五千名員工、鄰近的倉庫，以及兩座小型編織與染色工廠，美國服飾每週忙碌地生產一二〇萬件鮮豔合身且時髦的T恤、緊身褲、細肩帶上衣、迷你裙、襯衫、短褲、泳衣、牛仔褲、毛衣、內衣等產品，成衣製品隨後運往美國服飾的二八五家全球門市，由五千多位門市店員推銷販售。美國服飾甚至在中國也有門市，使得成衣竟罕見地從美國運往中國銷售，這家公司因此宣稱它是全美最大成衣工廠，而沒有一個人會對這點有所質疑。

相對地，美國服飾的競爭對手多半將低階繁瑣的縫紉工作，交給位於開發中國家的工廠，例如孟加拉、中國、宏都拉斯、越南，只因這些國家人力成本低廉。依據媒體的估計，這些國家支付的時薪約從〇．一五元到一元不等，而美國服飾的基準工資約為每小時九至十元，倘若再加上它所宣稱的生產績效獎金，美國服飾的平均時薪約在十三至十八美元之間。另一方面，美國一週的標準工時為四十小時，而這些海外血汗工廠每週工時輕易地超過一百小時，因為這些勞工通常得每天工作十六小時，一週工作七天。

就在這些海外血汗工廠的員工群起抗議，特別是在二〇一〇年鴻海員工跳樓自殺事件之後，這些員工終於獲得加薪，平均月薪由一三〇美元調漲至一七六美元。然而由於中國勞工的薪資節節上漲，這些跨國企業紛紛將工廠移至孟加拉或越南等人力更便宜的國家。若我們以每週標準的四十小時工時計算（雖然極不可能），調漲過後的時薪約略多於一美元，更不用說這些工廠的工作環境比美國服飾可說是糟得多了，包括如前幾章所描述的有毒原料、性騷擾、禁止員工休息等非人道待遇。

不過也有如《紐約時報》專欄作家克里斯多福（Nicholas Kristof）與作家皮爾斯（Fred Pearce）的社會平權人士主張，事實上在這些開發中國家，能有定期收入已經如獲恩寵，否則這些人只得藉著自家農田的農穫、化身阻街女郎。或是在垃圾堆中尋找食物，才能免於飢餓。

克里斯多福與皮爾斯的主張固然有其道理，而且這些代工廠的工作環境也已獲各大企業的承諾將會有所改進，然而無可否認，與競爭對手相比，廠留加州的美國服飾硬是提供一個更好的工作環境，並且因而支付較高的人力成本（細節容後討論）。或許你會認為孟加拉、中國、宏都拉斯、越南婦女的工作權利因此遭到剝奪，但是事實上，美國低階勞力因這個廠留美國的決定而獲得大量的工作機會，也就是說，美國服飾為美國保留最後一塊曾經興盛的工業基礎，服務業員工國際聯合會經濟學家烈文森指出，「美國服飾證明美國本土製造仍有其可能性。」

不過，由於工會組織與美國服飾之間的關係相當錯綜複雜，烈文森的溢美之辭事實上有所保留，稍後我們會有更詳盡的討論。

從事反血汗工廠運動逾二十年的寶林格，過去雖然對成衣業者的批評遠多於讚美，卻也認同烈文森的評論：「對我來說，廠留美國使勞工問題簡化為人們是否賺得足以維持生活的薪水？（而不需考慮非人道待遇的問題），我認為這是相當出色的營運策略。畢竟這是家位於洛杉磯的工廠，你不可能支付每週低於三百美元的薪資，而美國服飾證明廠留美國這條路絕對行得通，甚至還能夠成為極具競爭力的成衣業者。」

不過千萬別被這樣的溢美之辭沖昏頭，美國服飾選擇這麼做的原因並非出於慈善目的，或者企圖幫助貧困的美國人，而是商業利益所驅使。如同美國服飾始終強調的，這家企業向來仰賴垂直整合的生產線，故而能夠在同一廠區監督所有的生產步驟，並藉此確保產品品質。廠留加州也節省產品的運送成本，而且可以迅速出貨至北美的門市，即時因應最新的流行趨勢。

不過，所謂廠留美國的工作內容其實非常無趣，不但充滿機械式的重複性動作，有時也非常地耗費體力。這是得賣力工作的組裝生產線，而不是像在華爾街或矽谷工作，可以舒適地坐在辦公桌前啜飲咖啡辦公。在這家成衣工廠擺滿縫紉機的長桌前，通常可見到由五至二十五人組成的工作小組，一成不變地重複同樣的動作，譬如為牛仔褲縫上口袋，或者把袖子縫上T

恤。而這些工作所製造的惱人音量時大時小，取決於當時有多少台縫紉機在轟隆隆地運轉，最大的音量幾乎可與紐約地鐵進站時的尖銳煞車聲相媲美，許多員工因此戴上面罩或耳塞，他們之間也鮮少交談。

然而，以工廠的角度，由鐵道倉庫改建而成的美國服飾工廠，環境可說是相當不賴。南加州耀眼的陽光放肆地灑進大片落地窗內，偌大的廠房幾乎佔據一整個街區，而廠房內通常有三面牆（有時甚至多達四面牆）布滿了落地窗，員工也可以自由地開啟窗戶。面向市中心的那面牆，則全飾以大型落地窗，員工可因此全景鳥瞰洛杉磯市中心。廠房內部的牆壁則漆為白色，淡雅的牆色於是增添些微的空間感，少數的綠色盆栽也悠然點綴著工廠的內部空間。

不過其中最令人驚艷的其實是員工福利：公司贊助的診所就座落於午餐室旁，駐診醫生每週看診兩天，一天十小時，員工的家人也可來此就診。現場也有免費的瑜伽課與英文課，公司並給予員工公車票券折扣，也提供外燴餐點（內容相當國際化，提供的食物包括西班牙菜與韓國菜），員工休息時間還可享有免費的十分鐘按摩服務，在下一個輪班開始前並有二十分鐘的健身操活動，員工可自由加入。更值得稱許的是，這些福利時間均計入工時。

此外，廠區內的每個樓層均配備三到四台電話，員工可以自由撥打免費越洋電話。（美國服飾的發言人哈勒戴（Ryan Holiday）表示，光是員工福利，美國服飾至今便已經付出高達數十萬美元的費用。」工廠內部也停滿數百輛自行車，免費供員工通勤或娛樂。這些福利並不是紙上談兵，在我參觀公司時，確實見到這些員工福利，如健身操、電話、餐點車、兩位物理治療師、診所（不過參觀當天休診）、公車與自行車的路線指示、擺滿許多微波爐的午餐室、可裝熱便當的蒸汽箱，以及自動販賣機。

（不過，這些福利僅限於總部的工廠，公司門市的氣氛則截然不同，也更具爭議性，細節容後討論。）

美國服飾對於公司奉行的平等文化亦極為自豪。執行長查尼的辦公室就座落於工廠某層縫紉區旁，中間僅間隔一間製作服飾樣本的設計發展室與雙層門。員工可直呼他的名字，在每週查尼與各地零售經理舉行的電話會議中，門市店員也非常歡迎參與會議、加入討論，哈勒戴非常自豪地說，「員工與執行長之間的溝通完全不需透過其他人。」（發言人哈勒戴同時也是這家公司的網站設計總監，並負責廣告企劃。）二〇〇五年美國《商業週刊》曾如此形容美國服飾：「這是一家任何人都可以隨時走進老闆辦公室的企業。」

「許多員工非常喜愛多夫，在他經過廠區時，他們會熱情地擁抱他，」撒拉絲（Angelica M. Salas）說道。撒拉絲為洛杉磯移民人權組織（CHIRLA）的執行主任，她自一九九七年查尼初抵洛杉磯時，便已認識查尼。她回憶道，有次她前往拜訪美國服飾時，有位員工告訴查尼，他希望能在墨西哥各城鎮販售美國服飾的T恤。查尼回應他，「假如你能給我一個詳盡的企劃書，那麼就去做吧！該名員工因此雀躍不已……因為他將有機會成為成衣經銷商！」

然而除卻這些如擁抱、電話會議閒聊那充滿愛與和平的相處方式，這家公司仍存在著明顯的階級制度。低階員工如縫紉工、維修工、警衛，多為三十歲以上的拉丁裔（特別是縫紉工幾乎全為女性），而行銷部、廣告部、研發部，以及網站設計的辦公室員工，則通常多為白人。此外，後者的辦公室在炎炎夏日時往往比縫紉區涼快許多，同時也安裝能夠阻絕高分貝噪音的門。

前述那些優渥的員工福利，絕對足以使美國服飾榮登各雜誌的最佳企業排行榜，但令人納悶的是，美國服飾卻從未出現在《財星》雜誌或《職業婦女》雜誌最佳企業的名單之中。美國服飾的規模較小顯然並非原因，因為《財星》雜誌的入選條件僅需一千名以上的員工即可，而且該雜誌每年公布的名單上亦時常出現比美國服飾規模更小的企業，如容器商店（Container Store）、亞特蘭大的奧斯頓柏德（Alston & Bird）律師事務所、德州電信公司共享科技（Shared Technologies）。此外，二〇一〇年，《職業婦女》雜誌甚至為兼職員工列了一份最佳雇主名單，美國服飾依然未能榜上有名。

迷人且厚道的雇主

在慷慨補助員工餐點、公車通勤費用，以及其他福利的情況下，美國服飾有沒有工會代表是否那麼重要？畢竟它那些聘用海外血汗代工廠的競爭對手，以及美國九三・一%的私人企業也都沒有。然而身處於美國勞工運動史上具有舉足輕重地位的成衣工業（一九一一年紐約三角內衣工廠發生大火，當時的管理人員為了防止員工溜出去休息而將所有逃生門與樓梯全數上鎖，大火因而造成嚴重傷亡，災後的立法則奠定美國勞工運動的里程碑），即使美國服飾的薪資福利以及整體環境真的如它所宣稱的那麼好，員工便因此不需要工會代表了嗎？

庫爾特（Jason Coulter）是芝加哥瑞文斯伍德教堂（Ravenswood United Church of Christ）的牧師，但在九〇年代與二十一世紀早期的十三年間，他曾擔任聯合衣服與紡織工會，以及紡織品貿易及產業聯合工會的工會組織者。二〇〇三年，他便為此來到美國服飾。

老實說，美國服飾並不像是工會組織者會盯上的目標。「我們組織有些成員的家人當時在美國服飾工作，依據他們的描述，當時工廠的工作情況顯然相當與眾不同，」庫爾特回憶，「查尼是個從加拿大來、卻會說西班牙文的白人佬，有時會遛著滑板穿梭於廠房內，他從來不穿襯衫打領帶，是屬於典型的善心老闆類型。也就是說，他總是先令員工為你辛勤打拼，再展現極度的慷慨與大方。查尼也擁有一批為他驅策員工的墨西哥領班，這些領班會對著辛苦工作的工人大聲打氣說，加油！好好幹！現在的我們就像在歡慶過節呢！」而與美國服飾現在企業形象南轅北轍的是，「當時美國服飾的薪資水準與福利，僅相當於或甚至低於同業，約略等同於非工會的薪資水準而已。」

至於令現在資方相當自豪的醫療服務內容，在當時僅僅就是安排每週巡迴鄉間的醫療服務車，到廠邊為員工服務而已。然而庫爾特強調，當時的工會組織者並不認為美國服飾的表現太糟，他們只是想知道公司內部的真實情形而已。

（美國服飾允許我能談話的對象僅有發言人哈勒戴；當我詢問關於工廠的工作條件時，他基本上描述了上述所有的設施與福利，以作為他的回答。）

就在紡織品貿易及產業聯合工會開始認真動員、協助籌組工會、舉辦會議以及在廠區內散發傳單時，這家專門製造特異T恤的公司，「開始表現得像任何一家沒有工會組織的企業，」庫爾特說，「他們開始阻撓我們的人員進入廠區，並限制員工與我們談話的內容，徹查哪些員工簽署工會合約，暗中觀察哪些員工是工會支持者，以及誰曾與他們交談。」舉例來說，美國服飾曾毫無道理地強迫工會組織者遠離廠區外的人行道，並且拒絕工會組織者在工廠內舉辦組織說明會，或在公司布告欄張貼任何籌組工會的公告。

依據庫爾特的說法，當工會組織者終於得以與查尼在他洛杉磯的辦公室碰面時，現場簡直就像是一場災難，「查尼盛氣凌人的態度讓我們完全無法與他溝通；他從不讓你開口說話，從頭到尾非常地囂張跋扈。他指控我們操控他的員工，並且誤導他們相信查尼沒有善待他們。他深信他自己是個迷人且厚道的雇主，因此每個人都想熱情主動地為他工作。後來他甚至開始攻擊工會組織，指控我們是為了收取會費的緣故才這麼做。」

二〇〇三年末，紡織品貿易及產業聯合工會正式行文全國勞工關係委員會，指控美國服飾非法阻撓工會的組織活動。最後兩造和解，美國服飾並不需支付任何的賠償或承認任何偏差行為，但是必須在廠區內張貼布告，公開說明公司並不會剝奪員工組織工會的權利。

這意味著查尼贏了，而紡織品貿易及產業聯合工會放棄了。庫爾特承認，「偶爾施點小惠的善心老闆模式，使得籌組工會不易，特別是當人們覺得他們可能會失去工作的情況下。」儘管如此，庫爾特堅持他們的努力仍得到些許的回報；他認為美國服飾在這波行動後，薪資水準與醫療服務內容均有所改進。不過話說回來，美國服飾反倒認為，正是這些遠優於同業的小惠（也就是它主動提供的薪資水準與福利），才是工會組織活動推動不易的主因。

二〇〇八年十一月，《投資組合》雜誌（*Portfolio*）在一篇長文中提到，或許是因為還不賴的薪資水準、員工福利以及良好的工作條件，導致洛杉磯的工會組織者選擇暫停與查尼的交火。某些高階工會領袖似乎也承認這點，雖然他們似乎不太了解這次組織活動的細節。舉例來說，旅館及成衣紡織工會團結聯盟某分支機構的公關主任普拉珀（Carl Proper）便承認，他並不了解為什麼該次工會組織活動會失敗，主要原因可能是美國服飾的薪資水準或福利實在優渥到員工對工會組織沒有興趣。「對一個沒有工會組織的企業來說，美國服飾的薪資水準其實相當不錯，」普拉珀回憶。

另一位不願具名的資深工會領袖（因為工會領袖讚揚無工會組織的企業具有相當的敏感性）則表示，美國服飾「對員工有著非常友善的態度，並且企圖在這個汙穢產業中充分利用這樣的優勢。」不過，服務業員工國際聯合會的烈文森則強烈反對前述看法，認為美國服飾「以任何你可以想像得到的激烈手段阻撓工會的成立，」儘管烈文森相當讚許這家企業廠留美國的決定，然而「我永遠也不排除發動另一波工會組織的行動。」

然而依據烈文森、庫爾特、美國總工會的布萊克維爾、美國進展中心的偉勒這些勞工運動人士的看法，員工的薪資水準與福利絕非評斷一家企業的唯一指標。其他方面，如員工是否受到尊重以及是否有暢所欲言的權利，也至關重要。「員工是否被賦予自由加入工會的權利，是良好工作場所的一項必備條件，」布萊克維爾表示，「員工要不要加入工會必須是他們個人的選擇。」此外，在國際標準化組織對人權的定義規範裡，基本的工作權利與原則的第一條即明定：勞工應有集會結社自由，以及聯合談判的權力，這項權利甚至列於不可歧視與禁止強迫勞工與童工的規範之前，可見其重要性。因此烈文森與庫爾特均認為，美國服飾縱然施予些許的小惠，然而卻沒有提供員工最重要的基本權利。

絕對可從中獲利

除了廠留美國之外，美國服飾另一項為人所稱道的社會道德形象，則是推動移民人權不遺餘力。

在二〇〇六年以前，移民勞工一直受到美國本土企業的歡迎，特別是在不需要高階技術人員的工廠、農場或建築業。對這些企業來說，移民勞工意味著便宜的人力成本，因此假如這些外來移民無法提供合法的移民文件，這些企業多半也是睜一隻眼閉一隻眼，導致移民勞工對於微薄的薪資與惡劣的工作環境，也僅是敢怒不敢言。

聯邦政府於二〇〇六年開始大張旗鼓地取締非法移民；在接下來的幾年，由於美國經濟不斷衰退，失業率節節上漲，甚至一度超過一〇%，再加上政治人物不斷挑動人們對於移民勞工搶了飯碗的恐懼，認為他們蜂擁至美國境內竊取美國人的工作機會，導致美國境內的反移民情緒日益高漲。二〇一〇年四月，亞利桑那州甚至通過前所未有的嚴格法律，使非法移民成為一種罪名，警察因而有權在對人民有合理懷疑時，要求其出示移民證件。當時的民調顯示，全國人民竟對該立法有著高度支持，在在證明美國人民對非法移民有多麼地不滿。

美國民眾對外來移民懷疑與對立的態度，正突顯美國服飾與眾不同之處，直到現在仍是如此。這家企業主動積極地幫助那些以西語為母語的員工適應環境，如免費的英文課程、公司補助的墨西哥式午餐、廠區內的雙語標示等。此外，這家企業甚至在五朔節（May Day）當天放員工一天假，讓他們有機會參加洛杉磯一年一度支持移民人權的遊行，查尼有時候也會參加（他喜愛自承也是移民，只不過來自加拿大）；某一年洛杉磯移民人權組織也以查尼的綠卡作為募款廣告的內容。

此外，美國服飾的官方網頁也包含大量與移民議題有關的連結，連結內容包括新聞文章、數據統計、訪談、五朔節遊行照片與電視影集等等。另外，美國服飾的T恤其實鮮少印上標語，倘若有印的話，也都是些政治性標語，例如「讓洛杉磯合法化」，表示支持整個城市的移民勞工。另外，撒拉絲也表示，查尼曾經捐贈數千件T恤給洛杉磯移民人權等移民組織，也至少捐助五萬美元給前述組織，並且讓該組織相關人員至廠區宣導勞工應有的權益；其他的移民人權組織也同意，美國服飾對移民人權的努力絕對無庸置疑。

二〇〇七年底，就在聯邦政府打擊非法移民聲勢到達頂點之際，美國服飾推出另一波大規模的廣告宣傳，以自家工廠的拉丁裔員工為主角，強力表達對移民人權的支持。例如，美國服飾在報紙廣告中寫著，「美國政府與政客無端地操弄移民議題，刻意誤導美國民眾，只為了自身的政治前途……到何時我們才能明白，所謂的現況其實就是種族隔離政策？」

工會組織者也相當認同美國服飾在這方面的立場；美國總工會於一九九〇年中期正式移除對移民勞工的抵制，服務業員工國際聯合會的烈文森也說，美國服飾對於移民勞工的立場，「與我們組織的主張一致。所有的勞工，無論是何種背景，在工作場合皆應享有同樣的權利。」然而，由工會組織者轉任牧師的庫爾特則對美國服飾的動機有所質疑，「洛杉磯到處都是非法移民，由於無法提供合法的身分文件，他們根本無從獲得合理的工作待遇，」庫爾特說道，「美國服飾絕對可從中獲利。」

反移民的氣氛籠罩全美之際，在這個議題上採取如此大膽激進立場的公司，無可避免地淪為政府調查的對象，就像美國服飾一樣。

二〇〇八年一月，美國移民海關局（ＩＣＥ）要求調閱美國服飾的員工資料，在接下來的一年半內，聯邦政府徹查所有的公司檔案，搜尋是否有偽造的社會安全卡或其他可疑身分證件。在二〇〇九年九月之前，美國服飾因此解雇約一千五百位（超過工廠員工人數的四分之一）無法提供合法身分證明的員工，依據發言人哈勒戴的說法，「由於美國愚蠢不堪的移民程序，美國服飾被迫解雇一千五百位辛勤工作的員工，這些員工中有些人甚至已經在此工作超過十年了。」哈勒戴表示，美國服飾並不會立即招募新員工，部分原因在於當時正處於經濟衰退時期，另一個原因則為大批員工的離職導致工作調配的混亂，有些小組整組人員均被解雇，而有些小組則全員留下。哈勒戴表示，「這件事使得我們的工作調度一度停擺。」九個月過後，約一千個員工缺額才補齊。

這整件事情發展的諷刺之處在於，這家公司現在被迫遵守它曾強烈反對（且對此相當自豪）的法律，當然事情的發展可以更壞。想想二〇〇八年於愛荷華州阿吉利普肉品加工廠（Agriprocessors）所發生的事吧！當時聯邦官員對該工廠展開突襲檢查，逮捕公司主管，並以刑事罪名起訴他們。美國服飾相較之下擁有較清白的記錄（如該公司在雇用員工時確實不知他們是非法移民，以及沒有虐待員工的記錄），因此使得美國服飾免於遭受更嚴苛的刑罰。

而政治人物對此次事件的反應，則總結了民間對非法移民兩種截然不同的情緒。洛杉磯市長維拉萊格薩（Antonio Villaraigosa）是具有墨西哥裔背景的民主黨員。他認為美國服飾此次被迫大量裁員的事件令人震撼且破壞性極大，並且呼籲美國移民海關局應將焦點放在壓榨員工的企業。然而另一方面，聖地牙哥的一位共和黨議員必爾布瑞（Brian P. Bilbray）

卻表示，美國服飾的高層「似乎認為守法是沒有必要的，彷彿即便跨越了法律那條界線也沒什麼大不了。」

不過，就在聯邦政府展開大規模調查之前，已有媒體猜測查尼對擁護移民人權的熱情似乎已漸漸消退。《紐約時報雜誌》的專欄作家沃克在他二〇〇八年的書《購入》中指出，美國服飾的行銷策略已從絕不在血汗工廠生產T恤，漸漸轉移至大力鼓吹性感裸露。二〇一〇年八月，美國《商業週刊》間接引述查尼在面對記者詢問，如果可以重來，他會如何避免讓公司陷入財務危機；他表示，將會把工廠移至海外。

然而這家公司似乎沒有放棄維護企業道德。就在大批解雇事件的一年後，廠區內的標示仍為雙語，員工仍以西班牙文交談，警衛制服上的「保安人員」四字仍以雙語表示。員工如同以往地參加五朔節的遊行，工廠甚至生產上頭印著「讓亞利桑那州合法化！」的新T恤，以強烈抗議該州的反移民立法。哈勒戴說，美國服飾仍舊會繼續雇用拉丁裔員工，雖然他也承認，現在公司的人力資源部門將會更費力地檢查身分文件。不過指著大樓上巨幅標語的哈勒戴堅定地說，「我一點都不認為我們在移民人權的立場上會有一絲一毫的讓步。」

瞳孔會隨之放大

當更深入討論美國服飾時，你會發現，「性」是個引人注目、卻又尷尬地被人們刻意忽略的議題。

雖然流行時尚產業處處充斥著性暗示或與性有關的行銷手法，然而這項特質卻非時尚產業所獨有；透過性所創造的話題或形象，不管從可樂、汽車、香菸到西力士壯陽藥等各式產品，永遠眾所矚目，卓有成效。《時尚先生》雜誌前總編輯艾森柏格在他二〇〇九年的書《樂觀：美國消費者持續購買的祕密》中提到，專精於消費行銷的前衛社會科學家狄區特（Ernest Dichter），多年前曾給該雜誌行銷方面的建議：當男人見到幾近全裸女人的照片後，「他們的瞳孔會隨之放大，因而對接下來的刺激更有反應，」譬如，雜誌內刊登在裸露圖片後的下一頁廣告。

不論查尼是否已厭倦繼續負起企業社會責任，他肯定萬分清楚，隱藏於產品裡的性意涵才是吸引消費者的關鍵，而非這家公司對移民人權的擁護立場。是故，美國服飾的廣告、網站、店內海報以及展示模特兒，均以極為撩人挑逗的姿態或動作，展示著大片的肉體。這樣的行銷手法或許無可厚非，但是我們真正想知道的是，與其他公司相比，美國服飾賣弄情色的程度是否過了頭？要公平且具體地回答這個問題，我們必須由三個面向來討論：衣服設計、行銷策略，以及工作環境。

會不會太過火了

美國服飾的衣著是否過於性感？唔，那得看看是什麼衣服。美國服飾販售短到接近褲襠的短褲、布料永遠不夠的比基尼泳衣、丁字褲、透明襯衫、緊身裙，以及無肩洋裝（這種洋裝比一件大尺寸襯衫所用的布料還少）；它同時也賣中規中矩的T恤、牛津式襯衫與連帽外套。無論你喜不喜歡這種極為合身或中性服飾的風格，這就是時髦的年輕女孩在十幾二十歲時會做的打扮。

人們可以質疑，為何十三歲的少女喜歡打扮成二十八歲的樣子（而且事實上大多數的她們都喜歡打扮成這樣），但是人們也必須明白，就算美國服飾不販售這樣的衣服，這些女孩依舊會選擇做這樣的打扮。（從我訪談過的美國服飾顧客、她們的母親、行銷策略專家以及大學教授來看，典型的美國服飾顧客年紀約從十三歲到三十二歲。）

在美國，有類似風格的服飾品牌所在多有，例如亞柏克隆比費區（A&F）、航空快遞

（Aéropostale）、永遠二十一歲（Forever 21）、蓋璞服飾、何莉斯特（Hollister）、H&M，以及市郊服飾（Urban Outfitters）。市郊服飾販售背面鏤空襯衫與女性緊身衣，何莉斯特則有極短短褲與細肩帶上衣，H&M也賣超短短褲、緊身襪與迷你裙。等等，或許我得在此打住，再說下去，他們的顧客可能會不耐煩地跟你說，「真是夠了！告訴點我不知道的新鮮事好嗎？」

或許美國服飾的衣著相比之下更性感一點，畢竟美國服飾可是以專為女性剪裁以及展露身材的T恤著稱。不過紐約與芝加哥的資深行銷主管露麗（Loretta Lurie）則不怎麼認同美國服飾的風格，「與A&F或何莉斯特相比，美國服飾襯衫的領口就是低了些，洋裝不是太短就是太合身，簡直就像是鼓勵年輕女孩打扮得像特種行業女郎一樣。」（但是露麗的十多歲女兒西德妮卻認為美國服飾相當酷，不過母親與青少年女兒曾幾何時對衣著會有相同的看法？）

西德妮一位十五歲的朋友也毫不令人意外地認同西德妮的看法，但她卻也認為美國服飾某些衣服的設計對她來說太過火了。「有些產品只會讓你覺得好笑，誰會穿那些可以一眼看穿的網狀衣服？你無論如何得再多加一件襯衣。」另一方面，三十三歲的紐約廣告造型師吉爾門（Rachel Gilman）則相當喜愛美國服飾的套頭與細肩帶上衣，因為這些上衣長度較長，也就是說，比較沒有裸露上腹部的問題。

無論如何，美國服飾的衣服仍有與性感無關的品質吸引著它的消費者，譬如，它的T恤的確比其他品牌柔軟舒適，而且通常以純棉製造，品質因此比較好，此外，他們也不生產印製著愚蠢標誌的T恤。紐約市的三十二歲護理學生潔西說，「他們衣服的品質與設計硬是比其他休閒T恤優秀一等……我能夠穿著它的衣服出門，而不會覺得自己邋遢沒打扮。」

不過美國服飾最大的問題，在於該品牌偶爾會販售模仿成人款式的兒童衣服。當然持平而論，多數他們家的服飾設計均為年齡適宜（例如適合十歲女孩穿的緊身褲與背心上衣），有時甚至過於拘謹保守（想想看，讓一個不斷蠕動的兩歲娃娃穿著牛津式襯衫）。但是，讓十歲小孩穿著緊到不能再緊的交叉露背裝或是細肩帶上衣，會不會太過火了？老實說，一個十三歲女孩打扮得像二十八歲是一回事，而一個八歲女孩做同樣的打扮可就不免過頭了。

這太瘋狂了

至於美國服飾的行銷策略是否過於賣弄性感？讓我們看看各家服飾的櫥窗擺設。

二〇一〇年四月，曼哈頓上東區門市的美國服飾櫥窗裡：一位女性人形模特兒將手擺放於臀部上，身上的襯衫鈕子大半沒有扣上，裸露出大部分的胸部；店內的一張巨幅海報裡，一位女性真人模特兒半跪屈膝於地面，將臀部翹得半天高。不過另一方面，店內大部分的其他人形模特兒姿勢則保守有餘，不是雙手叉腰，便是擺出正在行走的狀態，或是像害羞小孩般擺成內八字的模樣。

同一天，幾個街口外H&M的櫥窗與外牆擺設：沒有頭部的人形模特兒擺出與美國服飾店裡模特兒相仿的動作，舉例來說，其中一位模特兒雙腳呈內八字，並將臀部高高抬起。店裡的巨幅海報則為年約十幾二十歲年輕模特兒的頭肩特寫，他們全都看起來年輕健美，而且穿著適當，沒有裸露。不過有一幅擺在顯眼位置的巨幅海報，當人們走過那幅海報時，雙眼視線的高度便停留在一位穿著緊身迷你裙金髮女郎的褲襠部位。

同一天，同一地區「市郊服飾」的櫥窗擺設：大部分的人形模特兒沒有頭部，某些沒有手與腳，因此使他們看起來較不性感，然而門市內張貼的海報彌補了性感不足的部分。店內的一幅巨型海報，裡頭的年輕金髮女郎穿著大露乳溝的背心上衣，另一幅海報則出現一位女性走在海灘上的背影，她足蹬著高筒靴，並穿著露出大半屁股的比基尼褲。

二〇一一年三月，加州北嶺（Northridge）購物中心內的A&F：一幅巨型黑白海報裡，金髮妙齡女郎躺在上半身赤裸的年輕男孩身上，兩人幾乎快要脣碰脣，而男孩的手則放在女孩臀部上。同一天，同一購物中心裡的「永遠二十一歲」：櫥窗模特兒穿迷你裙與熱褲，但是他們頭頂著雜亂的卷髮，再加上沒有五官的臉部線條，以及嬉戲的姿態，讓人完全聯想不到性感二字。

二〇一〇年六月三至九日，《洋蔥》（*Onion*）雜誌後頁的美國服飾廣告：一位穿著全黑泳衣的黑髮女郎，在沙灘上擺出難度極高的瑜伽動作，除了露出大半的臀部與軀幹，她的雙腿也具暗示性地大幅張開，後仰的頭部幾乎快要碰到赤裸的雙腳，雙眼緊閉，看似非常愉悅，而她的秀髮則整頭放下。

二〇一〇年四月二十二至二十八日，《洋蔥》雜誌後頁的美國服飾廣告：在一系列的三幅照片裡，一位長髮的年輕亞洲女孩穿米白色寬鬆長褲，以及純白的短袖襯衫，羞答答地跪在地上，她的頭在三幅照片裡分別朝向不同的方向，而她的雙臂則自然地垂向身體雙側。

二〇〇九年十二月至二〇一〇年一月，《十七歲》（*Seventeen*）雜誌全版H&M廣告：三位女性模特兒互相倚靠在對方身上，身上穿著由各式布料組成的服飾，如皮革、絲緞、人造彈性纖維或其他有彈性的合身布料，款式則有短裙、貼身短褲、前方綴有拉鍊的迷你裙洋裝，以及一半釦子未扣的襯衫。二〇一〇年三月《青少年時尚》雜誌H&M的連頁全版廣告：頂著一頭紅色卷髮的兩位年輕女性模特兒，手勾著手笑盈盈地面向前方，身上穿著亮黃與粉紅交錯的條紋毛衣，以及黑色短裙。

美國服飾的廣告過於賣弄性感嗎？部分的廣告的確是，不過剩餘的廣告則多以嬉戲調皮的風格為主，或是僅平鋪直述地顯示衣服的款式與設計，如此而已。此外，美國服飾的廣告、海報或是展示模特兒，不但與其他品牌比起來沒有顯著差異之外，與同本雜誌裡范倫鐵諾或周仰傑（Jimmy Choo）精品鞋那幾近猥褻的廣告比起來，簡直是小巫見大巫。

所以，答案到底是什麼？

為了回答這個問題，我花了數月的時間，詳細翻閱二〇〇九年十月到二〇一〇年七月的各家雜誌，包括：《魅惑》（*Allure*）、《女孩生活》（*Girls' Life*）、《哈潑》（*Harper's Bazaar*）、《時尚》（*InStyle*）、《美麗佳人》（*Marie Claire*）、《紐約時報雜誌》、《洋蔥》、《十七歲》、《青少年時尚》、《鄉村之聲》（*Village Voice*）等，並觀察各家品牌的櫥窗展示，包括：美國服飾、香蕉共和國（Banana Republic）、蓋璞、H&M、何莉斯特、優衣庫（Uniqlo）、市郊服飾與維多利亞的祕密（Victoria's Secret）。（這項任務曠日費時，但總得有人身先士卒。）

我們也必須記得，美國服飾的顧客年齡層涵蓋範圍相當廣，成年雜誌《魅惑》與青少年雜誌《女孩生活》的讀者群均是它潛在的顧客。照理說，美國服飾應在這兩類雜誌上多做宣傳，不過因為刊登在青少年雜誌（如《女孩生活》、《十七歲》與《青少年時尚》）裡的廣告往往得比成年雜誌裡的廣告保守一點，因此美國服飾最終選擇在如《洋蔥》與《鄉村之聲》（後者以各式煽情廣告著稱）這類以新潮前衛風格聞名的雜誌上刊登廣告，而放棄在一般青少年雜誌上做宣傳。

當然十三歲的女兒也有可能不小心閱讀媽媽的《魅惑》雜誌，但這並不屬於美國服飾的管轄範圍。不過或許也就是因為這個原因，讓美國服飾沒有使出渾身解數使它的廣告極盡煽情與裸露之能事。

讓我們來看看《洋蔥》雜誌的美國服飾廣告吧！從二〇一〇年二月至六月，該雜誌共出現六幅美國服飾的廣告，這些廣告中有四幅一點也稱不上賣弄性感，若真要說有，程度也實在相當輕微。在這些廣告中，模特兒悠閒地呈現站姿或坐姿，有些一臉嚴肅，有些看起來則相當開懷，一點都不帶有情色的意味；至於身上的服飾，其中的兩位模特兒穿襯衫與寬鬆長褲，另一位則穿比基尼泳裝與夾克，最後一位則穿黑色蕾絲襯衫，論性感程度，她們可是完全比不上任何穿著「讓洛杉磯合法化！」T恤的人。這些模特兒甚至看起來對於得擺出這樣的姿勢感到無趣至極。（至於另外兩幅較為挑逗的廣告，第一幅為一位年輕女模特兒穿迷你裙以及貼身長袖襯衫，另一幅則為前述的那幅瑜伽姿勢廣告。）

所以對青少年來說，美國服飾的廣告到底有沒有過度賣弄性感？我想未必。與二〇〇九年十一月《青少年時尚》雜誌內的廣告相比，前述的這六則廣告一點都不顯得過度情色。那讓我們來看看同本雜誌中其他的廣告吧！牛仔褲品牌PRVCY Premium的廣告中出現一位恬靜女孩的側臉特寫，她穿該品牌的白襯衫與牛仔褲；另一幅廣告則為一位年輕女模特兒的背影寫真，她足蹬EMU雪靴，穿白色性感的比基尼泳衣，並露出大半的臀部，就像美國服飾瑜伽廣告中的女孩一樣。

在另外八頁周仰傑為H&M設計的設計師鞋款廣告中，穿黑色皮衣的兩位女性模特兒，媚惑人似地慵懶仰臥著，另一位女性模特兒則酥胸半露，雙手撫摸另一位男性模特兒。而在另一幅H&M的廣告中，則是一位女性模特兒穿開叉至褲襠的黑色短裙，閒適地坐臥著。

因此就賣弄性感程度而言，美國服飾的平面廣告似乎與競爭對手不相上下。不過就網站的廣告內容來說，美國服飾可就比它的競爭對手腥羶多了，但網頁瀏覽的好處就是，只要不是所有的內容均一致性地露骨情色，人們並不會一登入便見到相當不雅的圖片。因此，在美國服飾的網頁上，你可以見到廣告模特兒穿露背裝躺在凌亂的床上，也可以見到穿粉紅圓裙的女孩，端正坐在椅子上的照片。

較令人憂心的其實是店裡的櫥窗展示。並非每個人都購買雜誌，也不是每個人都瀏覽官方網頁，但是每一個經過美國服飾門市的人，不論老少，都可以見到櫥窗裡那些少數擺出性感撩人姿態的模特兒，她們往往不是斜躺著，就是將雙腿張得極開。而店內的海報則通常更賣弄風情，穿著大片黑色蕾絲衣物的模特兒，總是擺出跪臥的惹火姿態。不過話說回來，店裡其實也有些櫥窗模特兒僅擺出站姿、行進姿勢或是體操的伸展動作，並穿著亮麗鮮豔的長袖上衣、夾克以及寬鬆長褲。

美國服飾的衣服配色相當活潑明亮，使得它的服飾比H&M與何莉斯特看起來更適合兒童與青少年。此外，H&M與何莉斯特的店內總瀰漫著一股性感撩人的氣氛。譬如，H&M店內裝潢以黑白、米白與棕色為主調，處處傳達浪漫迷人的氣氛，而何莉斯特門市則利用漆黑的牆壁與陣陣香味，創造媚惑人的氛圍。此外，何莉斯特門市的門口永遠會有一幅穿著比基尼的人形立像歡迎著你。

雖然這些服飾公司的行銷手法同樣以性為主題，然而絕大多數的人卻不約而同地認為，美國服飾比競爭對手更為腥羶情色，這樣的形象使得許多潛在顧客對其敬而遠之。十五歲少女宏尼格便曾抱怨美國服飾的行銷手法過於賣弄性感，「當我看到他家的廣告，我總覺得：哇！這太瘋狂了，他們根本就是在展示內衣，基本上就是全裸嘛！」

曼哈頓一位十五歲男孩告訴我，當《洋蔥》雜誌後頁出現美國服飾廣告時（最快兩個星期就可以看到一次），他根本不願意站在地鐵站旁的書報攤看報紙，因為實在太尷尬了。他的朋友也稱呼那樣的廣告怪異（出自一位男孩）以及色情（出自一位女孩）。當我拜訪位於紐約市郊、專門研究健康與環境道德議題的智庫海斯汀中心時，其中一位研究人員告訴我，她對於要帶她十多歲的姪女去美國服飾門市總覺得相當彆扭，另一位研究人員則說，這些商店基本上就是去看軟調色情圖片的地方。

品牌行銷專家帕斯可夫表示，從客觀的行銷角度來看，「美國服飾的廣告的確提供消費者與眾不同的產品形象，但這麼做有其風險。」

然而也有人認為美國服飾的廣告與其他服飾的廣告大同小異，包括一些家有青少年女兒的母親。資深行銷主管露麗（她先生伯恩斯坦就是那位在義大利旅遊時，腳上的天柏嵐靴被路人出價的紐約藝術家）雖認為美國服飾的衣服設計的確比其他品牌更為性感裸露，但是它的電視廣告與同時段的電視節目內容相比並不會顯得格格不入。品牌行銷顧問何丁則問道，「難道A＆F的行銷策略沒有賣弄性感嗎？」，甚至「在A＆F的廣告裡，男性模特兒穿著的低腰長褲彷彿低到可以看到恥毛。」《紐約時報雜誌》媒體記者卡爾（David Carr）也在二〇一一年一月專欄中指出，「A＆F以半裸的青少年胴體作為廣告主軸，就像凱文克萊服飾曾經做過的事一樣。」

而查尼與哈勒戴則堅稱，所謂過度情色的形象根源於美國服飾使用自家員工作為廣告模特兒的政策（而非啟用專業模特兒）。「我並不認為比起其他品牌，我們的廣告過於煽情，」哈勒戴說，「但是因為我們並沒有聘請專業造型師，也從不修片，導致人們往往相當驚訝我們廣告貼近真實的程度，而將此視為過於露骨，」而且事實上美國服飾對這樣的政策相當自豪，認為這證明他們的服飾的確是為了尋常的老百姓所設計。「我們試著啟用自家員工與朋友作為我們的廣告模特兒，畢竟那是我們設計衣服的原動力。我們並不打算把服飾設計成我們所認為他們應有的樣子，而是依他們原有的模樣進行設計，」哈勒戴表示。

不過，哈勒戴還是間接承認他們的行銷策略或許稍微前衛激進了些，他說，「我們的確選擇一些我們認為時髦有趣的形象來作為行銷主軸，同時也認為廣告本身其實是種對話，有時候我們便是利用這種對話來表達我們對各項事物的立場，如移民人權等，」而有時，顯而易見地，則是對性的看法。

事實上，時尚產業的設計或行銷手法似乎隨著時間演進有越來越露骨的趨勢。一個世紀以前，一名男子倘若對女子的腳踝瞥了一眼，可被視為是傷風敗俗之舉；然而現今比基尼卻被刻意設計以最稀少的布料遮蓋那最私密之處。倘若你想了解更多，去YouTube上看看吧！那些自願將情色影片上傳的人甚至還沒有因此獲得酬勞呢！再回頭看看《美麗佳人》雜誌裡尼門馬克思百貨（Neiman Marcus）的廣告，圖片中正面特寫模特兒的身體曲線，而全裸的模特兒身上只戴著一條項鍊遮掩特殊部位。對此，美國服飾哪裡能匹敵呢？

員工充當廣告模特兒

好吧，或許我們不得不承認，以性為賣點的行銷策略的確有效，是故現代社會觸目所及，從服飾設計本身、櫥窗展示與廣告，甚至是那些非時尚產業的廣告，均紛紛以性作為宣傳主軸。不過儘管如此，美國服飾所遭受過最嚴重的指控，同時也是讓它最與眾不同的一點，其實不是賣弄風情的廣告，也不是布料稀少的衣服設計，而是整個工作場所處處瀰漫著性暗示與性意味。

這樣的性暗示與性意味已被新聞媒體多所報導，查尼纏訟多年的官司也暗示流言的可信度，某些傳聞甚至被查尼自己證實為真。傳聞中的查尼，在辦公室總是幾近全裸地走來走去，甚至在會議中也是如此，他並稱呼自己的員工婊子或蕩婦，提拔與他上床的員工，依據相貌姣好程度決定是否雇用應徵者、對員工大聲咆嘯、拉扯他們的頭髮，或對他們描述具體的性愛過程。

《投資組合》雜誌便曾報導有六名二十多歲的男性員工，與查尼住在一起，其中一位新進公關人員甚至稱呼查尼為爹地。《紐約時報雜誌》消費專欄作家沃克也曾在書中寫道，當他與一位男性員工以及兩位女性員工同處在查尼的辦公室時，查尼的下半身什麼都沒穿。不過據聞，當時的查尼正在為美國服飾的男性新款內褲進行標準的制定。但是查尼的確與他的女性員工約會，而且至少與其中三位以男女朋友相稱。更有甚者，在二〇〇四年六月至七月的《珍》（*Jane*）雜誌中，作家克勞汀．柯（Claudine Ko）在文章中報導，在她與查尼進行訪談的飯店房間裡，女性員工當著柯的面為查尼進行口交；在下一期的接續報導中，柯與查尼在公司公寓裡隨意地進行訪談，討論像是商業策略、員工招募程序，以及焦點小組有多愚蠢時，查尼就在她面前自慰。

到目前為止，共有九位女性員工（或前員工）曾按鈴控告查尼性騷擾或對他提交正式的抗議文件。其中一位目前已撤銷告訴，一位庭外和解，剩下的案件在本書出版時仍在訴訟階段中，其中一件甚至已纏訟多年。

其中一位原告楊妮琪（Nikky Yang）為查尼的前女友，據她的律師芬柯（Keith A. Fink）表示，楊妮琪曾經協助查尼創辦美國服飾。楊妮琪控告這家公司創造一個「以性為基礎的惡劣工作環境」，舉例來說，「工作時，全裸的查尼會抓著他的陽具，對著妮琪說『摸摸它』。」或是「強迫妮琪坐著看他洗澡，以討論公司的營運方針。」（此外，這起官司也包括對查尼非性騷擾方面的控訴，例如對妮琪大聲吼叫、毆打她、拒絕支付她薪資等等。）另一方面，雖然芬柯並不願意談論他另一位客戶尼爾森（Mary Nelson）與美國服飾正在進行中的官司，但是依據媒體的報導，該案件控訴內容包括查尼對她吃豆腐的輕薄行為、對她不適當的評論，以及穿著幾乎無法遮掩生殖器官的丁字褲。

芬柯手上也有其他與性有關但非主要控訴理由的案子。二〇〇八年十二月，協助美國服飾在歐洲建立零售通路的布雷克（Bernhard-Axel Ingo Brake），控告美國服飾與查尼「不當言論、毀約、拒絕支付獎金與佣金與精神壓迫。」布雷克同時也指出，「美國服飾雇用許多與查尼上床的女人，這些女性通常被稱為多夫的女人、他的後宮、多夫的情人或是F.O.D.（多夫朋友的縮寫）。多夫的女人們憑藉著與這位美國服飾最大股東的特殊關係，往往可以享受公司的特別待遇。」

布雷克表示，查尼將這些具有特殊關係的女子送到歐洲擔任管理階層，儘管她們一點都不夠格，導致公司經營不善，甚至使得美國服飾陷入財務危機，股東因此損失慘重，當然，這也使得布雷克做起事來礙手礙腳，此外，查尼還挪用公司經費，以購買數百卷色情錄影帶（雖然查尼表示這是為了公司產品的研究發展），並且企圖以公司經費支付他的嫖妓費用。

官司事件似乎平息了一陣子，但到了二〇一一年三月，在不到三個禮拜的時間內，有五位女性陸續控告查尼。其中最具戲劇性的是，有一位紐約女性指控當她只有十八歲時，她被拘禁於查尼的公寓內長達數小時，並在接下來八個月的時間裡，被威脅倘若她拒絕與他性交，將會丟了工作。

女性被迫與查尼發生性關係以保住工作這件事，其實與使用員工當作廣告模特兒引起的爭議，有異曲同工之妙。即使沒有任何性牽涉其中，**當你的老闆要求你做某件事時，其實便隱含某種程度的壓迫。**

充斥著性與前戲

假如這些官司的矛頭都指向查尼，那麼我們在分析美國服飾時，便不可能將這位如此具爭議性的人物與這家公司切割開來討論。查尼幾乎一度毀了他所創辦的美國服飾，東山再起之後，充分開發了不印製標語與合身衣飾的市場潛力，也將性定調為公司的營運主軸。他同時也是公司對外的代表人物，並且擔任公司所有決策（包括設計、招募員工、廣告，以及公司移民立場）的最後仲裁者。

如同查尼在公司網站中所提到的公司歷史，他基本上在自家後院開創他的事業。當他就讀康乃迪克州知名的喬特蘿絲瑪麗中學（Choate Rosemary Hall）時，他會在如凱瑪百貨（Kmart）這種大型連鎖商店舉行清倉大拍賣時，大量購買經典的漢斯（Hanes）T恤，並將這些T恤運往他的家鄉加拿大蒙特婁轉手販賣，搶了加拿大漢斯官方經銷商的生意。在就讀塔夫斯大學（Tufts University）時期，他仍舊繼續經營他的生意，他的合夥人（一位地區性的漢斯批發商）並為他們的合夥事業取了美國服飾這個名字。（不過他們的合夥關係並不長久，依據網站中的敘述，那位批發商認為查尼很難搞，查尼因此得歸還他一萬六千美元的資金。）

查尼大二那年，美國服飾在南卡羅萊納州的一座農場穀倉內開始生產它獨具風格的衣服。查尼後來從塔夫斯大學輟學並搬至南卡，以便全力投入剛起步的企業。在當時，這家服飾即以合身的剪裁聲名遠播，遠勝於市面上那些中性的寬鬆T恤。不過，當時的美國服飾尚未創立屬於自己的品牌，也就是說，基本上是個專門替其他公司製作成衣的代工廠。

然而查尼於一九九六年宣告破產。這是公司網站上查尼刻意忽略的一段歷史，雖然在網站上他還特地探討他媽媽的敘利亞背景，還有他最喜歡的貝果麵包口味。許多外部觀察者將此次破產歸因於當時進口服飾價格的巨幅滑落，以及查尼的經營不當，而事後我們可以觀察到，這兩件事情在查尼的事業史上不斷地交織出現，因而在這家服飾的興衰過程中有著舉足輕重的影響力。

無論如何，一九九七年，查尼來到洛杉磯，接受一位或兩位韓國合夥人的資助而東山再起（至於是一位還是兩位，得看是誰告訴你這個故事）。不過顯然破產的過去沒有使查尼清醒一些，查尼開心地在網站中寫著美國服飾支票不斷退票的事，「韓國服飾團體非常熱情地支持著我的工作……許多上游供應商展延了付款日期，即使我已經不小心讓許多支票退票，而且持續地無法在期限內付款。」儘管如此，這家公司的營運似乎終於還是步入正軌（好吧，至少持續了一段時間），因此查尼在二〇〇三年決定開創自己的品牌，並廣為設立門市，不再透過中盤商販售製成的衣物。

這項決定改變了一切，不但使得這家連鎖服飾聲名大噪，它引人非議的廣告策略以及過度擴張的問題亦隨之而來，而這兩件事可能是目前這家企業所面臨最棘手的問題。

不論查尼性感與否，無可否認，他是一位相當具有領袖魅力的人，而且是一位事必躬親的管理者。依據新聞媒體的報導，他親自挑選廣告模特兒，要求他們為廣告擺出性感撩人的姿態，有時甚至親自掌鏡。（哈勒戴說查尼的兩隻狗有時也會入鏡）。在我參觀公司的過程中，員工時常為各式各樣不同的事情前來詢問查尼的意見，包括公司的行銷計畫，以及《投資組合》雜誌對查尼在洛杉磯街頭發送招募員工傳單的報導等。曾任工會組織者的庫爾特說，當他與他的工會夥伴在與查尼面談時，「他甚至嘗試勾引我們！」

因此，我們見到了這位迷人的創辦人共有九件官司纏身。或許這並不顯多，尤其你有著一萬名員工與二百八十五家門市。但是這世上多的是更大型卻沒有（或有較少）遭到類似控訴的公司。

查尼辯稱整個時尚產業乃由性所驅策，於是這個產業的工作環境當然無可避免處處充斥著性意涵，為什麼獨獨針對他？此外，查尼也以各種理由企圖為自己辯白，例如在報導尼爾森女士控告查尼的官司時，《投資組合》雜誌寫道，「除了擔任公司的創意總監以外，他也是公司的廣告模特兒之一，這解釋了為什麼他必須半裸地在公司內遊蕩……他也說道，他必須試穿公司推出的內褲，來看看這些內衣褲合不合身、舒不舒適……在法庭證詞中，他表示，在尼爾森女士為該公司工作時，他必須時常僅著內褲，因為他正在設計新的內褲款式。」

這與沃克的說詞不謀而合。

在其他的官司中，查尼不是指控控告他的女性工作能力不足，便說這些女性企圖敲詐他。「查尼在時尚產業的高知名度時常被人們所利用，」二〇一一年在紐約青少女案件的新聞稿中美國服飾如此回應。至於其他四件緊接而來的聯合訴訟，查尼向媒體展示了這些女性發給他的露骨電子郵件、簡訊以及照片，換句話說，是這些女性試圖騷擾他，而不是他騷擾這些女性。

時尚產業的其他人則嘲弄查尼「每個人都這麼做」的自我辯解之詞。是的，時尚模特兒因工作需要，有時必須在設計師的工作室內做不同程度的裸露，但這並不代表公司的負責人可以因此調戲他們，或是僅穿著丁字褲到處遊蕩。「我曾造訪過麗詩卡邦（Liz Claiborne）以及其他眾多的工作室，」庫爾特說，「他們展現的是極為專業的態度。」艾麗克森（Karen Erickson）自從一九八三年在紐約創辦設計品牌銷售公司七號展示室（Showroom Seven）後，便一直待在時尚產業。「每一個我所認識的時尚界人士，都忙到不可能發生辦公室戀情，」她厲聲道，「我先生與我一起工作三十年了，他有時也得在後台協助模特兒著裝，也時常見到那些超級名模裸露，但我會對他有所懷疑嗎？絕對不會！你見過婦產科醫生的太太對她先生看到病人裸體會有意見嗎？」

不過也有其他證據顯示，美國服飾的工廠裡並非總是充斥著性與前戲。當我參觀它的工廠時，我並沒有見到有人半裸地四處走動或正在調情，也沒見到任何傾城傾國的美人。事實上，有些年輕白領的女性員工根本略顯過胖，打扮與時髦流行也搭不上邊。另兩位負責員工按摩的物理治療師，其中一位是位中年男子，另一位則為二十多歲的年輕女性，他們則是中規中矩地穿著淡藍色的T恤與短褲。移民人權運動人士撒拉絲則表示，她從來沒有從她認識的美國服飾員工那聽聞到類似性騷擾的抱怨，而且「查尼一直以來總是非常尊重我，」撒拉絲說道。（一九九七年撒拉絲初識查尼時，她正值二十六歲花樣年華的年紀，應該屬於查尼的狩獵範圍之內。）

二〇一〇年六月，Gawker.com網站貼出外洩的美國服飾員工服裝儀容準則，這些標準竟出乎意外地保守。例如，女性服儀的規定包括：「請勿濃妝，請讓化妝效果降至最低……不鼓勵畫眼線或塗抹眼影，若非得塗睫毛膏，請務必讓它看起來自然……請不要過度塗抹腮紅，也不要使用有亮片的腮紅……請勿使用具光澤的唇膏或唇密，任何唇膏顏色必須低調不誇張……務必維持你原來的髮色。」至於男性的服儀準則則包括「髮型務必看起來自然，不鼓勵塗抹任何會讓你的頭髮看起來硬挺，或是使髮型不自然或油亮的造型劑或髮雕。」

那麼美國服飾在招募員工之際，是否真如外界傳言對員工的外貌有所要求？哈勒戴表示，「說我們以容貌為標準真是大錯特錯，員工是否具有獨特的個人特質才是，譬如，你的打扮風格為何？你會如何搭配服飾？創意十足，並且具有個人特色的人才是我們要尋找的人。」

我訪談過的年輕門市員工，不論男女，均不曾提及任何令他們感到不舒服的工作情況。舉例來說，雅各斯（Matt Jacobs，化名）於二〇〇六年當他還是高三生時，曾於紐約格林威治村的門市擔任兼職的倉儲與銷售店員，他的一些朋友（男女皆有），也曾在美國服飾打工。他說，門市店員的確多是漂亮苗條的年輕白人女性，而倉儲人員則通常年紀較大，多為拉丁裔或黑人，而且通常已結婚生子，這與我們對美國服飾的刻板印象不謀而合。「他們肯定對門市店員有外貌打扮上的標準，」雅各斯說，但這標準未必是性感，「店裡頭其實有許多不同類型的店員，他們之中很多人有刺青，圖案看起來都很有趣，反正就都是些趕時髦、追求流行的人。」

雅各斯也聽說過查尼與員工上床或為他們拍照的流言，不過老實說，員工對老闆總是充滿興趣，譬如當查尼來訪時，人們總是會好奇心大起，就像任何一家公司老闆實地訪查時，員工會爭相走告以目睹本尊的情形一樣。然而，不管老闆在不在現場，美國服飾的工作氣氛實在與性八竿子打不著。「我一點都不會覺得不舒服，我喜歡大家一起工作打拼的感覺，整體工作環境根本與性一點關係也沒有，」雅各斯聳聳肩無奈地說道，「我實在不知道美國服飾這樣惡劣的形象從何而來。」

這幾起官司的控訴罪名其實相當嚴重，然而在未定讞之前，任何人有權控訴任何事，最終的判決結果才能使一切水落石出（當然有時未必）。在美國服飾的官司中，其中一位原告決定撤消告訴，當然我們無法得知撤告的原因，有時候是大公司對原告施加強大的壓力，導致原告決定停訟。另一件官司則以庭外和解收場，這有時代表著原告有理，有時是大公司決定付錢以擺脫繁瑣的訴訟程序。第三件官司則已纏訟數年，在本書出版時仍懸而未決，或許這可證明雙方都不願讓步的決心。第四件已送達美國公平就業機會委員會裁決，目前雙方律師仍在協商。另五件官司才剛剛進入訴訟階段，因此尚未有任何判決結果。

代表兩位美國服飾官司原告的律師芬柯，其實過去的歷史相當具爭議性。依據諸多媒體的報導，他曾因偽造證據被處以罰款，不僅時常故技重施地控告名人，以獲得迅速的庭外和解金，也曾因站不住腳而在仲裁庭裡立場搖擺不定，並且向美國服飾要錢。美國服飾據聞曾以敲詐罪名反控這位律師。另一方面，芬柯也曾相當自豪地向我炫耀，「我手上有各式各樣的名人客戶，」接下來他引述一位不怎麼家喻戶曉的名人、搖滾樂手拉芙（Courtney Love）。他並指控美國服飾聘用寫手撰寫關於他的負面報導，還操控谷歌搜尋引擎的排序結果。「他們會無所不用其極地抹黑我，」芬柯說道。不過從上述種種事蹟看來，到底那一邊比較低級齷齪，誰也不知道。

我在美國服飾的參觀之旅，某種程度上是這家公司所有爭議與矛盾形象的縮影。廠區內寬敞明亮，有免費的腳踏車或公司補助的餐點，以及看起來非常專業的物理治療師。而現場的女裁縫師父，全數是中年婦女，多數具有拉丁裔背景，服裝打扮中規中矩，在性感撩人、模特兒幾近全裸的巨幅海報下，辛苦地縫著短到不能再短的短褲與比基尼泳衣。或許門市店員對這些海報見怪不怪，但是這些廠區的員工呢？

捍衛同志人權

至於其他的企業社會責任，美國服飾似乎表現平平，若真要評比，大約比平均略好。除了移民人權之外，另外一項美國服飾曾公開表達立場的社會議題則是同志人權。在加州於二〇〇八年通過憲法八號提案之後，（該提案目的為禁止同性婚姻），美國服飾跳出來猛力發聲，強力聲援示威抗議活動，並捐助上萬件印製著「讓同志合法化」的T恤，也在門市櫥窗內展示這些T恤，此外，還協同人權運動組織主辦在華盛頓特區的示威活動，捐助這些T恤的義賣所得給該組織，並在公司網站大力提倡同志人權。

這家企業遭指控性騷擾次數與物化女性的廣告從沒少過，但這家企業竟然對另一種性別衍生（同志）的歧視出現如此強烈的反彈，這兩種形象似乎相當扞格，然而，擁護同志人權的立場在時尚產業一點也不稀奇，畢竟時尚界多的是同性戀設計師，顧客也多數前衛流行並熱愛刺青。美國服飾在網站中如此描述：「我們的許多員工與顧客，均為同性戀、雙性戀或是變性人；我們是一家捍衛同志人權不遺餘力的企業。」而美國服飾也因為大力擁護外來移民與同志人權，使得這家公司的服飾在（我所訪談的）舊金山青少年之間廣為流行。假如你想要用一句話形容美國服飾，那就是「大膽露骨的性感展示」，不管是半裸的女人擺出性感撩人的姿態，抑或是兩個女人的熱情擁吻。

對於人權運動組織的布洛以姆來說，美國服飾對於加州憲法八號提案的反對立場（再加上T恤收入的捐款），似乎稍微彌補該公司過於情色的色彩。人權運動組織的年度問卷裡，雖然調查大公司關於同性、雙性戀以及變性員工與顧客的公司政策（如公司對於同性伴侶是否提供健康保險、是否支持同性運動、宣傳活動是否歧視同志等），不過職場性騷擾卻不在調查範圍內，布洛以姆說，「當然我們並不寬宥任何形式的性騷擾行為。我們的確也想了解，以美國服飾對同志、雙性戀與變性人如此支持的立場，是否他們也有配套的相關公司政策，此外，我其實非常想了解那些美國服飾過於情色的指控從何而來。」不過布洛以姆並不詳知美國服飾關於同志的現有公司政策，也不清楚該如何衡量這些政策的執行效果，因為這家公司的規模過小，並不足以成為人權運動組織的調查對象。

美國服飾的環保記錄也褒貶不一。同樣地，這家企業的規模並不足以列入氣候為要組織的評估名單，而這個組織的創辦人與前任執行長透納表示，他選擇購買美國服飾的T恤，乃因「這些T恤並非出自血汗工廠，對我來說這相當重要。」不需將產品千里迢迢從中國或其他更遠的地方運來美國，肯定節省地球的能源耗用，也降低溫室氣體的排放量。

《良心購物指引》這本書則稱許美國服飾，「使用認證有機棉來製造最新流行的服飾，而且依據美國服飾自己的估計，他們每年回收超過一百萬磅的廢布料。」回收的說法應該是事實，因為美國服飾的主管曾經表示，製作成人T恤所剩的布料通常拿去繼續生產所需布料較少的衣物，如泳衣（在美國服飾這的確使用極少的布料）、兒童服飾與髮帶。最後所剩最小塊的布料，則當成繩子用來綑綁存貨。「我們所做的每項動作都是為了避免資源的浪費，」哈勒戴表示。

不過書中關於認證有機棉的說法則有待商榷。消費者總是極力讚揚美國服飾的衣服乃全棉製造，而非（石油製的）人造纖維所製成，並且認為這將可以避免鑽油造成的許多環境與政治問題。這個說法僅部分為真，因為美國服飾的緊身褲以及其他具彈性布料的服飾其實仍由人造纖維所製。此外，棉花的種植其實也有許多環境與人權方面的問題，例如，全球三大棉花生產國之一的烏茲別克，便因使用強迫勞工種植棉花而惡名昭彰。另外，標準的棉花種植過程中也需要使用大量的化學農藥、殺蟲劑以及農業用水，而烏茲別克可說是抽空了鹹海以發展該國棉花業。

話說回來，美國服飾到底是否真的使用有機棉製造衣服？在公司網站中搜尋有機棉，僅出現十四項搜尋結果，其中僅有三條特別標示：有機棉乃用於製造嬰兒服飾（許多消費者認為有機是嬰兒服飾最為重要的原料成分）。

善待動物組織與美國人道協會，則讚許美國服飾不使用動物軟毛或皮革製成服飾的決定，但這家企業絕大多數的產品（如T恤、襯衫、內衣褲、牛仔褲與泳衣），在本質上本來就不常以動物皮作為衣服原料，因此這樣的讚譽並無意義。另一方面，善待動物組織則批評美國服飾使用羊毛為原料製造衣物，主因是使羊隻極為痛苦的繆而辛手術，以及不人道的運輸羊群過程。不過對善待動物組織而言，不使用動物軟毛與皮革的加分還是超過使用羊毛的扣分，使得該組織最終還是稱許這家企業，事實上，善待動物組織的部分T恤乃委由美國服飾製造。

關於另一項重要的社會道德議題，企業是否鼓吹言論自由並參與政治活動，人們對於美國服飾在這方面的表現也缺乏一致的看法。依據互動政治中心的資料，美國服飾從來不從事大筆的政治捐款或是遊說活動。當然，這家企業宣稱公司對於員工言論自由的態度相當開放，但是律師芬柯在訪談中則指控美國服飾，強迫新進員工簽署比一般更嚴格的仲裁條款。他表示，雖然諸多優秀的企業也要求新進員工簽署仲裁條款，然而一般的仲裁條款僅要求員工必須遵守第三方的仲裁結果，並且禁止對外公布仲裁內容，但「沒有一家企業像美國服飾一樣，」芬柯說，「新進人員必須同意不洩漏任何公司內部的資料給外界與媒體。」

儘管時常為人們所忽略，然而價格其實也是社會道德的評量標準之一，不過在這方面，人們似乎同樣認為難以在社會道德的光譜上為美國服飾定位。我所訪談過的消費者普遍認為，美國服飾最新潮的單品雖然價格高了些，卻不會不合理，而那些三十多美元的服飾（多數的美國服飾衣服均在這個價位），以一件素色T恤而言，則顯得定價過高。舉例來說，有幾位來自紐約的女孩指出，市郊服飾與H&M的衣服售價通常更低。不過，在我寫這本書時，有些美國服飾的T恤定價其實介於十五美元與十八美元，而部分美國服飾的消費者也表示，平價其實是他們前往美國服飾消費的原因。此外，品牌策略顧問何丁也提到，她的二十二歲女兒相當喜愛美國服飾，部分原因即是它的價格實在太便宜，便宜到你隨時將它們丟棄也不覺得可惜。

某位時裝設計師曾質疑，倘若非得支付非血汗工廠的高薪資費用，美國服飾如何能維持高度競爭力？美國服飾的主管回應道，他們乃是透過垂直整合的產程來控制整個設計至零售過程，如同美國服飾在網站的聲明，「公司盈餘中僅有極低的比例花在燃油、跨海交通運輸費、中盤商，或是運送貨物的器材上。」這是公司的官方看法，但是我認為，不致於離譜的定價或許才是真正讓美國服飾能夠吸引消費者、維持高度競爭力的主因。

沒有人可以證明

倘若人們要討論美國服飾的企業社會責任，則不可能不討論它的財務狀況。從這家企業過往的歷史來看，這家企業不是極不負（財務方面的）責任，就是有著極為差勁的財務判斷。老實說，**成為社會道德企業的第一個條件，應是對企業營運與財務狀況的誠實與公開，第二個的條件則是，至少你得有辦法經營下去。**

從查尼高中時期做起成衣生意開始，美國服飾的發展之路可由兩件大事作為標記，其一是挑戰道德的極限（如私自將成衣運送至加拿大轉售），其二便是財務危機（如一九九六年的破產事件），而目前美國服飾所面臨的最新問題，則為擴張過於迅速。十多年前公司東山再起後，美國服飾的門市數目由一開始的三家，在七年內擴展成二八〇家。二〇〇七年，美國服飾（名義上）在美國證券交易所（AMEX，目前為紐約證券交易所的一部分）上市，因為它被一家專門併購其他企業的上市公司致力併購公司（Endeavor Acquisition Corporation）所收購。這家公司雇用了一位資深的業界人士擔任美國服飾的營運副總裁，作家沃克對這個人讚譽有佳，說他安靜、嚴肅、說話輕聲細語。

二〇一〇年的夏天，這家企業似乎又陷入財務窘境，依據新聞媒體的報導，負責查核美國服飾的勤業眾信會計師事務所，決定放棄與美國服飾的簽證合約，並警告這家公司的內控有重大缺失，而且由於美國服飾極可能犯有對私募基金投資者違約之行為，導致公司正受到美國證管會以及司法部的調查，而這是這家公司第二次與主要貸款者發生類似的齟齬事件。此外，由於美國服飾總是未能如期繳交每季財務報表，亦面臨遭紐約證券交易所下市的可能。

直到同年年底，美國服飾終於獲得可貴的財力奧援，並任用新的代理總裁與財務長，也雇用前任（非勤業眾信）會計師事務所，不過查尼也得自掏腰包，出資購買約四百萬美元的公司股票以使得公司得以營運下去，不過這似乎仍顯不足，公司的負債金額仍節節攀升，銷售量不斷下跌，十三家營收不佳的門市關門大吉，兩位董事會成員辭職，憤怒的股東們集體對公司興訟，債務不斷進行協商重整，二〇一〇年公司虧損高達八千六百萬美元，在二〇一一年三月的年度報表中，公司甚至警示破產的可能。不過再次地，來自加州的一群投資者在破產前最後一刻購買價值四千三百萬美元的股票與股票選擇權，暫時拯救這家公司免於破產。

在許多盤根錯節的原因交互作用之下，造就了美國服飾陷入這樣的危機，這些原因包括過度擴張、經濟衰退、公司管理毫無章法，以及聯邦政府的加強管制導致必須解雇並重新雇用一千五百名員工。（這家公司宣稱，政府的這個無理舉措致使他們的生產力大幅下降）。不過查尼告訴彭博新聞社（Bloomberg News），就在這些新員工訓練完畢、七十家新門市準備開幕，並在其他服飾店廣設銷售據點之後，美國服飾已隨時準備東山再起。至於先前財務報告中關於破產的警告，查尼說那只是策略性的商業操作罷了。

或許吧！不過芬柯律師手上的那幾件案子可與運氣不佳或不當的商業決策無關。舉例來說，歐洲零售主管布雷克對查尼有多起相當嚴重的指控，除了控訴必須被迫雇用查尼的女人擔任重要職位，以及查尼挪用公款購買色情錄影帶之外，布雷克甚至被要求在帳上將部分員工的薪資記為其他費用，以規避法國的稅賦，並且被迫在入帳時刻意提高商品售價，以提高存貨的價值，此外，還要他編造尚未開幕門市的房租與其他費用。而另一位原告荷南德茲（Roberto Hernandez），則控訴美國服飾因為他不願捏造存貨記錄而遭到解雇。

問題：美國服飾是否是一家引領潮流，又具社會道德的企業模範？

判決：不，但仍有希望。

或許問題可以簡化至此：過度情色的公司形象是否抹滅美國服飾其他的道德作為，如改善員工生活、為美國人民創造就業機會？

我的朋友似乎認為答案顯而易見，然而對社會運動人士來說，卻不是那麼容易作答，因為這些社會運動人士多麼想大力稱讚這家公司對於移民與同志人權的支持、它廠留美國的決定，以及不使用皮革製作衣服的公司政策；他們多麼希望有人來證明那些性騷擾案不是事實。好吧！沒有人可以證明這點，因此他們退而求其次地自我安慰：我們並沒有足夠的資訊以做判斷（特別是這家企業規模過小，無法成為各組織的問卷對象）。或許，九件官司並不算太多？人權運動組織的布洛以姆若有所思地表示，假如女性員工在一家企業中被無禮地對待，那麼就表示這家企業欠缺適當的人力資源管理政策，儘管如此，他也表示對於這點其實他並不那麼肯定。

跨信仰企業責任中心也沒有特別關注這家成衣企業，「我們關心的是牽涉範圍更廣的社會議題，」該中心的執行董事蓓瑞表示，「我們中心成員中的確有人相當關心有色情與暴力內容的媒體廣告，」但是，對這個組織來說，美國服飾的廣告圖片或性騷擾案件實在遠比不上兒童性奴隸事件重要，所以「我們選擇了我們的戰場，」她說。

二〇〇九年十一月，杜克大學副教授洽特吉在加州蒙特雷國際研究中心的一場客座演講中，甚至以美國服飾（還有艾克森美孚石油公司）為例，說明社會道德衡量之不易。例子中，他告訴學生現在有四家公司（事實上為兩家），「第一家擁有最佳工安記錄，第二家嚴重地汙染環境，第三家有良好的工作環境，第四家公司主管則性騷擾官司纏身，你喜歡哪家公司？」學生很快地選擇最佳工安記錄與良好工作環境的企業，隨後洽特吉宣布，擁有最佳工安記錄與嚴重汙染環境的企業，其實是艾克森美孚石油公司，而有良好工作環境與性騷擾官司的企業，事實上則是美國服飾。

而美國服飾過去所做的「道德」之事似乎也提高社運人士對它的道德標準。也就是說，由於美國服飾在員工與移民人權議題上展現出強力的支持態度，使得人們不由自主地期待這家企業在其他方面也將表現像模範生一樣。試想，倘若性騷擾官司發生在一家原本就不太有社會道德的企業，人們是否比較不會大驚小怪？話說回來，美國服飾到底能否視自己為外來移民的保護者？全美消費者聯盟的格林堡指出，「移民女性其實非常脆弱，查尼得好好收斂自己的行為，」換句話說，倘若查尼依然故我，在美國服飾工作的拉丁裔女性員工，受到雙重傷害的機率可能加倍。

假如是一家尋常企業刊登賣弄性感的廣告圖片，「根本不會讓人驚訝，人們只會說，看看這些衣服，真是性感。」西雅圖的品牌顧問何丁表示，「但是由於這家企業如此關心社會平權議題，突然之間一切顯得極其荒謬，並抹煞這家企業原本所做的好事。」

當然，對於美國服飾做對的事情我們仍應不吝於給予掌聲，例如優渥的員工福利（雖然並不允許組織工會）、捍衛移民人權，並且不從中剝削非法移民員工，這些特質像DNA一樣深植美國服飾的公司文化之中，而且值得肯定的是（或許是終於明白，過於不堪的形象將反過頭來傷害自己與公司），查尼似乎開始懂得收斂，明白他必須對他的「內衣秀」保持低調或修正過去一些離譜的錯誤。

儘管如此，社會道德責任某種程度上像是醫生行醫前所宣誓的希波克拉提斯誓言（Hippocratic oath）：「首先，在我必須以精湛的醫術挽救已造成的傷害之前，我不能傷害他人。」難道十九世紀晚期的斂財大亨捐款蓋圖書館或是大學，就變成大慈善家了嗎？即使高盛證券的執行長布蘭克帆（Lloyd Blankfein）每年捐助一三〇萬美元給慈善團體，高盛就因此化身成為企業模範了嗎？（要記得這家企業販售高風險的次貸債券給客戶，卻沒有告知他們高盛的另一位主要客戶正採取反向操作避險，最終高盛證券因此事件被證管會罰款，罰款金額高達布蘭克帆年度慈善捐獻的五百倍。）

贏得性騷擾官司（假如有可能的話）並無法解決美國服飾現在面臨的問題，因為這僅代表幾起例子，然而情色已成為這家公司如影隨形的標誌了。

為了成為具有社會道德的企業，美國服飾或許終究得完成一件事，那就是解雇查尼。不過等等，別忘了查尼可是公司的創辦人、首席設計師、靈感的來源、大家的精神領袖與重要的內衣模特兒。那麼，就讓他上樓辦公、成為公司的首席顧問或榮譽執行長吧！或者是讓他擔任服飾剪裁與用色的設計顧問也可以。最重要的是，美國服飾應延攬一位具有管理長才的真正執行長，才有可能打造一個專業成熟的經營團隊。（也或許才有可能幫助公司釐清財務危機的真正原因，以及使公司長久地經營下去。）

問題是，查尼不只主導公司的時尚設計、廣告與政治立場，他那漫不經心對待女性與性的態度，基本上奠定了整家公司企業文化的基礎，不過人們必須牢記，多數對美國服飾的指控與抱怨皆指向查尼的個人行為，而非整個公司，只要他還出現在這家珊瑚色工廠的一天，那麼問題便沒有解決的可能。同時，假如查尼真心想要打造一家成功的純美國製造企業（而不是一家個人崇拜的公司），那麼他必須明白，這家企業沒有他，才有可能成功。

第七章

品牌的真相

你能夠找到一家跨國企業，每年持續地擴張，
賣出更多的商品、攫取更多的資源，
同時又能永保環境的永續嗎？

或許這本書應於二百四十年前，也就是一七七三年波士頓茶黨事件時就問世，因為那是人類史上首次消費者力量的強力展現。

在十九世紀晚期與二十世紀初期，隨著民粹主義盛行，勞工開始自組工會，女性獲得投票權，消費者意識逐漸抬頭，消費者運動亦隨之而起；各項法案如州際商務法（Interstate Commerce Act）、反托拉斯法（Sherman Antitrust Act）、美國勞工聯合會（AFL）、美國食品與藥品管理法案（Food and Drug Act）都在那段時期紛紛通過。《科里爾》雜誌（*Collier's Weekly*）與《仕女之家》雜誌（*Ladies' Home Journal*）專門揭弊的記者也開始追查造假的專利與藥品。企業主管終於開始感受到所謂的企業責任。哈佛商學院的使命宣言說，「我們將教育出改變世界的領導者，」而這個改變，不限於商業界。

其後，這個世界經歷了經濟大衰退、第二次世界大戰以及戰後緩慢的復甦期，使得人們暫停對社會道德事務的關注，畢竟在當時能否存活都是一個問題。但接下來，歷經一九六〇年代的民權運動、六〇與七〇年代的反戰示威活動，以及七〇與八〇年代的南非種族隔離事件，消費者運動又開始蓬勃發展。而消費者與投資者忽然發現，除了商品與股票外，他們的消費或投資竟然也可以買到政治影響力，那麼為什麼要搭乘仍實施座位隔離政策的公車？為什麼要就讀向陶氏化工（Dow Chemical）購買物品的大學？（陶氏化工於越戰時生產汽油彈）社會道德投資，一夕之間成為一筆價值高達二兆七千萬美元的生意。人們想要感覺自己正在行善，並且想要從原有的日常生活中行善（譬如購買具社會道德的產品），畢竟這遠比特地去從事某項慈善活動，來得容易多了。

而人們關心的事務也越來越廣泛。學生團體要求對海外血汗工廠進行調查，關心農夫權益的人們抵制了加州的葡萄，而同志人權支持者則拒絕購買柳橙汁。

環保永不褪流行

自一九九〇年代以來，企業似乎也日漸呼應整體社會對企業道德的要求。

舉例來說，樂事（Frito-Lay）食品公司決定以純天然原料，取代公司原有五〇％的垃圾食品。國際紙業（International Paper）則以燃燒生物廢料來節省能源。自從二〇〇七年氣候為要組織的網站成立以來，企業評鑑的總體平均分數提高了將近二十分。喬氏超市也停止販售大西洋胸棘鯛以及其他瀕臨絕種魚類，並同意與外部機構合作，協同制定公司永續目標的定義與內容；星巴克與衣索比亞政府則簽訂地域名稱授權合約。此外，耐吉已從血汗工廠的邪惡母公司，轉變成比天柏嵐還要環保的企業（特別在亞馬遜雨林保護運動上）。類似的案例不勝枚舉。

而以社會責任作為行銷主軸的廣告近年來也越來越常見，這又再次證明了現代企業對這股潮流的回應，畢竟廣告策略不僅反應企業對自身形象的期望，也意味著企業想要以這樣的形象來吸引消費者。「越來越多的企業以企業道德形象作為宣傳，來使他們顯得與眾不同，並且在消費者與媒體心目中留下好印象，」帕理歐廣告公司的總裁邁爾表示，「再過不到幾年，社會責任將會是人們所預期的一項企業應盡義務。」

紐約市立大學席克林企業道德中心（ZCCI）主任雪珀斯（Donald Schepers）則舉了最近上檔的本田喜美汽車（Honda Civic）廣告為例（這是一部以低耗油聞名的汽車），廣告一開始出現一部七〇年代的汽車，車裡頭走出一位時髦的年輕人，看起來是個幽默風趣好相處的傢伙。他獨自邁步行走，身上的T恤開始隨著年代演進而有所變化，但是T恤上總是寫著一些環保口號，而且他的容貌一直維持在二十多歲，並沒有隨著年代演進而老化，最後他走進一輛嶄新的喜美轎車裡。這就是這家企業想要告訴人們的事：**環保永不褪流行，將能讓你永保酷炫。**

專家表示，有幾種產業特別有非盡社會責任不可的壓力，如時尚產業、汽車業、食品業與建築業。原因不外乎這些產業的不道德行為特別容易引起公憤，或是產業早已具備讓企業盡社會道德的條件，又或者是這些產業的消費者特別在乎企業的社會道德。

「時尚品牌必須儘可能重視環保與善盡企業責任，畢竟這是形象重於一切的產業，」賓州大學教授開普林表示，而且，「時尚產品引發人們的罪惡感，畢竟誰真的需要那些高級精品？你最好盡你所能地讓人們的罪惡感消失。」的確，就在二〇一〇年左右，許多精品設計師大量使用皮草作為衣服材料時，新一代的年輕道德設計師，如馬卡特尼（Stella McCartney），則提供人造皮草的選擇。

開普林的看法也適用於汽車業；汽車製造商在面對自家產品帶來的石油耗用、碳排放，以及環境汙染等問題時，承受不得不推出環保汽車的壓力。（哈囉！要不要考慮向豐田的普銳斯汽車以及凌志的油電兩用車看齊？）此外，食品產業業者同樣也有非盡社會道德不可的壓力，主因是「人們非常在乎會吞下肚的東西，」天柏嵐的彼得森有點嫉妒地解釋（因為他希望人們也能同等關心穿在腳上的東西）。紐約大學外諾教授表示，由於目前有機食品與建材環保認證產品在市面上的選擇越來越多，而食品業者或建築業者相對而言較容易善盡社會道德。

話說回來，**最需要顧及社會道德形象的企業**，**或許是那些顧客年齡層介於十多歲至三十出頭的企業**。這些人是天柏嵐的目標客群，也是蘋果與美國服飾粉絲團的主要成員；他們一點也不在乎喬氏超市產品種類過少，因為他們沒有小孩，忙於發展自己的事業（以及社會道德運動），更沒時間煮晚餐。依據紐約大學奇庫爾的說法（她的學生多屬這個年齡層），「現在

二、三十歲的年輕族群期望能夠見到各家企業善盡社會責任，認為這是一項非盡不可的企業義務。」

那麼一丁點差異

老實說，「道德、環保、政治等因素」並不是（也永遠絕不會是）消費者願意掏錢購物的最主要原因，有太多其他的因素影響消費者的購物決定，如便利性、尺寸、品味、顏色、設計、品質、是否會引發過敏、朋友的推薦、宗教要求、當你買到「對」的產品時獲得的喜悅，以及最重要的「價格」。

緬因湯姆的柴培爾堅持人們願意以更高的價格購買成分天然的產品，也的確有證據支持他的看法。而星巴克、天柏嵐以及蘋果的消費者，顯然也願意支付高價購買這些企業的產品，雖然我們並不清楚消費者到底是願意花錢在迷人的場地氣氛、精品咖啡的香醇、靴子的耐用性、專業工程師隨時待命的蘋果天才吧，還是社會道德的形象。可惜的是，相關證據並不足以使我們獲得鏗鏘有力的結論。美國人道協會的馬克瑞恩提到，俄亥俄大學於二〇〇五年一月所做的一份問卷調查，有四三．一%的人表示願意為人道處理的動物產品多支付一〇%的費用，一

二．四％的人甚至表示願意多支付二五％以上的費用。不過另一方面，也有四〇．六％的人完全不願意為這些產品多掏腰包，而這其實是相當高的比例。

品牌策略顧問何丁則引述另一份由波士頓柯恩顧問公司（Cone）所做的研究，該研究發現，「假如產品間的價格與品質相去不遠，那麼大多數的消費者將會選擇比較具有社會道德的產品。」

我問道，這樣的比較不是沒什麼意義嗎？想當然，**任何人都會在不多花成本的情形下，購買多一項特質（也就是具社會道德）的產品。**「消費導向的企業便是在尋找那一點點的不同，」何丁回答我，就那麼一丁點（在社會道德上）的差異或許便足以打敗沒那麼道德的產品。

不過在總體經濟情況不佳時，上述所有的分析便失去意義。諸多民調顯示，在二〇〇八至二〇〇九年經濟衰退時期，人們在有機食品與綠能產品的花費明顯下降。假如連一般的食物、服飾、汽車都負擔不起，誰還願意多花一〇到五〇％的成本，以求更有道德？

道德學者開普林則認為，前述的研究忽略了一項重要因素：收入。「這可算得上是社會階層的區隔問題」，他說，「與那些購買富豪汽車或油電兩用車的人比較起來，沃爾瑪超市、BJ批發超市與山姆超市（Sam's Club）的消費者，對於綠能或環保產品顯得興致缺缺。我想富人還是比窮人多了一些選擇的自由。」換句話說，在這樣的情況下，當企業負起了對環境、工作條件、動物權利、有機與天然成分等企業責任之際，似乎便得犧牲對中產階級或低收入族群的社會道德責任。

那些既前衛又具有道德的企業主管，當然無法接受這種帶有階級歧視的說法，馬上開始細數他們提供了哪些產品折扣。「我們的鞋子從高價到低價都有，」天柏嵐的行銷副總裁戴維表示，並趕緊舉了一些例子，包括天柏嵐在高級精品百貨販售的三百美元靴子，還有DSW商店或特價中心每雙一百至一二〇美元的鞋。緬因湯姆牙膏公司的凱特也表示：「其實有許多非高收入族群購買我們的產品，最好的例子便是收入不高的學生族，」而且緬因湯姆被高露潔併購之後，透過高露潔的行銷影響力，現在也能夠在沃爾瑪超市上架。維吉尼亞大學的資深研究員偉漢則相當樂觀地表示，長期來看，大量生產製造與規模經濟將會使得這些綠能產品價格下跌，不過前提是現在得有更多的人願意多花一點點的錢在這些產品上。

神聖的道德宣言

由現在的趨勢看來，消費者似乎漫天撲地要求企業必須更具社會道德。那麼，書中的這六家企業如何回應這樣的企求？他們的回應是否反應企業本身對社會道德的態度？

首先，我把序中所介紹的社會道德標準，劃分為較易衡量的細目，如在氣候變遷與能源標準下，還有能源耗用與回收／降低垃圾量的項目。接下來我建立一套滿分為四分的評選系統：「佳」獲得三分，「優於平均」獲得二分，「平均」或是「無法作答」獲得零分，「差」則獲得負一分。接著依據所獲得的資訊、數據、訪談內容以及專家評論，為這六家企業打分數。此外，倘若企業主動從事社會責任（如天柏嵐主動為海外工廠引進外部認證制度），則得分將比被迫改善的企業得分為高（如環保團體對蘋果公司的施壓）；再者，成為該領域的先驅改革者也能夠獲得較高的分數。

當然這是一個極為主觀的評分過程。天柏嵐時常榮登最佳雇主名單，似乎應該評為佳，但是否該因其二〇〇八年掉出榜單之外，而將其降等為優於平均？緬因湯姆的牙膏新包裝，在資訊公開化方面仍舊能獲得佳的分數嗎？以下就是最後的評分結果（為了簡化版面，不列示獲得零分的企業）。

環境／人道：

（一）減少能源耗用：天柏嵐、緬因湯姆：佳。星巴克：優於平均。喬氏超市：差。

（二）替代能源：天柏嵐、緬因湯姆：佳。星巴克：優於平均。

（三）回收／降低垃圾量（包括包裝）：天柏嵐、緬因湯姆：佳。美國服飾：優於平均。蘋果、星巴克、喬氏超市：差。

（四）善待動物：美國服飾、緬因湯姆：佳。星巴克、喬氏超市：優於平均。天柏嵐：差。

（五）天然／有機／無PVC塑膠：天柏嵐、緬因湯姆：佳。蘋果、星巴克、喬氏超市：優於平均。

（六）向當地店家進貨：緬因湯姆：佳。喬氏超市：差。

工作條件：

（一）工會：六家都差。

（二）員工薪資與福利：除了蘋果外皆佳。

（三）是否榮登最佳企業名單：星巴克：佳。天柏嵐：優於平均。蘋果：差。

（四）海外血汗代工廠（或無進行監督）：美國服飾、星巴克、天柏嵐：佳。蘋果：優於平均。

（五）性騷擾：美國服飾：差。

公共服務：

（一）價格：喬氏超市：佳。蘋果、星巴克：差。

（二）社區服務與公共服務：美國服飾、星巴克、天柏嵐、緬因湯姆：佳。
（三）顧客服務：蘋果、星巴克、天柏嵐、喬氏超市：佳。
（四）資訊公開程度：天柏嵐、緬因湯姆、喬氏超市：佳。蘋果、喬氏超市：差。
（在「資訊公開程度」項目，喬氏超市既佳又差。評為佳的原因來自於這家超市提供消費者詳盡的產品資訊，如各式雞蛋的分類與區別，然而另一方面，喬氏超市對企業內部資訊的高度神祕，卻又使其被評等為差）。

書中的六家企業中有五家在員工薪資與福利（與最佳企業名單）上獲得非常不錯的評等，是企業表現良好比例最高的項目，也就是說，**撇開工會的議題不談，良好的工作條件與待遇似乎是最受企業追求的社會道德**。其中最重要的原因在於，員工的薪資與福利不僅僅是社會道德的一部分，善待你的員工其實也是一項重要的商業策略，絕對有助於企業追求利潤極大化。

正如同福特（Henry Ford）在一百年前就明白這個道理一樣，他支付員工極高的薪水，使得他的員工在當時得以買得起福特的第一款汽車福特T型車。企業社會責任專家也表示，一家具有社會道德的企業，員工流動率通常相當低，職場士氣也高，往往能成為求職者心目中的理想雇主，這個論點也被企業主管所印證，譬如彼得森曾提過，天柏嵐提供的全薪義工假是吸引求職者的主要原因，緬因湯姆的柴培爾也表示，員工從全薪義工假收假後，返回工作崗位時的士氣總是特別高昂。

這表示工會沒有存在的必要嗎？**在美國，僅有少於七％的私人企業員工加入工會**，而公家機關員工與政府談判的企圖也往往遭受政治力介入，成了互踢皮球的戲碼，所以當我們見到書中的六家企業皆沒有工會代表時，似乎也不怎麼令人意外，只不過，人們總認為這六家企業彷彿該表現有所不同。難道他們當中真的沒有一家，能夠表現比一般企業更好、對工會的接受程度更高？不幸地，依據某些資深工會領袖的看法，答案為「否」。

「我並不認為這些社會道德企業的員工那麼需要工會組織，」美國總工會首席經濟學家布萊克維爾表示，「這些企業大多早已採納提升社會道德的政策，特別是在改善工作條件方面。」也就是說，這些信譽卓著的企業早就透過提供長時間產假、彈性工時等員工福利，擺脫這些因工作條件引發的不道德問題，也就是說，他們根本不需要工會來證明他們提供絕佳的工作條件。這個概念，與那些相當有道德的企業領袖如湯姆、凱特以及蕭茲的哲學相呼應。

然而，並沒有人能夠長生不死或永不退休，這當然也包括那些慈善企業家。老實說，即便是慷慨的員工福利目前已深植企業文化，所有的美好仍然不可能永久長存。譬如，假設強勁的競爭對手並沒有提供類似的員工福利、企業利潤正在大幅減少，或新的員工或顧客並沒有要求企業道德時，是否有可能新任執行長便無法如過去般堅守社會道德？總而言之，許多因素均有可能使得那些原本神聖的道德使命宣言，悄悄地消聲匿跡。

書中的六家企業在另兩項評比裡表現也相當不錯（共有三到四家企業被評等為佳），而這兩項評比卻恰恰易為專家或投資者所忽略，那就是：社區服務與公共服務、顧客服務。這當中最著名的例子應為：天柏嵐與緬因湯姆提供的全薪義工假，還有美國服飾對移民人權的支持活動，例如不遺餘力的廣告、捐款、支援抗議活動。除了社區服務與公共服務之外，服務的概念更可拓展至提供便利性、開放性，或與世界接軌的可能性，譬如星巴克提供一個人們不需購買過於昂貴的咖啡就可久坐數小時的場所，或是蘋果設置免費提供諮詢的蘋果天才吧，以及允許人們在展示電腦上查看私人的電子郵件。

那麼，為什麼這些社會道德企業在「員工薪資與福利」，還有「服務」項目下均（幾乎）一致地表現良好？原因不外乎是，這些企業將能間接地受惠於良好的員工薪資與福利，那些心滿意足的消費者（尤其是久留店內的消費者）將會掏出更多錢消費，受企業資助的慈善組織也會滿懷感激地對全世界宣傳它們的善行。

然而，除了上述項目之外，這六家企業在其餘評比裡的表現則相當不一致。許多的評論者認為，某些社會道德的概念與企業營運策略其實互有衝突，從這些不一致的表現看來的確如此。倘若企業支付員工較高薪資，或使用較貴的有機原料，那麼產品的售價則想當然不可能低廉。避免使用動物原料，也會使得美國服飾與天柏嵐的設計受到侷限。而位於曼哈頓、舊金山或西雅圖的星巴克門市，要如何向當地店家購買咖啡豆，倘若這些城市的氣候又濕又冷，根本不適宜種植咖啡豆？

揭露資訊

不管公司上市與否，公司的股權結構均不歸屬於社會道德評比的一部分。上市公司通常較具知名度且規模較大，股票也可以自由買賣；非公開發行公司的股權則通常由少數股東所持有，例如創辦人及其親友，或專業投資者如避險基金。基本上，所有的企業一開始均為非公開發行公司，而且絕大多數非公開發行企業的規模都較小。〔知名的例外有赫斯特出版集團（Hearst Corporation）與製造M＆M巧克力的瑪氏食品。〕

不過公開發行公司通常面臨一個問題：股東會拿你的利潤、每股盈餘等數據，與你的競爭對手相比較，導致上市公司往往承受較大的獲利壓力，也就是說，這些企業得盡量降低成本或想辦法提高售價，更糟的是，股東多數皆相當短視近利，通常會要求看到立即的股價表現或利潤，而較不支持那些長期才能看到成果的投資，如太陽能板的裝設等。美國總工會的布萊克維爾表示，「大型投資法人甚至會逼迫企業想辦法提高股票價值，間接導致企業無法提供員工更好的工作條件。」相反地，非公開發行公司則能自由地選擇要不要多花錢使用天然原料，或是給予員工有薪假讓他們從事社區活動。的確，這正是柴培爾（在將緬因湯姆出售給高露潔之前）堅持不出售緬因湯姆的原因之一。

這些論點都相當有道理，公開發行公司的確因承受較大的獲利壓力，而擁有較少的決策空間。然而，**上市公司仍有可能比較具有社會道德**。為什麼？

雖然小股東並不如擁有房子般擁有所投資的公司，也無法像要不要為家裡加裝太陽能板一樣全權且自由地為公司做決策，畢竟公司真正的決策權仍在管理階層、董事會以及大型投資法人手上，但是由於股東名義上仍為公司所有權人，任何人也有可能成為未來的股東，因此這些上市公司依法必須揭露企業的營運與財務資訊，也就是說，一般投資大眾將有機會獲知所投資企業高階主管的薪資水準與福利多寡，或者是汙染案與性騷擾案的訴訟進度。「不揭露這些重要資訊將構成嚴重的問題，」全美消費者聯盟的格林堡表示，「那將會使消費者無法得知你是否真的提供應有的產品折扣，或者是你到底支付多少薪水給你的執行長。」

而且公開發行公司也受到美國證管會全面且嚴格的監督。（雖然在美國服飾的例子裡，證管會的監督似乎沒發揮多大的作用，然而那是因為美國服飾的股權結構本質上仍為私有。）此外，公開發行公司的股東也可在股東會上提出對公司政策的看法，以及對公司的任何疑問。（當你耕耘組織或跨信仰企業責任中心便是透過這種方式影響上市公司的決策。）雖然絕大多數的股東提案無法成功，但是，倘若星巴克並非公開發行公司，那麼多米尼投資公司與樂施會將完全無法迫使星巴克修正衣索比亞案的公司政策，畢竟，星巴克仍舊會擔心失去股東的信任。

玫瑰的一生

到目前為止看起來一切都很好。企業似乎皆已充分了解，良好的社會道德形象有助於吸引消費者的目光，也能突顯自己與競爭對手有所不同。然而，我們要如何分辨良好的社會道德形象是企業刻意塑造，還是名符其實？消費者有辦法區分嗎？

「我並不認為消費者有辦法分辨，」賓州大學的開普林教授相當坦白地表示。畢竟行銷本來就是一種形象與語言的設計，「因此對企業來說，要創造良好的社會道德形象簡直輕而易舉，」品牌關鍵顧問公司的總裁帕斯可夫表示。

在環境議題領域，名不符實的環保行銷包裝被稱為漂綠（greenwashing）；依據泰拉組織〔TerraChoice，隸屬於美國安全檢測實驗公司（Underwriters Laboratories）的環保行銷部門〕的調查結果，其實大多數的企業都曾經漂綠過。漂綠的手段包括缺乏證據（沒有經過機構認證的自我宣稱），以及措辭模糊不清（像是全天然或是不含氯氟烴，但事實上早在一九九〇年代國際社會早已禁用會破壞臭氧層的氯氟烴了。）

商業顧問鄂圖曼曾寫一本書，專門講述企業要如何以環保形象推銷自己，而這本書也因此有相當適宜的書名：《綠色行銷》。「你必須使用具有高度意象的影像，來強化綠色行銷所帶來的吸引力，」她建議，而且「讓這些影像以大尺寸呈現，並且盡量使用明亮鮮豔的色彩，」譬如，「使用鏡頭巨幅特寫一隻毛茸茸又可愛的貓頭鷹，或者是一窩嗷嗷待哺的小貓頭鷹。」不過，鄂圖曼並不只強調形象的重要，她進一步奉勸消費者務必要觀察貓頭鷹廣告背後的真相。然而，她同時在與我往返的電子郵件中表示，「其實我並不確定消費者能否分辨廣告是否造假。」

食品業是另一個漂綠手段充斥的產業。波倫（Michael Pollan）在他的書《雜食者的兩難》中曾描述健全食品超市所販售的某種非籠飼有機雞肉，來自於一家叫做佩特魯那的家禽公司（Petaluma Poultry），在這家公司的雞肉包裝上，宣稱他們「致力尋求能與大自然和諧共存的養殖方法，並維護大自然與所有生命的永續健康。」包裝上甚至給這隻雞一個可愛的名字：玫瑰。然而，當波倫追蹤玫瑰的來源，發現這個「與大自然和諧共存」的農場，「根本就像一座動物工廠，而非農場，」他寫道，「玫瑰居住在一間另有兩萬隻玫瑰的擁擠雞舍裡，」而你所認為的非籠飼養殖方法，其實只發生於「玫瑰五、六個星期大之後。」

大規模生產雞肉製品的普度農場公司（Perdue Farm），則在二〇〇九年的一則電視廣告中，播出企業董事長普度（Jim Perdue）漫步穿越穀倉，身旁有一大群愉快的母雞搖搖擺擺跟在他身邊的畫面，這家企業藉由這個廣告吹噓普度農場所有的雞均為非籠飼。哇！所以現在所有普度農場的雞都變成有機了嗎？當然不是，即使是在動物工廠，肉雞也全是非籠飼，唯一有可能被籠飼的雞只有會下蛋的母雞。

至於服飾業的情況，兩位密蘇里大學教授於二〇一一年發表的論文中指出，消費者願意多支付一五至二〇%的成本於以永續或道德方式生產的服飾，不過消費者其實也相當懷疑這些服飾製造商，是否真的能以宣稱的永續或道德方式來製造衣服。

理論上，本書序中所描述的認證標準能夠幫助消費者分辨廣告的真偽，然而問題是，雖然市面上的環保標籤多不勝數，客觀的認證標準卻太少。例如，「環保標誌索引」便舉出全球至少有三六五個與環境有關的標章。而人們所食用的食品，則可以是無籠飼、來自當地商家、天然、植物飼養、草地飼養、無添加抗生素、無添加防腐劑、無添加賀爾蒙、無人工口味、無基因改造、人工飼養極小化、家庭農場飼養、人道飼養認證、無害於海豚、無飽和脂肪酸等等。除此之外，善待動物組織、蒙特利灣水族館附設海洋研究機構，以及氣候為要等消費者組織也紛紛訂定自行的標準。

不過話說回來，僅有少數的標準能夠被明確定義。譬如，雖然美國農業部對於有機食品具有相當嚴格的認證標準，不過卻無法對非籠飼下明確的定義。在其他認證方面，無害於海豚認證的推動為非營利組織地球島嶼協會（Earth Island Institute）的一大功績，而該認證是捕捉鮪魚的過程中海豚沒有受到傷害的證明。此外，消費者化妝資訊聯盟（CCIC）所創立的跳躍兔標誌，代表產品沒有經過動物試驗，不過緬因湯姆卻用了善待動物組織的另一種兔子標誌，喬氏超市甚至用第三種兔子標誌，來代表沒有進行動物實驗。另外，一直以來，咖啡、可可亞、稻米、糖、茶葉、玫瑰、足球，在公平交易認證上均有特定的標準，那都得歸功於國際公平貿易標籤組織（FLO International）的存在，然而該組織的分支機構美國公平貿易組織目前卻已自行獨立，因此，現在就算服飾上出現同樣的標籤，或許已代表不同的意思了。

一個關心社會道德的消費者，到底能夠花多少時間研究這些標籤？社會運動人士建議消費者檢查標籤上的產地。服務業員工國際聯合會的烈文森說，他自己傾向購買加勒比海附近國家生產的服飾，畢竟這些工廠的衣服原料多來自美國。寶林格則建議消費者購買較民主國家所製造的產品，原因是這些國家的勞工理論上應比獨裁國家的勞工擁有較多的人權。「假如產品在台灣或南韓生產，即使他們沒有工會，至少他們可以用投票權使政黨輪替，」他解釋道。不過他說，也許他得重新評估這個建議，因為有位社會運動人士指出，這些國家的血汗工廠員工或許是沒有投票權的外勞。

網際網路的發明在某種程度上也能使情況有所改善。製造汙染、使用血汗工廠的人力或是欺騙員工的企業，在這個資訊流通快速的年代將難以使這些不法行為隱藏於檯面下。帕理歐廣告公司的邁爾表示，「以前的人或許只能眼睜睜看著企業任意傾倒化合物，然而現在的人可以用手機錄下畫面，並且在幾分鐘之內讓全世界目睹你所做的違法之事。」

然而事情總有正反兩面的效果。社群網路能夠幫助揭發漂綠的行銷手法，卻也有可能使得假的謠言以同樣的速度傳播，美體小舖於二〇〇六年便曾因此受害。品牌策略顧問何丁回憶，以不做動物實驗聞名的美體小舖，被（有進行動物實驗的）法國化妝品萊雅集團併購後，網路上盛傳美體小舖將妥協於母公司的政策，轉而進行動物實驗。即使公司主管公開表示他們的政策並沒有改變，動物保育團體仍然發起抵制美體小舖的活動。但事實上，美體小舖堅守原則，也名列善待動物組織不進行動物實驗的企業名單。

良好的企業形象「難以獲得，卻極易失去。」西北大學的宏納克教授表示，「一件小插曲便可立即讓你失去良好的形象，而且壞名聲傳播的速度極快，聽到流言的人往往會很快地表示：我不確定我還要不要繼續使用這項產品。」

該不該相信企業所創造出來的形象，有個極佳的判斷方法：記得企業永遠以營利為導向；他們選擇綠化、注重環保、講求人道，都有其原因。「企業的道德作為應與他們的產品內容有所關連，」何丁表示，「如此的道德作為才有可能是真的。」她以麗詩卡邦服飾公司為例，麗詩卡邦自一九九〇年代早期以來，便長期推動家暴防治運動，「最主要的原因是麗詩卡邦的顧客都是女性，」何丁解釋，「假如ＩＢＭ選擇以被虐婦女為活動目標，絕對不可能是真的，因為這與他們的產品內容毫無關連。」

二〇〇四年《財星》雜誌在評選天柏嵐為最佳工作場所的企業時，描述該公司員工於當年十二月利用全薪義工假「從事納什維爾援救任務（Nashville Rescue Mission），並為二一七人穿上鞋子。」這二一七雙鞋子多半是由天柏嵐捐贈，而這項任務的所有員工或其他組織的義工，在他們需要購買鞋子的那一天，或許將會想起天柏嵐此次的善行。

企業的社會道德也反應於企業文化之中，包括公司內部是否具有獨立的申訴管道，能否創造一個員工可以自由舉發不法事務的友善環境，或者是不需檢調機關介入，便自行召回所有出錯的產品。二〇一〇年二月，《財星》雜誌報導管理顧問西門（Dov Seidman）的故事。報導中描述，西門建立一個擁有超過四百家知名客戶的管理顧問公司，並且主張「**在現今全球經濟體全面整合與透明化的情況下，在道德表現上優於其他公司的企業，也將會在其他方面打敗其他企業**。」最經典的案例發生於一九八二年，至今這個故事仍為人所津津樂道：在強效泰勒諾止痛藥（Extra Strength Tylenol）造成七起死亡案件後，美國食品與藥品管理局要求嬌生公司召回四座廠房所生產的泰勒諾止痛藥，然而嬌生卻自發性地決定召回所有市面上的泰勒諾止痛藥，總計約三千一百萬瓶。

倘若能夠節省成本，所有企業其實非常樂意善盡社會道德。有時候社會道德之舉的確能使成本下降，例如裝設省電燈泡、LED燈泡、隔熱系統、感應燈泡等等，例子其實不勝枚舉。天柏嵐的主管也舉了該企業的一些綠能建築為例，包括加州物流中心的太陽能板、位於企業總部的反光白色屋頂、新式超節能暖氣空調與通風系統，說明了環保措施有時的確能節省公司費用。此外，與環保製革廠的合作，也降低天柏嵐對海外工廠的監督需求與成本，而該公司地球守護者鞋款的某些環保原料，事實上也比一般的原料更便宜。

即便只是形象，許多品牌已與企業道德融為一體。倘若失去社會道德形象，天柏嵐就僅僅是一家販售耐用靴子的企業，美國服飾將失去性騷擾指控的護身符，星巴克就是一家販售精品咖啡的尋常咖啡店，就像是唐先生甜甜圈一樣，甚至比街頭的咖啡館還沒有特色。喬氏超市將只是一家俏皮可愛的超市，可愛程度甚至還比不上健全食品超市，而緬因湯姆則根本不會存在。

非常實際的問題

但說了這麼多，有沒有可能其實我們對於社會道德的討論根本毫無意義？假如每家企業，從沃爾瑪超市到耐吉體育用品，甚至到《經濟學人》雜誌，一夕之間突然大力推廣企業社會責任，那麼與這些企業奮戰已久的社運人士，或許心裡頭會不禁納悶：就這樣了嗎？我們獲勝了嗎？人們的疑問並不僅限於這些企業這麼做是否只是為了提升企業形象，這樣的憂慮其實直指一個更核心的問題：是否企業社會道德在本質上本來就充滿矛盾？對於這樣的質疑，目前有兩派看法。

第一派人士認為，企業道德沒什麼意義，因為企業能做的事情有其侷限性，而且只在它們想做的時候才做。譬如，沒有一家企業能夠在忽略基本經濟因素（如全球化、商業競爭、成本考量）的情形下還能存活，換句話說，各家企業僅擁有極小的空間來自由行善。好吧！

LED燈泡的確節省一些成本，也吸引一小部分在意企業道德的消費者，但是大多數道德之舉均所費不貲。舉例來說，海外代工廠通常為數眾多且過於分散，母公司難以監督的情形下成本必然提升，也有少數企業為了堅守社會道德而倒閉破產。也就是說，既然使用回收原料或太陽能源並非必要，那麼企業最容易且最合邏輯的選擇，當然便是放棄。

這一派的支持者於是主張，為了扭轉企業（在面臨全球競爭壓力下）追求利潤極大化的本質，我們另需一個強而有力的制度，一個能夠獨立於執行長的隨想，或是無法被企業選擇性忽略的制度。這就是為什麼工會制度如此重要。工會能提供具法律效益的合約、獨立於管理階層的發聲管道，以及來自外部的監督功能。

「人們總是誤以為，不須藉著法律的力量，只要靠著企業的善心或慷慨，便能讓美夢成真，」服務業員工國際聯合會的烈文森苦笑著說，「在考量立法過程可能極為繁瑣的情形下，仰賴他人突發善心來改善現況的確快速又容易。」此外，前任美國勞工部部長瑞奇（Robert Reich）在他二〇〇七年的《超級資本主義》（*Supercapitalism*）中提到，「唯一能讓我們心中的良善凌駕私慾或私利的方法，便是透過建立完整的法律制度，使得人們的購物與投資決策，能成為既是社會道德的選擇，也是個人偏好的選擇。」舉例來說，他相當支持有薪假的立法，其支持的範圍甚至超越事假與病假法案中的規範，因為「勞工將可藉這個機會自我進修、照料新生兒或生病的雙親。」所以，或許我們也應對汙染課重罰、對碳排放課重稅，以及對替代能源的使用提供更多的政府補助。

美中不足的是，這樣的法律規範或許仍嫌不足。想想那些宣稱沒有獲得特定法律豁免權，便要出走至孟加拉、中國或其他國家的企業吧！

另一派則主張，現今所有的企業其實都在鼓勵非必要消費。每個人都需要食物、牙膏、鞋子與衣服，而在姑且讓我們承認手機與電腦也是必要品。但是一個人到底需要多少雙鞋子、多少台電腦？我們真的需要一杯三．七五美元的拿鐵咖啡嗎？或是喬氏超市裡的雞肉香腸搭配起司與紅蔥的烤乳酪餡餅？還有，我們真的需要iPod嗎？

星巴克、喬氏超市與賈伯斯，均創造了前所未有的市場。誰能想像得到，我們會需要一台能夠讓我們簡單、合法、便宜下載音樂的小機器？誰又能想像得到，我們每天都會需要精品咖啡？如同蕭茲在他的第二本書中提到的，「最棒的創新就是在需求出現之前，便能發掘並滿足該需求。」

這些被創造出來的需求，不僅僅浪費消費者的錢，樹木還將被砍倒，石油因而被探取，破壞氣候的溫室氣體因而被大量排放，水資源不斷地從日漸枯竭的湖中被攫取，只為了生產這些既天然又有道德的產品。

當然，這樣的分析可以無限上綱而得到極其荒謬的結論，畢竟倘若沒有人在星巴克、喬氏超市或其他企業消費，那麼這些企業肯定會破產，他們的員工也將因此失業，那麼最後這些企業的上游業者、廣告商、貨運商也將跟著關門大吉。

在全球資源有限的情況下，「你能夠找到一家跨國企業，每年持續地擴張，賣出更多的商品、攫取更多的資源，同時又能永保環境的永續嗎？」綠色和平組織人士史卡爾略帶誇飾地說，「這是個非常實際的問題；假如你的回答為否，那麼就表示這是一件不可能的事。」

改變的機會

鮮少人信奉絕對的價值，或依據絕對的價值行事，不過社會運動人士非常希望這些絕對主義分子，能夠在喝著拿鐵咖啡與使用iPod的同時，有能力引領企業往社會道德的方向而去。在他們的身上，我們看到改變的機會。

至於全球化的問題，反血汗工廠人士寶林格注意到，像是漢斯內衣、羅素運動服飾（Russell Athletic）、天柏嵐等企業仍有部分生產線留於美國。換句話說，除了美國服飾之外，其實仍有部分服飾品牌留在美國本土生產製造，包括二〇%紐巴倫製鞋公司的產品、最高檔的精品牛仔褲，以及二〇至三〇％的永遠二十一歲服飾。另外，StillMadeinUSA.com網站則列出數十個仍具有美國生產線的服飾品牌，以及他們的銷售據點。

然而這並非最佳的解決之道，因為StillMadeinUSA.com網站列出的服飾多數不具吸引力或根本沒有知名度，完全比不上那些在孟加拉血汗工廠製造的知名服飾品牌。而且許多留在美國的生產線，其實是由代工廠的下游廠商負責，而這些下游廠商多數隱身於洛杉磯或紐約的偏僻郊區，支付比法定薪資還要低的薪水。不過即便如此，這些工廠的惡劣工作環境仍舊比海外工廠容易被發現。事實上，最近幾起訴訟案件的確迫使這樣的情形曝了光。無論如何，這至少是一個開始。

雖然美國總工會的布萊克維爾認為，多數企業自行訂定的行為規範均不夠嚴謹，然而聊勝於無，有一套行為標準作為道德規範，不管是以哪種形式，都比沒有的好。「倘若有企業表示他們遵守某項準則，後來卻違反了，至少我們能有個依據來要求他們做出改善。」他並以星巴克為例。由於星巴克總是相當自豪於公司的兼職員工健康保險福利，萬一星巴克哪天決定取消這項福利，以星巴克在市場上的高知名度，那將會是一場幾乎無可挽救的危機。「那是個以服務為導向的市場，而星巴克希望它的員工能夠展現出為星巴克工作的驕傲。」最後，布萊克維爾認為，人們的希望在於那些擔任上市公司股東的社運團體，因為他們將能透過企業在乎的方式改變這些公司。

至於過度消費的問題，幸而現在的人越來越意識到這個問題的嚴重性，也越來越節約資源的使用，例如利用政府提供的資源回收系統、消費者回收網站FreeCycle.org，或是老式的店家小舖，來進行資源的回收。經濟學家也已開始重新思考國內生產毛額的計算方式，特別是總消費金額是否應自動納入計算。而天柏嵐則宣稱它的靴子再環保也不過，因為它們實在太耐用了。

綠色和平組織人士史卡爾認為，別妄想能一夕之間全面改變消費者的消費哲學，這將是個不可能的任務。我們一次解決一個問題，像是要求某紙業公司或某畜牧場對於濫伐亞馬遜叢林的問題進行改善。換言之，我們得一點一點地慢慢來。

[illegible]
Copyright © [illegible] Dawn
This edition arranged with [illegible]
through [illegible] Agency, Inc., Labuan, Malaysia.
Traditional Chinese edition copyright:
[illegible] PUBLISHING COMPANY
All rights reserved.

ISBN 978-957-13-5787-4
Printed in Taiwan

BIG叢書0238

愛上不完美名牌：Apple, Starbucks, Timberland等6大潮牌企業良心大揭密

Ethical Chic : the inside story of the companies we think we love

作　者—法蘭・霍桑（Fran Hawthorne）
譯　者—高茲郁
責任編輯—張啟淵
美術設計—三人制創
行銷企劃—楊齡媛
董 事 長
發 行 人—孫思照
總 經 理—趙政岷
執行副總編輯—丘美珍
出 版 者—時報文化出版企業股份有限公司
10803台北市和平西路三段二四〇號四樓
發行專線—（〇二）二三〇六—六八四二
讀者服務專線—〇八〇〇—二三一—七〇五
（〇二）二三〇四—七一〇三
讀者服務傳真—（〇二）二三〇四—六八五八
郵撥—一九三四四七二四時報文化出版公司
信箱—台北郵政七九～九九信箱
時報悅讀網—http://www.readingtimes.com.tw
電子郵箱—big@readingtimes.com.tw
法律顧問—理律法律事務所　陳長文律師、李念祖律師
印　刷—盈昌印刷有限公司
初版一刷—二〇一三年七月十九日
定　價—新台幣三六〇元
⊙行政院新聞局局版北市業字第八〇號
版權所有　翻印必究
（缺頁或破損的書，請寄回更換）

國家圖書館出版品預行編目（CIP）資料

愛上不完美名牌：Apple, Starbucks, Timberland等6大潮牌企業良心大揭密／法蘭・霍桑（Fran Hawthorne）著；高茲郁譯. -- 初版. -- 臺北市：時報文化, 2013.07
面；　公分. --（BIG叢書；238）
譯自：Ethical chic : the inside story of the companies we think we love
ISBN 978-957-13-5787-4（平裝）

1.商業倫理　2.個案研究　3.美國

198.49　　102012422

ETHICAL CHIC by FRAN HAWTHORNE
Copyright © 2012 by Fran Hawthorne
This edition arranged with DYSTEL & GODERICH LITERARY MANAGEMENT through Big Apple Agency, Inc., Labuan, Malaysia.
Traditional Chinese edition copyright:
2013 CHINA TIMES PUBLISHING COMPANY
All rights reserved.

ISBN 978-957-13-5787-4
Printed in Taiwan